本书受国家社会科学基金项目

"农村小型金融组织'适应性'成长模式研究"（12CJY063）的资助

周孟亮 / 著

农村小型金融组织
"适应性"成长模式研究

基于普惠金融视角

A STUDY ON THE "ADAPTIVE" GROWTH MODEL OF
RURAL SMALL-SIZED FINANCIAL ORGANIZATIONS
INCLUSIVE FINANCE PERSPECTIVE

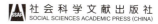

社会科学文献出版社
SOCIAL SCIENCES ACADEMIC PRESS (CHINA)

摘　要

　　我国增量式农村金融改革以来，农村小型金融组织进入了"从无到有"的"成长"时期，对农村金融改革产生了良好的示范效应。当前我国普惠金融发展进入了新阶段，有效处理政府与市场的关系成为深化农村金融改革的关键。本书研究的总体目标在于以经济增长理论和金融发展理论为基础，结合中国国情，构建我国农村小型金融组织"适应性"成长模式的思想体系，通过逻辑和理论深化，设计"适应性"成长模式的实践框架。对农村小型金融组织十年来的成长经验和问题进行剖析，但又不局限于对"问题"和"现象"本身的分析，而是透过这些问题的表象，探索农村小型金融组织的新型成长模式，并寻求相应的实施对策，旨在为进一步深化农村金融改革、促进普惠金融发展提供理论和实证支持。

　　本书主要包括以下主要内容。①综述相关理论基础及其启示，为我国农村小型金融组织"适应性"成长寻求理论依据。②回顾我国农村金融改革历程，指出农村金融改革方向。基于实地调研数据，研究我国农村小型金融组织成长中存在的问题，为我国农村小型金融组织"适应性"成长寻求现实依据。③从我国农村金融改革的现实角度和"外生"与"内生"基本思想演变过程的理论角度，阐述"适应性"成长的思想来源，阐述农村"适应性"成长的内涵、优势和基本要求。从"量"和"质"两方面找出我国农村小型金融组织成长现状与"适应性"成长的差距，构建"适应性"成长的理论体系与实践框架。④对农村小型金融组织"适应性"成长阶段性目标和长远目标及其协调发展进行研究，研究普惠金融与"中国梦"的内在关联和实现普惠金融"中国梦"面临的难题，实证研究农村小型金融组织的社会绩效，研究社会绩效与财务绩效协调发展的制约因素，提出强化社会绩效管理的对策建议。⑤"适应性"成长模式下的农村小型金融组织的行为研究。"适应性"成长模式对农村小型金融组织提出了新要求，要求注重培育农村金融市场的自组织经济主体。要加快农村小型金融组织民间资本突围，克服原有体制内农村金融组织弊端；要进行目标重构，充分发挥自身的比较优势，进行合理的目标定位；要实现 "资金" 与 "机制" 有效结合，真正实现普惠金融建设目标。⑥农村小型金融组织 "适应性" 成长中的政府行为研究。

本研究有以下发现。①"适应性" 成长模式是农村小型金融组织成长的有效选择模式，"适应性" 成长思想来源于对存量式农村金融 "改革" 的反思，从全新视角关注农村小型金融组织，变 "改革" 为 "成长"，是 "外生" 与 "内生" 理论思想的深化，但又不是简单糅合，是在 "内生金融发展" "金融内生成长" "适应性效率" 思想基础上的超越。农村小型金融组织 "适应性" 成长模式主张政府要改变原来 "居庙堂之高" 的角色，要 "躬身践行"，为农村小型金融组织成长提供充分的 "营养" 和良好的外部环境。②当前我国农村小型金融组织成长与 "适应性" 成长存在较大差距，政策设计和思想定位不够完善，政府行政管制色彩浓厚，市场力量被压抑。农村小型金融组织成长的思路和具体细则来自于 "顶层设计"，微观基层主体的创新性没有得到足够重视，农村金融改革政策初衷出现 "异化" 激励现象。③农村小型金融组织 "适应性" 成长要在实现普惠金融 "中国梦" 总体框架下进行，要明确整体规划、加强战略部署，营造良好政策环境。加强农村小型金融组织能力建设，避免 "穿新鞋走老路"。④农村小型金融组织 "适应性" 成长应该在市场、政府和社会 "三维" 框架下进行。要以市场力量的有效发挥为基础，增强农村小型金融组织金融努力程度，有效处理好政府与市场的关系，构建良好的社会环境和价值导向，传递农村小型金融组织 "适应性" 成长的 "正能量"。

我国农村金融改革 "任重道远"，在整体战略部署层面要加强顶层规划，将普惠金融与社会主义和谐社会、科学发展观和 "中国梦" 融合成一脉相承的理论体系，并将其作为指导发展普惠金融的总纲领。加强政策引导与激励，把引导农村小型金融组织成长放在普惠金融发展的长远目标框架内，将 "支农支微" 上升到制度层面而不是停留在倡导性建议层面。在尊重市场规律的基础上，整合、引导资金互助组织回归合作金融，将民营银行 "顶层设计" 的制度创新与农村小型金融组织成长联系在一起。农村小型金融组织要正确认识普惠金融和 "中国梦" 的整体要求和基本环境，根植于农村经济实际需求的土壤，加强自我约束，发挥比较优势，坚持

"错位发展"，增强信贷技术的"适应性"。要体现政府的作用优势，明晰政府的作用空间。以市场力量发挥为准则，破除行政管制意识，转变监管理念，形成为"三农"服务的良性政策激励。充分发挥政府在农村金融市场机制培育方面的优势，进一步推行农村利率市场化，促进农村金融市场价格机制作用的发挥。构建有效的风险防范机制，坚持金融创新与风险防范有效协调，严格防止地方政府和农村金融组织在风险问题上"倒逼"中央政府，下决心改变中央政府作为农村金融风险"最后负责人"的传统观念。

Abstract

Since incremental rural financial reform in China, rural small – sized financial organizations have entered "growing" period "from scratch", which has a positive demonstration effect on rural financial reform. China's inclusive finance development has entered a new stage , dealing with the relationship between government and market effectively becomes the key problem to deepen rural financial reform. The overall objective of this study is constructing ideological system of rural small – sized financial organizations "adaptive" growth model, which is based on economic growth theories and financial development theories and combined with China's national conditions. The analysis is based on experiences and problems of rural financial reform in China over the past decade, but is not limited to the analysis of "problems" and "phenomena" itself, The analysis "surpasses" the appearance of these problems , it tries to explore new growth model of rural small – sized financial organizations, and seek the corresponding implementing measures. It aims to provide theoretical and empirical supports for further deepening rural financial reform, which is promoting the development of inclusive finance and building a socialist harmonious society and realizing the "Chinese dream".

The main contents of this book are as follows: ①Summarizing some correlation theories and their enlightenments and seeking theoretical basis for "adaptive" growth of rural small – sized financial organizations. ②Reviewing the process of rural financial reform in China, pointing out the direction of rural financial reform. Studying the existing problems during the process of rural microfinance finance organizations growing based on the field survey data, seeking realistic basis for rural small – sized financial organizations "adaptive" growth. ③Expounding the idea sources of "adaptive" growth, and expounds its connotations, advantages and basic requirements of rural small – sized financial organizations "adaptive" growth from realistic perspective of China's rural financial reform and theoretical process of evolution of "exogenous" and "endogenous". Discovering the gap between the status of rural small – sized financial organizations and "adaptive" growth from "quantity" and "quality" aspects. Constructing theoretical system and practice framework of "adaptive" growth. ④ Studying the stage goal and long – term goal of "adaptive" growth and coordinative development of two goal, studying the essential correlation between inclusive finance and "China Dream", and the difficulties when realizing inclusive finance "China Dream". Studying the constraints of coordinated development of social performance and financial performance for rural small – sized financial organizations, putting forward countermeasures and suggestions to strengthen social performance management. ⑤Studying the behaviors of rural small – sized financial organizations in the "adaptive" growth model. The "adaptive" growth model puts forward new requirements for rural small – sized financial organizations. We should pay attention to cultivate self – organization economic subject, accelerate breakthrough of the private capital in rural financial market, reconstruct growth target of rural small – sized financial organizations, achieve the effective combination of "funds" and "mechanism". ⑥Research government behaviors in small – sized financial organizations "adaptive" growth model.

The results show that: ① The "adaptive" growth model is an effective choice model for growing of rural small – sized financial organizations. The "adaptive" growth idea comes from the reflection on rural financial "reform" in China, it focus on rural small – sized financial organizations from new perspective, change "reform" as "growth", it deepens the "exogenous" and "endogenous" theoretical ideas , but not a simple mixture, it is a transcendence based on the ideological basis of "endogenous financial development", "financial endogenous growth" and "adaptability efficiency" . The rural small – sized financial organizations "adaptive" growth model advocates government should change the original role of "high temples", and "do it yourself", provide "nutrition" and good external environment for the growth of rural small – sized financial organizations. ②At present, it still exists huge gap between rural small – sized financial organizations growth situation and requirements of "adaptability" growth, The policy designing and ideological orientation are not perfect, government administrative regulation is strong and market forces is depressed. The idea and concrete rules of rural small – sized financial organizations growth stems from "top – level designing", the innovations of micro basic subjects have not been got enough attention. ③The "adaptive" growth of rural small – sized financial organizations should be achieved within the "China Dream" framework, we should make clear the overall plan, create a favorable policy environment, strengthen capacity – building of rural small – sized financial organizations. ④The "adaptive" growth of rural small – sized financial organizations should be carried out within "three – dimensional" framework, which are market, government and society. We should strengthen financial efforts of rural small – sized financial organizations based on effective use of market force, and handle the relationship between government and market effectively, and build good social environment and value orientation, and transmit positive energy for rural small – sized financial organizations adaptive growth .

China's rural financial reform is " A long way to go," we should strengthen the top – level plan, make theoretical system fusion of inclusive finance, harmonious socialist society, scientific outlook on development and "China Dream", which would be general program guiding inclusive finance development in China. We should strengthen inclusive finance policy guidance and encouragement. Make "micro – supporting" rise to central government level and not stay at propaganda recommendation level. We can integrate and guide capital mutual aid organizations return to cooperative finance on the basis of respecting market rules. Link system innovation of private bank with rural small – sized financial organizations growth. Rural small – sized financial organizations should understand overall requirements and basic environment of inclusive finance and the "China Dream" correctly, root in the actual demands of the rural economy, strengthen self – restraint, give full play to their own comparative advantages, enhance the "adaptability" of their credit technology. The advantages of government should be reflected, we should clarify the role space of government, get rid of administrative control consciousness, and change supervision notion, and form a positive policy stimulating rural small – sized financial organizations service "three dimensional rural" effectively. We also should pay attention to cultivate rural financial market mechanism, further advance of interest rate liberalization, build an effective risk prevention mechanism, adhere to effective coordination of financial innovation and risk prevention, take strict precautions against local government and rural financial organizations reversely forcing central government on risk issues, change traditional view which regard central government as last undertaking of rural financial risk.

目 录
|CONTENTS|

Contents

第一章　导论

第一节　选题背景和意义

一　研究背景

本书的研究主要基于以下现实和理论背景。

1. 我国长期以来实施的是存量式农村金融改革

1978 年改革开放以后，我国农村金融改革一直没有停止过，先后经历农村金融机构的恢复重建、农村金融体系重构、加强农村金融风险防范和农村信用社产权改革几个阶段。但这段时期的改革主要局限于体制内，在理论上称为存量式农村金融改革。存量式农村金融改革对我国农村经济发展发挥了重要作用，但不容置疑的是，农村金融发展和改革整体滞后于农村经济发展，农村金融功能没有得到有效发挥，特别是在东南亚金融危机和进入 21 世纪以后，这个问题越来越突出。在国有专业银行商业化改革的大环境影响下，中国农业银行大规模撤离其在农村地区的分支机构。出于金融风险防范的考虑，我国关闭了具有"草根"背景的农村合作基金会。农村信用社在我国农村成为居于垄断地位的金融机构，在经过力图恢复合作制的多年努力以后，从 2003 年开始，经历了"自上而下"的产权改革，也开始走上了商业化的改革道路，这使我国合作金融出现了"事实意义"上的残缺。特别是中国银行业监督管理委员会（以下简称银监会）在对全国进行调研以后，发现农村基础金融服务空白情况很严重。恰逢进入 21 世纪以后国家开始进一步高度重视"三农"问题，我国农村金融的低效和体系残缺引起党和政府高度关注，我国农村金融改革开始进入了新阶段。

2. 增量式农村金融改革发展较快而效果期待检验

2004 年中央"一号文件"提出发展多种所有制的农村金融组织，在指导思想上开始了我国农村金融领域的增量式改革①。2006 年 12 月，银监会真正降低农村金融机构准入门槛，发展村镇银行、农村资金互助社和贷款公司，我国增量式农村金融组织正式进入"成长"时期，这是改革开放以来国家"放权让利"的渐进式改革在农村金融领域的体现。2005 年，中国人民银行在山西、陕西、四川等省区试点发展"只贷不存"、以服务"三农"为己任的小额贷款公司，虽然在发展过程中存在资金来源不足、风险突出、监督缺失和一些制度缺陷等问题。但由于有中国人民银行的积极倡导和地方政府的支持，近年来其发展迅速。总体来说，村镇银行、资金互助社、小额贷款公司等农村小型金融组织迈出了踏实的第一步，这些农村小型金融组织进入了"从无到有"的"成长"时期，为农村金融市场带来新的竞争、新的活力和新的商机，对农村金融改革产生良好的示范效应，对完善农村金融体系和改进农村金融服务产生积极而深远的影响，成为事实意义上的增量式农村金融的重要部分。根据中国银监会提供的数据，截至 2014 年 10 月末，全国已组建村镇银行 1171 家，已开业村镇银行资产总额达 7279 亿元，其中各项贷款 4635 亿元。2015 年 5 月，全国村镇银行数量达到 1186 家，农村资金互助社 49 家，贷款公司 14 家。新一轮农村金融改革以"增量"为主题，旨在改变欠发达地区农村基础金融服务的空白局面，塑造竞争性的农村金融市场，这是对一直实施的政府主导的存量式农村金融改革反思的结果。农村金融改革以后的道路依然很长，未来需要进一步定位——农村小型金融组织服务"三农"，增进市场化程度，规范政府行为，避免出现"使命偏移"和"穿新鞋走老路"。

3. 我国普惠金融发展进入新阶段

2013 年党的十八届三中全会将"发展普惠金融"写进了党的决议，2015 年的中央"一号文件"提出"强化普惠金融"，2015 年"两会"的政府工作报告中明确指出"大力发展普惠金融"。关于普惠金融的态度，中央从"发展"到"强化"再到"大力发展"，表明其对构建我国普惠金融体系的坚定决心和态度。这是党和国家在践行科学发展观，实现中华民

---

① 2006 年 12 月，银监会降低农村地区银行业金融机构准入门槛，开始发展村镇银行、贷款公司和资金互助社，正式开启了我国增量式农村金融改革。此次降低农村地区银行业金融机构准入门槛和 2005 年中国人民银行试点发展商业性的小额贷款公司都是 2004 年中央"一号文件"指导思想的延续和操作上的具体落实，因此，我们认为 2004 年中央"一号文件"的出台可以被看作我国新一轮农村金融改革或者增量式农村金融改革的开始。

族伟大复兴"中国梦"的新时期，为实现我国全面小康而提出的切合实际的改革思路和目标，标志着我国普惠金融发展进入了新阶段。未来我国普惠金融发展不能停留在"目标号召"层面，应该在"实践"层面有所行动。我国已经构建起了为大中型企业和富裕人群服务的比较健全的金融体系，为农户和小微企业等弱势群体开展创新性金融服务是我国普惠金融发展的主要内容。从理论上说，农村小型金融组织在服务农户和小微企业方面，具有地域和信息等方面的天然优势，农村小型金融组织应该承担普惠金融发展的重任，它们的健康成长也将直接关系到我国新一轮农村金融改革的效果和普惠金融目标的实现。

4. 有效处理政府与市场的关系成为农村金融改革继续深入的关键

农村小型金融组织已成为当前农村金融体系的重要组成部分，也成为未来农村金融改革的重点之一。党的十八大报告指出处理好政府和市场的关系是经济体制改革的核心问题，十八届三中全会提出要发挥市场在资源配置中的"决定性"作用，这是对我国三十多年来改革开放的经验总结，也对未来农村金融改革提出的新要求。当前我国整个市场经济体制改革进入了"攻坚"时期，有效处理政府与市场的关系也成为农村金融改革继续深入的关键。我国需要重点解决的问题是政府在村镇银行、资金互助社、小额贷款公司等农村小型金融组织发展过程中应该起什么样的作用。这个问题从深层次上来说涉及我国农村小型金融组织的发展"模式"问题，该问题的处理直接关系到农村小型金融组织能否进一步成长壮大。当前，我们不应该只是简单地关注农村小型金融组织发展过程中的资金来源、风险防范、法律地位等表层问题，需要对当前现象进行深入思考，对既有问题进行抽象和升华，构建关于农村小型金融组织的核心知识体系，提出解决既有问题的方法，把解决问题的方法总结归纳到理论高度，形成农村小型金融组织成长"模式"，并且以该模式为指导，更好地促进农村小型金融组织成长。

5. 农村小型金融组织需要寻求新型成长模式

农村小型金融组织能否真正缓解农户和小微企业融资难，解决农村地区信贷资金短缺问题，从而担当起新一轮农村金融改革赋予的重任，关键是找到一条不同于传统存量式农村金融改革的新思路，寻求既符合农村金融市场需求，又能实现自身可持续发展的新型成长模式，而不是简单复制传统金融业务和市场，也不能照搬国外金融成长模式。关于金融发展模式的研究可以追溯到对金融与经济关系的研究和金融发展理论。国外学者方面，熊彼特、戈德史密斯、麦金农、格利和肖在这方面做出了开创性贡献，他们的研究发现金融对经济发展十分重要，但没有提出金融发展的根源在哪里，因此引起了学术界对于金融发展模式的进一步探讨；1966年，Patrick 首次提出金融机构的"需求追随"和"供给领先"两种产生途径。国内学者方面，张杰教授首次系统提出金融发展的内生模式与外生模式，也有很多学者对我国存量式金融改革采取外生模式导致效率低下等问题进行了研究。我国农村金融改革处于整个市场经济"转轨"的大环境下，也不能简单套用内生金融模式（周孟亮，2010）。总体来说，国内的研究一般认为政府"自上而下"的农村金融改革模式存在很多弊端，应该基于农村的实际需求进行改革，但至今尚未提出具体操作办法，这为本书的研究留下了很大的空间。

本书认为，我国新一轮农村金融改革应该采取"适应性"成长模式。"适应性"原本是一个生物学的概念，是指生物有机体对外部环境变化做出的一种能动性反应，体现有机体对外界环境变化的一种能动反应。当前，农村小型金融组织可视为一个生命有机体，在增量式农村金融改革中，农村小型金融组织应该与外界环境条件互动而形成"适应性"。"适应性"成长具有两方面含义：①"适应性"体现为一种成长过程，作为"过程"的"适应性"成长应该促使和诱导农村小型金融组织产生感应、行动、成长、学习、创新等行为；②"适应性"成长也体现为一种成长结果，作为"结果"的"适应性"成长应该使农村小型金融组织与其生存环境形成相互和谐、协调的局面，对周围环境变化能够形成正确反应能力。

二 研究意义

综观前述现实和理论背景，我们可以总结以下逻辑思路：长期以来的存量式农村金融改革与"三农"问题在我国国民经济中的重要地位越来越不相适应，我国由此开展了新一轮增量式农村金融改革，希望通过发挥农村小型金融组织的"鲇鱼效应"，助推社会主义新农村建设。但农村小型金融组织成长中存在的一些问题特别是"使命偏移"问题引起了理论界和实务界的思考，农村小型金融组织到底应该选择一条什么样的成长路径才能真正实现新一轮农村金融改革的政策初衷？政府在农村小型金融组织成长过程中应该如何定位？本书结合已有研究成果，借鉴生物生态学中"适应性"原理，基于社会科学和自然科学结合的独特视角，探索农村小型金融组织新型成长模式，以构建该模式下农村小型金融组织发展的长远目标的框架，寻求相应的实施对策。其研究意义主要体现在以下几个方面。

（1）我国是一个正处于经济转型时期的发展中国家，金融发展的一般理论和国外的农村金融发展模式并不完全适用于我国的特殊国情，国外的金融抑制、金融深化和金融约束理论为我国农村金融改革提供了很好的启示和方向性指导，国内学术界关注较多的是"内生"和"外生"金融模式的研究。我们在对农村金融改革历程回顾思考和对这些理论进行总结以后发现，新一轮农村金融改革需要在这些理论和思想基础上进一步深化，增强理论和思想的实践指导性。从我国"渐进式"经济体制改革所积累的经验来看，如何有效发挥政府在农村金融发展中的作用，是一个值得深入探讨的理论问题。党的十八届三中全会对政府与市场的理论关系进行了深刻阐述，但更多的是从指导思想上对二者关系进行提升。在农村金融领域特别是在增量式农村金融改革中，如何处理好政府与市场的关系，具有非常重要的理论意义。我们以经济增长理论和金融发展理论为基础，结合中国国情，借鉴生态学的基本思想，提炼出我国农村小型金融组织新型成长模式——"适应性"成长模式的基本思想；通过逻辑和理论深化，构建"适应性"成长模式的基本框架体系，有助于农村金融理论的丰富和发展。

（2）从现实的宏观角度来看，我们对农村小型金融组织十多年来的成长经验和存在的问题进行剖析，但又不局限于对"问题"和"现象"本身的分析，而是"超脱"这些问题的表象，力图"高屋建瓴"构建一个具体的成长模式和长远的路径规划，为未来农村小型金融组织成长提供有益的政策参考和建议。党的十八届三中全会正式提出的"发展普惠金融"，为新一轮农村金融改革和农村小型金融组织成长指明了方向和目标。将农村小型金融组织置于普惠金融的目标任务中进行研究，有利于我国农村金融改革沿着正确的道路发展，构建新型工农关系和城乡关系，促进社会主义和谐社会发展，为实现中华民族伟大复兴的"中国梦"贡献力量。

（3）从现实的微观角度来看，当前农村小型金融组织成长中面临的很多实际操作性问题需要解决，而且这些问题是一些处理难度较大的问题，特别是我国新一轮农村金融改革依然是在"渐进式"经济转轨的大背景下进行的，政府在经济改革过程中的地位在较长时期内不可动摇，风险控制依然是改革中需要关注的首要问题。但如果要实现普惠金融目标，那么农村小型金融组织在关注小微企业和农户的同时就需要保持良好的经济效益。未来农村金融市场化改革中需要逐渐减少政府干预，培育真正意义上的市场化经济主体，将体制外的民间资本引入农村金融体系，完善农村小型金融组织的治理结构，打破政府在农村金融组织中一股独大的"权力股"现象，继续深化农村金融领域的政策攻坚性创新力度。因此，如何促使农村小型金融组织实现社会绩效与财务绩效的协调发展？如何发挥地方政府的作用，从而对农村小型金融组织进行有效监管？如何发挥民间资本在农村小型金融组织成长和普惠金融建设中的作用？如何加大政策创新力度，处理好政策创新与风险控制的关系？这些问题都是非常重要的问题，本书将重点对这些问题进行研究，以为我国农村小型金融组织健康成长提供切实可行的创新性操作建议。

第二节　研究目标和基本概念界定

一　研究目标

研究的总体目标在于探索我国农村小型金融组织的新型成长模式，构建该模式下农村小型金融组织发展的总体目标框架，并寻求相应的实施对策。其旨在为进一步深化农村金融改革，增强农村金融服务功能，促进我国普惠金融发展，构建社会主义和谐社会和实现中华民族伟大复兴的"中国梦"提供理论和实证支持。为实现研究的总体目标，我们必须要实现以下阶段性目标。①梳理研究我国农村小型金融组织"适应性"成长的理论基础，主要包括金融发展理论、农村金融理论和企业成长理论，并总结归纳这些理论思想对本书研究的启示，以为我国农村小型金融组织"适应性"成长寻求理论依据。②对我国农村金融改革历程进行回顾，深入思考农村金融改革的方向，以新一轮农村金融改革中的 NGO 小额信贷（Micro-credit）组织、小额贷款公司和村镇银行为例，对农村小型金融组织成长进行现实剖析，深入分析存在的问题及其原因，以为我国农村小型金融组织"适应性"成长寻求现实依据。③构建农村小型金融组织"适应性"成长的理论体系，我们在对农村金融改革进行现实剖析和对"外生"与"内生"思想进行理论总结的基础上提出"适应性"成长的概念，阐述农村小型金融组织"适应性"成长的内涵、优势和作用机制。④从"量"和"质"两方面研究我国农村小型金融组织成长的基本状况，重点关注农村小型金融组织成长中的政府与市场行为，发现农村小型金融组织成长现状与"适应性"成长目标要求之间的差距。⑤构建我国农村小型金融组织"适应性"成长的基本框架。⑥研究我国农村小型金融组织"适应性"成长的目标，从长远来看，农村小型金融组织"适应性"成长要为实现我国普惠金融"中国梦"服务，实现社会绩效与财务绩效的协调发展是农村小型金融组织"适应性"成长的阶段性目标。⑦研究"适应性"成长中的农村小型金融组织自身和政府行为，提出相应的创新性对策建议。

二　基本概念界定

1. 农村小型金融组织

本书以农村小型金融组织为研究对象，本书中的农村小型金融组织是指小额信贷组织（包括 NGO 小额信贷组织和小额贷款公司）、村镇银行、农村资金互助社和贷款公司。小额贷款公司是 2005 年由中国人民银行在 5省（区）试点发展的，2008 年以后全面发展。村镇银行、农村资金互助社和贷款公司是 2006 年 12 月银监会放宽农村银行业金融机构准入门槛以后开始发展的。这些农村小型金融组织也可以称为新型农村金融组织。关于这个概念的界定，我们有两点需要说明。①需要重点说明的是 NGO 小额信贷组织。从时间上看，我国 NGO 小额信贷组织早在 20 世纪 90 年代初期就开始存在，艰难发展至今，它们不具有正规金融机构的法律地位，而且发展形式相对松散，其产生的社会影响力也具有很大的局部性和区域性。但 NGO小额信贷组织的发展对我国农村的扶贫理念和扶贫方式转变发挥了很大作用，当前发展非常迅速的小额贷款公司就是在 NGO 小额信贷组织的基础上发展起来的。未来我国农村金融扶贫和普惠金融发展更加离不开 NGO 小额信贷组织，我们更加需要对 NGO 小额信贷组织发展遇到的"瓶颈"因素加以重视。因此，我们也把 NGO 小额信贷组织作为研究对象。②从理论的概念范围来说，农村小型金融组织应该包括农村信用社、农村合作银行和农村商业银行，由于本书研究紧密联系我国新一轮农村金融改革进展实况，以农村金融"增量"改革作为主题，研究目的在于寻求农村小型金融组织发展的新路径，避免重复存量式农村金融改革的老路。而农村信用社、农村合作银行和农村商业银行等属于"存量"意义上的金融机构，因此本书中的农村小型金融组织不将它们包含在内，重点研究村镇银行、小额信贷组织等增量式农村金融组织。③我国 NGO 小额信贷组织和小额贷款公司目前尚未被银监会赋予"金融机构"的法律地位，村镇银行、农村资金互助社和贷款公司才被称为真正法律意义上的"金融机构"，但目前理论界及实务界的诸多研究和报道经常把小额贷款公司、村镇银行、农村资金互助社和贷款公司称为新型农村"金融机构"，出于研究严谨性的需要和便于理解，我们将小额信贷组织、村镇银行、农村资金互助社和贷款公司统一称为农村小型金融组织，其也可以称为新型农村金融组织。

2. 成长

关于"成长"的含义，按照《现代汉语词典》的解释，可以有两个层面的理解。第一层含义是从生物学的角度来看，"成长"指一个生命体通过生长而成熟；第二层含义是指一个经济组织主体通过发展而实现增长，通常指的是企业或组织的发展壮大。综合以上两个层次含义可以发现，"成长"意味着组织要经历一个从无到有、从小到大、从简单到复杂的过程，这是一个从量变到质变的过程。组织通过内部或者外部成长"力量"的推动，实现系统内部组织与功能不断分化，促进系统有机体不断扩张和新陈代谢，促使组织不断适应外部环境，并与外部环境形成一种良性互动。从学科和理论分类来看，农村小型金融组织的完善和成熟可以被纳入"企业成长"或者"组织成长"理论范畴。但企业成长理论的研究对象是某一家企业，主要研究一家企业规模扩张的动力在哪里，企业规模扩张到何时停止，企业扩张要受到哪些因素的影响等一系列问题。本书在研究过程中，研究的侧重点不是某一家农村小型金融组织的规模扩张问题，而是把整个农村小型金融组织当作"一类组织"。本书的研究视角不局限于某一家农村小型金融组织，而是整个农村小型金融组织这个"大类"的成长问题。

我国小额贷款公司、村镇银行等农村小型金融组织已经出现十多年，从我国农村金融改革的目标和当前农村金融功能的发挥来看，农村小型金融组织应该还处于成长初期，还需要不断地完善和成熟。因为我国农村小型金融组织的完善和成熟是在整个市场经济改革发展的大环境下进行的，所以其需要内部或者外部"力量"的结合。内部力量是指农村小型金融组织自身的不断创新和自我约束、规范发展，外部力量是指有效规范化的政府行为，以为农村小型金融组织成长提供"营养"。政府与市场力量的有效结合是农村小型金融组织发展的关键，本书的研究重点是我国农村小型金融组织的"成长"，以往关于农村金融的很多研究基本集中在农村金融组织的改革和发展研究上，本书选用了"成长"代替"改革"和"发展"，该思路产生的具体原因会在后文的研究中予以详细介绍。

3. 模式

本书重点是探寻我国农村小型金融组织成长的新型模式，"模式"是本书研究中重要的关键词。根据《现代汉语词典》中的解释，"模式"是某种事物的标准形式，这个标准形式是从生产或者生活的经验中经过抽象和升华提炼出来的核心知识体系，可以指导不熟悉的人在通过从本质上加强了解以后，能够按照这个标准"事半功倍"地完成既定任务。从理论角度来看，我们可以把"模式"理解为解决某一类问题的方法论，而且该方法论上升到了理论高度，是事物内在机理的展开，能够充分抓住并反映事物的本质属性。因此，"模式"主要有三层含义和特征。第一，"内在性"，模式是一个事物内在本质的体现；第二，"外在性"，模式可以有许多外在的表现形式；第三，"可借鉴性"，模式应该可以供人们借鉴和学习。改革开放以后，我国就不断对农村金融进行改革，改革的侧重点在于发挥商业金融、合作金融和政策性金融的作用，使农村金融市场化程度不断提高。随着"三农"在国民经济中的地位越来越突出，农村金融需求的不断增加受到金融市场化程度不断提升的影响，我国农村金融服务功能严重滞后于农村经济发展的客观要求。新一轮农村金融改革的目的在于通过发展村镇银行、小额贷款公司等体制外农村小型金融组织，填补体制内农村金融机构留下的金融服务空白，改善农村金融市场的竞争环境。目前，我国农村金融组织创新已经迈出了好的第一步，但以后的道路依然很长。农村小型金融组织要真正完成改革重任，其关键的问题在于我国农村小型金融组织以后如何成长壮大，它们应该走一条什么样的路，政府在农村小型金融组织成长过程中应该起什么样的作用。这就涉及我国农村小型金融组织的发展"模式"问题，它直接关系到农村小型金融组织的进一步发展壮大。

第三节　国内外研究动态

本书基于普惠金融目标的视角，在对我国过去农村金融改革进行总结和反思的基础上,重点关注农村小型金融组织成长中的政府与市场关系问题,寻求农村小型金融组织成长的新模式。因此,以下几个方面的研究文献能为本书的研究提供有益的参考和指导。①关于金融组织成长的相关文献。对农村小型金融组织成长的研究,首先需要对金融组织成长的相关文献进行梳理,这能为本书的研究提供理论指导。另外,还需要关注我国农村金融改革中的政府与市场行为的相关研究文献,这能为我国农村小型金融组织"适应性"成长研究提供有益的经验和教训。②关于普惠金融内涵及研究动态的相关文献。本书的研究是在我国发展普惠金融的大背景下进行的,普惠金融是我国农村金融改革进入新阶段以后从国外引进的新理念。因此,普惠金融的内涵及其研究动态将为本研究提供方向性指导。③关于农村小型金融组织或者新型农村金融组织发展的相关文献。从启动新一轮农村金融改革以来,我国关于农村小型金融组织的相关研究文献较多,这些文献或者以新型农村金融组织为主题,或者以具体的村镇银行、农村资金互助社、小额贷款公司为主题,主要研究其在发展中存在的主要问题。

一 关于金融组织成长的研究

国外关于金融成长的研究主要包括以下几个方面。①金融成长的思想起源于对金融与经济关系的研究和金融发展理论,Goldsmith,Raymond (1969),Mckinnon (1973),Shaw Edward (1973) 的研究都发现金融对经济发展至关重要。但金融发展的内生根源是什么?为什么有的国家形成了有利于经济发展的金融体系,而有的国家则没有?这引起了国外学者对金融成长模式的探讨。Hugh T. Patrick 于 1966 年提出金融机构"需求追随"和"供给领先"两种模式,其包含了内生和外生成长的思想。②内生经济增长理论的提出为金融成长理论注入活力,随着内生经济增长理论的发展,以金融发展和经济增长关系为核心的研究逐渐扩展到金融市场、金融机构成长过程的研究上。Dutta, Kapur (1998),Bencivenga, Smith (1991),Schreft, Smith (1993),Allen, Gale (1997),Bacchetta, Caminal (1996, 2000),Chater (2001) 建立了各种模型,他们从不确定性、信息不对称和交易成本等方面解释金融机构的内生形成。而金融市场的内生形成的模型以 Boot & Thakor (1997) 和 Greenwood & Smith (1997) 的模型为代表。Boot &Thakor (1997) 表明信息获取和信息汇总的优势导致金融市场的形成。Greenwood & Smith（1997）指出金融市场和金融中介的运行成本导致了金融市场和金融中介的内生形成。Cecchett（1999）、Becker & Levine（2003）发现金融发展和金融结构是内生变量还是外生变量存在多方面讨论，但从金融自由化的趋势来看，金融应该顺应经济发展需要并服务于经济发展。Bodie & Merton（1993）提出了金融功能观理论，金融组织应该走内生成长路线，金融成长离不开特定的生存环境，只有与其生存环境相适应的金融组织才能更好地生存和发展。Jonathan Conning（2005）、Getaneh Gobezie（2009）认为发展中国家存在很多不适应金融内生成长的特殊性。③在金融发展和内生经济增长理论影响下，20 世纪 80 年代前，"农业信贷补贴论"是主流农村金融理论。随后占主流的是"农村金融市场论"，其主张通过发挥市场机制作用促进农村金融发展（Adams，2000）。Hellman，Murdock & Stiglitz（1997）提出被认为是适合农村金融发展的"金融约束论"，主张政府对金融部门选择性地干预。

国内关于农村金融组织成长的研究是结合我国改革开放以来农村金融改革的具体实践进行的，主要集中在两个方面。

（1）关于农村金融组织成长的内生与外生模式的研究

对"金融成长"研究较早的是张杰（1999），他把金融成长分为内生成长和外生成长，认为金融体制变革是内生成长对外生成长的替换过程。林毅夫、刘明兴、章奇（2004）研究不同金融中介在金融服务方面的比较优势，一个国家的金融结构应该内生于本国要素禀赋结构所决定的产业、技术和企业规模结构。李义奇（2005）研究了内生金融机构的适应性及转轨经济背景下政府可能的干预。张杰（2004）认为金融组织体系的有效性不能脱离其特定的环境和条件，金融供给归根结底是内生于金融需求的。姚耀军（2005）从"理性小农"命题出发，认为只有真正的内生于农村经济之中、由农民自己选择或者创造的农村金融组织才是最具有生命力的。在农村小型金融组织成长模式方面，王玉海（2005）认为只有内生于农村经济发展需要的农村金融组织才能获得更好发展。陈雨露、马勇（2010）认为目前我国农村金融组织发展的内生金融元素"呼之不出"，而外生金融元素"欲之难进"，生动地说明我国农村金融组织需要寻求一种新的成长模式。周立（2010）研究发现新一轮农村金融改革以后成立的农村小型金融组织不被传统农村经济所接受，是介入现代金融机构和民间金融组织的"过渡型"组织,因此这会出现"金融排异"现象。杜晓山(2010)、何广文(2011)认为农村小型金融组织要注重内生成长,以服务当地经济发展为目标。

(2)农村金融改革中的政府与市场研究

由于我国农村金融发展的历史背景和实际环境较为复杂,在农村小型金融组织成长起来以前,我国农村金融改革已经进行了20多年的时间。纵观改革历程,政府干预渗透了我国农村金融改革和制度变迁的整个过程,且学者们普遍认为我国农村存在比较严重的金融抑制。政府是我国农村金融制度变迁、深化改革的主导者,政府行为在农村金融改革中的表现和所发挥的作用被众多学者广泛研究。张杰(1997)认为从分权的角度进行的改革会直接导致金融寻租竞争加剧和金融组织规模扩张,这促使地方政府将金融风险积聚在农村。何广文(2008)认为农村信用社制度的变迁主要体现在明晰产权和调整利益分配两个方面,新一轮的改革由于缺乏目标设定,政府与市场的关系没有协调好;外部市场机制不完善,导致农村信用社的改革效果有所偏差,这样的改革是政府主导的强制性变迁。陈旗、褚立波(2009)通过分析农村金融体制现状与"三农"问题存在的矛盾,提出政府应当参与到农村金融改革中来,并且其应界定清楚自身的功能范围,避免出现过度介入和过度放任问题。王修华、邱兆祥(2010)从制度变迁的角度分析农村金融市场现状,通过实证分析检验政府行为对制度效率产生的影响,农村金融制度效率的提高更加需要农村金融体系和机构自身的完善。杨雷在2013年的研究中通过对日本、印度、孟加拉国等国外农村金融发展的分析,提出我国深化农村金融改革必须有效发挥政府的作用。周孟亮、李俊(2014)认为政府主导的发展模式不能适应我国增量式农村金融改革的要求,其应当通过规范政府行为,以建立"适应性"的改革方式。旷红梅(2012)研究发现农村金融与农村经济协调发展存在的主要问题是政府功能发挥不完善,政府行为对农村金融改革会起决定性作用。颜显著在2010年的研究中考察了政府行为对农村金融生态环境的必要性和影响效果,认为过去我国在农村金融改革中政府干预行为过多,我国应当转变政府职能,改善金融生态环境。孙天琦(2001)认为在转轨经济环境下政府行为必须被严格界定而且要适度,政府不能随意干涉市场交易行为,并且对于不同国家的不同时期,政府介入的模式不固定,其不能拘泥于单一模式。

二 普惠金融内涵及研究动态

普惠金融的基本含义是：能够以可负担的成本，有效、全方位地为社会所有阶层和群体提供金融服务，特别是满足弱势群体的金融服务需求，不断提高其金融服务的可获得性。2000 年，联合国千年首脑会议上确定的"千年发展目标"是普惠金融理念的直接来源。2005 年——国际小额信贷年，联合国正式提出普惠金融的概念。在"普惠金融"一词中，"普"字反映的是将所有的人都纳入金融服务体系中，即无论是穷人还是富人都可以平等地获得享受金融服务的机会，这体现了一种"平等的权利"；"惠"字在一定程度上体现了金融服务可以改善弱势群体的经济状况、收入水平、生活水平的意义（李明贤、叶慧敏，2012）。因此，普惠金融的内涵具体包括三个方面。一是普惠金融倡导"人人具有平等融资权"的理念，认为信贷权也是一种人权，穷人与富人应具有同等的金融机会（尤努斯，2008）。二是普惠金融是一种责任，立足于满足所有需要金融服务的人，特别是为那些被排斥在传统正规金融机构之外的小微经济主体提供金融支持，避免小微经济主体遭受信贷歧视与不公平。三是普惠金融是一种创新，为了让每个人或群体获得金融服务，应该在现有金融体系中进行金融产品、金融机构和金融制度的创新。

普惠金融吸引了国际上大批学者、政策实践家的关注和参与。目前国外对普惠金融的相关研究主要体现在两个方面。①对普惠金融目标本身的概念诠释和原则性介绍，世界银行扶贫协商小组（CGAP）作为国际上权威的微型金融（Microfinance）研究和推广机构，在普惠金融研究和建设方面做了很多探索和开创性工作，2006 年出版的第一本系统研究普惠金融的著作《Access for All：Building Inclusive Financial Systems》，在对微型金融发展进行全面总结的基础上，提出微型金融发展的基本原则；从微观、中观和宏观三个方面提出普惠金融体系建设的基本框架。②由于微型金融是实现普惠金融目标的重要途径，因此对微型金融的研究成为普惠金融研究的重点内容，其主要的研究集中在微型金融组织扶贫和财务指标之间的关系上，而且研究结果存在较大的争论（Humle & Mosley，1996；Johnson，Olivares - Polanco & Cull，1997；Otero，1999；Ghosh，2008；Schreiner，1999；Conning，1999；Cuevas，1999；Zeller，2002）。另外，对于微型金融小组联保模式、动态激励等信贷机制的研究也较多（Besley T.，Coate

S.，1995；等等)。对把普惠金融当成金融发展的目标的研究，国际上的重点在于对实现该目标的途径——微型金融的研究，而且其对微型金融的内涵和范畴有非常严格的界定。

国内关于普惠金融的研究主要集中于三个方面。①将普惠金融的国际理念引入国内。在国际普惠金融理念提出以后，中国小额信贷联盟最早将普惠金融概念引入国内。2006 年 3 月，中国人民银行研究局焦瑾璞副局长在亚洲小额信贷论坛上正式使用普惠金融概念。在普惠金融概念被引入国内之初，其使用主要局限于小额信贷研究领域，在社会上并没有引起太多的反响，普惠金融理念的提出在我国至今发展得并不顺利。但以中国人民银行原副行长吴晓灵和中国社科院杜晓山为代表，他们一直在我国倡导普惠金融理念，中国人民银行也一直在不遗余力地推行小额信贷，践行普惠金融。2007 年以后，我国提出了构建"和谐社会"的宏伟蓝图，在政策导向上配合联合国的千年发展目标，实行新的减贫计划，此时，普惠金融理念的影响力逐渐扩大。②介绍普惠金融的基本原则和实现框架。普惠金融概念被引入国内以后，一些学者敏锐地捕捉到普惠金融理念在我国特别是农村金融领域的广阔应用空间，认为发展普惠金融是服务我国弱势群体的需要，提出我国构建普惠金融体系的重要性（焦瑾璞，2009；杜晓山，2009；曹凤岐，2010），将普惠金融策略作为缓解我国金融排斥，实现和谐社会发展的重要手段（杜晓山，2008；马九杰、沈杰，2010），关注小额信贷和微型金融机构发展在实现普惠金融中的作用（李明贤、叶慧敏，2012；杜晓山，2010；周孟亮等，2012），普惠金融应该成为我国农村金融改革的新方法（周孟亮，2009）。这些研究对我国普惠金融发展做出了探索性贡献，使普惠金融理念在我国社会各界的影响力越来越大。在普惠金融理念的影响不断深入的情况下，各级政府出台了一些实现普惠金融的政策规定，这对深化我国农村金融改革具有很大的作用，一些金融机构也开始以普惠金融理念指导自身的业务发展，纷纷投入普惠金融建设中来。③关于不同类型的金融机构在实现普惠金融中的作用和行为研究。这主要是关于中国农业银行、农村信用社和村镇银行、小额贷款公司等金融组织机构的小额信贷业务的介绍，以阐述这些大型商业性金融机构和农村小型金融组织在实现我国普惠金融目标中的作用。周孟亮、李明贤（2012）认为中国农业银行等大型商业性金融机构在我国普惠金融建设中应该大有可为，"大型商业银行＋小额信贷机构＋农户"是大型商业银行探索普惠金融服务的有效模式。张海峰（2010）、中国农业银行三农政策与规划部课题组（2010）对商业银行探索普惠金融服务也进行了研究。学者们普遍认为小额信贷业务是各种金融机构特别是中小金融机构未来市场拓展的方向，这样不仅能够更好地体现中小型金融机构的优势，而且有助于发展普惠金融（杜晓山、刘文璞、任常青，2009）。学者们普遍认为村镇银行、小额贷款公司的良性有序发展是我国发展普惠金融的重要内容，这些农村中小型金融机构具有服务农村的天然优势（周孟亮等，2012；吴少新等，2013）。如何增进农村小型金融组织成长中的市场化程度，规范政府行为，避免"使命偏移"成为学者们关注的重要问题。

三　关于我国农村小型金融组织发展的研究

从我国开始新一轮农村金融改革以来，随着农村小型金融组织在我国的产生、发展和不断壮大，总体来说，农村小型金融组织的成长迈出了踏实的第一步，但由于我国在整体上处于经济的"渐进式"转型时期，农村小型金融组织发展时间不长，在发展过程中存在法律政策不完善、风险突出、金融人才匮乏、金融监督缺失等方面的问题，与发展普惠金融的目标要求还存在一定的差距，这些问题引起了学者们的广泛关注。

1. 融资困难，产品与服务缺乏创新和竞争

与一般意义上的银行类金融机构一样，农村小型金融组织的发展离不开源源不断的资金来源，这是保持资金流动的基本要求。另外，要真正实现服务"三农"和农村经济发展的目标，农村小型金融组织只有不断开展产品和服务创新，充分发挥自身比较优势，才能在激烈的市场竞争中茁壮成长。从我国"增量式"农村金融改革以来，农村小型金融组织融资难、产品和业务创新性不足的问题引起了较大关注。付琼（2012）认为资金来源问题在农村小型金融组织中普遍存在，这也是制约其发展的突出困境。郭军（2005）认为由于发展不完善，监管部门对其融资的限制，资金来源渠道狭窄，农村小型金融组织的规模扩大被直接限制了。杨连波（2008）认为多数农户手里闲置资金不多，村镇银行处于初创阶段，社会声誉和公信力不足，这导致村镇银行常常"无储可吸"。对于农村小型金融组织的产品和服务创新问题，郭军（2005）等发现我国农村小型金融组织覆盖面较小，其很难辐射到农村边远地区，存在服务空白，且其产品和服务与其他金融机构区别不大，不能适应农户需求，缺乏竞争力。胡卓红在 2013 年的研究中认为农村小型金融组织的中间业务创新少，其贷款主要集中在农业生产资金贷款方面，对农户需求量较大的消费类贷款涉及较少。武函竹在 2012 年的研究中认为农村小型金融组织存在创新懈怠，部分原因是政府严格的利率管制和农村金融市场竞争的不完全。学者们普遍认为农村小型金融组织需加强自身创新能力，提高竞争力。苏志敏（2012）提出农村小型金融组织应从客户角度推陈出新，满足客户真实需求。谭文培在 2012 年的研究中倡导根据我国实际情况，借鉴国外成功经验，创新性开拓和发展金融产品。

2. 经营金融风险突出，金融人才匮乏

农村小型金融组织规模较小、业务分散、抵御风险的能力较弱，有效的风险控制是构建现代农村金融体系的重要问题。崔成伟在 2011 年的研究中认为我国农户信用意识、法律意识相对淡薄，农村小型金融组织坏账率高，相对于正规金融机构来说，农村小型金融组织的内部控制和金融风险防范能力较弱，难以应对农村复杂的社会形势。付琼（2012）认为农村小型金融组织服务对象的弱质性决定了其资产的高风险性，同时其缺乏必要的信用担保产品和风险分担机制。学者们对农村小型金融组织信用风险问题也进行了研究。赵天荣（2013）研究发现国际上广为流行的小型金融组织信用制度在中国并不能很好地发挥作用，其原因是国内在构建农村小型金融组织的信用制度时比较重视正式规则的引进，而忽略了非正式规则的积累，并且他从制度演化的角度来分析如何构建适合国内情况的小型金融组织信用制度。陶劲在 2010 年的研究中认为建立风险补偿机制，针对信贷情况建立信用等级评级制度，对提高农村小型金融组织信用风险防范能力非常有益。刘宵在 2012 年的研究中认为要加强农村小型金融组织征信体系建设，针对不同农户和小微企业的需要创造合适的金融产品和征信要求，以实行差别服务，切实降低风险。在农村小型金融组织的风险管理方面，付琼（2012）借鉴国外成功经验，认为其要在政府、金融机构、需求者和其他参与主体之间进行合理的风险和收益分配，并从健全农业保险体系、完善多层次的农村担保体系和试点存款保险制度几个方面来优化。杜晓山（2007）、史建平（2007）研究发现农村金融门槛降低会给监管带来严峻挑战，应尽快建立存款保险制度，形成正向激励的良性机制。王曙光、邓一婷（2009）研究了小额信贷组织的风险控制、商业化前景和法律监管框架。张曼（2009）基于农户声誉机制研究了农村小型金融组织的脆弱性和风险管理。吴占权（2009）从贷款定价、担保抵押技术设计、小额信贷保险方面研究农村小型金融组织的贷款风险管理。高凌云、刘钟钦（2008），岳意定、刘蕾（2009），鲁朝云、廖航（2009）研究了村镇银行和农村资金互助社的风险管理。

人力资源是农村小型金融组织发展的第一动力，我国农村小型金融组织大多数具有"体制外"和"草根金融"色彩。受经营规模、地理位置和薪酬待遇等因素限制，大多数农村小型金融组织无法聘请到高素质的有从业经验的金融人才，管理经验和人才匮乏的问题也引起了较多的关注。吴志新（2013）在调研中发现村镇银行员工培训内容单一、员工数量少、员工从业能力较差，且其在吸纳人才方面的竞争力较弱，优秀的业务人才严重短缺。徐沈（2012）认为我国农村小型金融组织获得了快速发展，但内部管理和组织结构仍不完善，这增加了交易和经营成本，提高了内部经营风险。学者们对此也提出了相关对策建议，刘赛红、杨静（2013）从金融生态理论的角度出发，认为农村小型金融组织应当优化法人治理结构，其要科学划分股权持有结构，建立健全决策、执行、监督分立约束机制，构建高效的组织架构，健全内部风险管理体系。顾福珍（2012）认为人员素质高低是影响农村小型金融组织发展的重要因素，农村小型金融组织应完善人员准入机制，加强在岗人员业务培训，提高其业务水平和职业素养，防范道德风险，并建立人才储备和激励机制，从根本上留住优秀金融人才。

3. 自身定位不明确

沈杰（2010）研究发现我国村镇银行和小额贷款公司定位不清，不符合普惠金融发展的要求，不利于整个行业的规范发展。杜晓山（2006）认为加快农村金融改革应该确定农村金融机构的定位和功能，在政策性、商业性、合作性并举的情况下，其应侧重于商业化和市场化，同时创建不以营利最大化为目的的农村小型金融组织，农村小型金融组织应向中低收入农户倾斜。何广文（2008）提出从微观、中观和宏观三个层次出发发展我国农村金融组织体系。吴晓灵、唐欣语（2009）认为现代农村金融制度应该考虑规模效益与风险控制，重点培育贷款零售商，努力做好银行全资附属的贷款公司、社会化的小额贷款公司、资金互助组织和非政府的小额信贷组织的工作。焦瑾璞在2008年的研究中认为不能拿城市金融的思路经营农村金融，农村小型金融组织应该定位服务"三农"，进行农村金融产品和服务的创新。马九杰、徐雪高（2008）认为"以稳定县域为基础"是农村金融改革与发展的基本原则，农村金融机构不能盲目跨区、做大，不能盲目地向更高层次的法人转化，应该切实发展本地化农村小型金融组织。李喜梅（2009）从博弈论视角研究农村小型金融组织是否会履行社会责任。李莉莉（2008）对试点过程中不同农村小型金融组织之间发展不均衡、资金来源不足、机构设置区域不均衡等问题进行研究。朱婧纯在2012年的研究中认为我国没有形成系统的财政金融支持政策体系，这不利于农村小型金融组织的普惠金融目标定位，我国应该整合财政和金融政策，促进二者与农村金融市场的衔接，最大限度激发农村小型金融组织的支农积极性，以为构建普惠农村金融体系提供必要条件。

4. 不尽完善的法律环境和监管体制

我国农村小型金融组织的发展是在我国"渐进式"经济转型的大环境下进行的，有效处理政府与市场的关系成为当前市场经济发展中的关键问题，农村小型金融组织的良性有序发展更离不开政府提供的完善的法律环境，以开展有效的监管。李明贤、周孟亮（2010）认为农村小型金融组织正处于起步阶段，相关法律法规制度不健全，在管理上忽视了农村小型金融组织的特殊性。尹波在2010年的研究中认为我国还没有建立起完善的法律法规来定位和规范农村小型金融组织，小额贷款公司的企业法人性质导致它的发展受到诸多阻碍。崔成伟在2011年的研究中认为农村金融法律体系不完善影响了农村小型金融组织的可持续发展。陆智强、熊德平、李红玉（2011）认为过多的行政手段限制了农村小型金融组织的发展，其用"人治"代替了"法治"，不能有效地从法律政策上去激励农村小型金融组织服务"三农"。黎红梅、李波（2010）认为农村小型金融组织监管模式存在内控不完善、外控僵化问题，政府外部监管不适应农村小型金融组织的发展要求。

众多学者提出了完善我国农村小型金融组织发展的对策与建议，李明贤在2010年的研究中提出要从推进农业保险法律制度的建立，加强农村信用体系建设和建立与市场需求对接的创新激励机制等方面创新农村小型金融组织的法律制度。王怀勇、曹琳（2012）认为要从制度体系、市场主导、监管和制度协作四个方面来促成农村小型金融组织法律的不断完善，并依次从村镇银行、小额贷款公司和资金互助社的角度出发提出了具体的对策。吴楠（2011）提出政府应当建立适合农村小型金融组织的市场准入和退出机制，完善配套的政策保障制度，激励农村小型金融组织服务"三农"，并对其监管要注重灵活性和适应性，而不是实施与正规金融组织一样严格而僵硬的监管制度。谢升峰、路万忠（2010）等认为中国人民银行等监管部门要针对农村小型金融组织的特点，加强有效监管，完善监管制度、流程和方法，积极给予农村小型金融组织服务、指导和政策扶持，促进农村小型金融组织健康规范发展。许莎雯在2013年的研究中认为要促进农村小型金融组织的发展，应该要降低其市场准入门槛和对其进行利率市场化、实施差异化的存款准备金率等制度；在兼顾发展与风险可控的原则下，对农村小型金融组织的监管可以放松，以吸纳民间资本的进入，且坚持规范与严厉打击相结合，建立高效、灵活的监管体系。

四　文献述评与研究展望

综上所述，我们可以发现以下几个方面内容。①国外关于金融成长的研究主要是沿着金融发展理论这条主线来进行的。从早期的金融与经济关系的研究到系统的金融发展理论，都蕴含着关于金融成长的思想，这些理论性研究为本书的研究提供了很好的理论基础。国内关于金融成长的研究基本都是在张杰提出的内生成长模式和外生成长模式基础上进行的，其注重对金融改革中的政府行为进行研究，国内大多数学者认为我国金融改革采取外生模式存在很多弊端，主张采取内生模式。但不容忽视的是，我国处于由计划经济向市场经济的"渐进式"经济转型时期，政府的影响力不可能在短期内被消除，单纯的内生模式在理论上具有合理性，其被运用到我国的金融改革中不一定合适。目前，我国农村小型金融组织的实践已经证明我们应该寻求新的成长模式。②从2013年党的十八届三中全会提出"发展普惠金融"，到2015年中央"一号文件"提出"强化普惠金融"，再到2015年"两会"政府工作报告指出"大力发展普惠金融"，这表明我国普惠金融发展进入新时期，普惠金融是我国未来经济金融改革的长远目标。目前，关于普惠金融的研究主要体现在将普惠金融理念引入国内，以我国新一轮农村金融改革为背景，研究金融机构特别是新型农村小型金融组织在发展普惠金融中的作用。我国农村小型金融组织的成长应该以实现普惠金融为目标，应为实现我国普惠金融的目标贡献应有的力量，我国农村小型金融组织的成长是农村金融领域改革的一部分，是发展普惠金融的部分内容。关于农村小型金融组织成长的研究将进一步充实普惠金融的研究。③目前,我国关于农村小型金融组织的研究大多数集中在一些具体问题的研究上,如法律政策不完善、风险突出、金融人才匮乏、金融监督缺失等方面,我国缺乏从农村小型金融组织成长的总体模式上进行研究。

当前,发展普惠金融已经进入国家"顶层设计"的视野,我国农村金融改革要以实现普惠金融目标为任务,让广大农户、小微企业等贫困弱势群体享受低成本、可持续的金融服务。农村小型金融组织具有服务农户和小微企业的天然优势,我国农村金融改革要实现改革任务,就需要充分发挥农村小型金融组织的优势,农村小型金融组织的健康成长是我国农村金融改革的重要内容,是实现普惠金融目标的重要基础。未来,农村小型金融组织的健康成长需要我们转变思路,我们将农村小型金融组织的成长置于整个市场经济体制改革的大背景下,有效处理政府与市场的关系,选择新型的成长模式。本书以实现我国普惠金融为目标,从现实层面深刻剖析农村小型金融组织在实现普惠金融目标中的作用和存在的主要问题,从理论上阐述农村小型金融组织"适应性"成长的内在机理,研究农村小型金融组织如何发挥自身的比较优势,明确其服务"三农"和"支农支微"的社会目标定位,实现资金与机制的有效结合,实现社会绩效与财务绩效的协调发展。政府逐渐放松管制,加强有效监管,明晰政策目标,加强政策创新与引导,提高农村小型金融组织成长的制度适应性效率,实现农村小型金融组织的"适应性"成长。

第四节　研究方法与思路

一　研究方法

(1)历史与逻辑相统一的研究方法。"以史为鉴,可以知兴衰",通过逻辑归纳可以正确认识事物发展的必然性,历史与逻辑相统一的研究方法是马克思主义经济学的基础性研究方法。本书基于历史回顾视角研究我国农村金融改革历程,探讨存量式农村金融改革的弊端,对十多年来增量式农村金融改革发展中存在的问题进行深刻剖析,探讨我国农村金融改革的未来方向,为农村小型金融组织选择新型成长模式寻求现实依据。另外,本书基于历史与逻辑分析视角研究一般意义上的金融组织产生和成长的历程,指出政府与市场行为关系的有效处理是金融组织成长"量"和"质"

的背后的一个关键的因素。本书对 20 世纪 80 年代以来我国小额信贷组织"资金"与"机制"结合问题进行了逻辑分析。

（2）规范研究与实证研究相结合。农村小型金融组织成长模式的选择从其基本属性来看应该属于规范经济学的范畴。我们依据一定的价值判断提出分析和处理问题的标准，并将其作为经济政策制定的依据，力求阐述"应该是什么"的一类问题。另外，农村小型金融组织成长模式的选择也应该是基于现实的某些实际情况的思考和判断。本书运用规范分析方法研究农村小型金融组织"适应性"成长的基本内涵，指出"适应性"成长源于"适应性"和"成长"两方面思想的融合。"适应性"成长与"内生金融发展"、"金融内生成长"和"适应性效率"的思想是存在关联的，但其又是以上这三方面思想的超越。运用规范分析方法探讨"适应性"农村金融改革的基本要求，"适应性"成长的作用机制——"政府"与"市场"有效协调，农村小型金融组织"适应性"成长与民间资本突围，"适应性"农村小型金融组织的目标重构等问题。另外，本书对我国农村小型金融组织使命偏移问题进行实证研究，为"适应性"成长模式的选择提供现实依据。以小额信贷组织为例，对我国农村小型金融组织的社会绩效评价进行实证研究。

（3）定性与定量分析相结合。在经济学研究中，定性分析与定量分析应该是统一和相互补充的，定性分析是定量分析的基本前提，定量分析会使定性分析更加科学、准确，使其得出更加广泛而深入的研究结论。本书基于定性分析认为我国农村小型金融组织的健康成长需要选择新型成长模式，农村小型金融组织"适应性"成长是实现普惠金融目标的重要内容。未来促进我国农村小型金融组织发展，应该转变思路，变"改革"为"成长"。本书阐述了"适应性"成长模式，相较于"内生"模式和"外生"模式，其具有相应的优势，这更加有利于实现普惠金融目标。"适应性"成长模式下的农村小型金融组织需要实现"资金"与"机制"的有效结合，实施有效的政府监管模式。另外，本书在很多方面运用了定量分析方法，运用该方法对我国 NGO 小额信贷组织的服务覆盖面和我国小额贷款公司使命偏移问题进行现实考察，对十多年来我国农村小型金融组织成长的基本情况进行研究，通过大量详尽的数据揭示了我国农村小型金融组织迫切需要选择新型成长模式。

（4）理论研究与实践分析相结合。"理论联系实际"是马克思主义最基本的原则之一，理论与实践相结合能使理论更加具有说服力，也能更好地指导实践。本书紧密联系我国农村金融改革实践，特别是结合我国"渐进式"经济转轨的改革实践来进行研究。另外，本书研究建立在经济增长理论、金融发展理论、农村金融理论和企业成长理论等相关理论的基础上，运用金融发展理论、农村金融理论研究我国改革开放以来农村金融改革的经验教训和未来农村金融改革的方向，基于内生、外生经济增长理论、金融发展理论研究"适应性"成长模式的理论渊源，运用企业成长理论研究农村小型金融组织"适应性"成长模式在我国的具体实践情况，基于普惠金融的理论视角研究了农村小型金融组织"适应性"成长模式下的政府行为。理论与实践相结合使本书的研究论证过程更加透彻，研究得出的结论更加具有实际意义。

二 研究思路

本书研究按照以下思路进行。①剖析研究背景，对国内外研究动态进行综述，界定研究目的，提出研究的主题。②对理论基础进行综合，总结已有相关理论对本书研究的启示。对我国新一轮农村金融改革以来农村小型金融组织发展中存在的主要问题进行研究，为农村小型金融组织"适应性"成长模式选择提供现实依据。③提出"适应性"成长的理论体系，研究我国农村小型金融组织成长的基本现状，找出农村小型金融组织成长现况离"适应性"成长的差距。基于发展普惠金融的目标视角提出农村小型金融组织"适应性"成长的目标、原则和基本思路，构建农村小型金融组织"适应性"成长框架。④农村小型金融组织"适应性"成长目标研究，从长远目标和阶段性目标两方面进行，以找出"目标"与"现实"的距离。⑤"适应性"成长模式下的农村小型金融组织和政府行为研究。为了达到"适应性"成长的目标要求，本书重点研究如何充分发挥农村小型金融组织自身的作用，进一步放宽民间资本进入农村金融领域空间，加强农村小型金融组织目标定位，实现农村小型金融组织"资金"与"机制"的有效结合。研究如何规范政府行为，加强政府有效监管，构建有效的财税支持体系，加强政策引导和激励，有效处理政府与市场的关系，最终实现农村小型金融组织"适应性"成长的目标要求。⑥对整个研究进行总结，提出政策运用建议。具体的研究技术路线可以用图1－1表示。

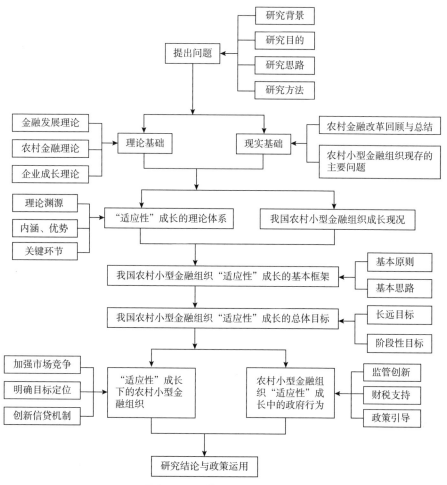

图 1-1　具体的研究技术路线

第五节　研究内容与可能的创新之处

一　研究内容

第一章是导论、文献综述和引题部分，对整个研究进行总括性介绍。首先，本章对研究背景、研究目的、意义进行介绍。本书的研究以农村小型金融组织的"适应性"成长模式作为研究对象，因此，我们对研究中所指的农村小型金融组织的范围进行了界定，对"成长"和"模式"两个关键词在本书研究中的含义进行了解释。其次，本章全面综述了国内外相关研究动态,对金融组织发展和成长的相关文献进行梳理,对普惠金融的内涵及其研究动态进行总结,对我国启动新一轮农村金融改革以来有关农村小型金融组织的研究文献进行总结,在对国内外文献进行综述的基础上提出研究重点。同时,本章还对研究的方法和研究思路等问题进行阐述。

第二章是理论基础部分,对与本书研究重点相关的主要理论思想进行阐述。首先,本章从金融发展理论的起源、形成、拓展和金融约束理论四个阶段介绍金融发展理论的主要思想,总结金融发展理论对本书研究的启示,指出金融发展理论的具体政策落实需要结合我国国情展开。其次,本章从农业信贷补贴论、农村金融市场论、农村金融的不完全竞争市场论和农村金融普惠论四个阶段介绍农村金融理论的形成历程和基本思想;基于当前经济发展和理论研究视角,对农村金融论点和政策主张存在的不足进行介绍;结合我国农村金融改革实践,阐述农村金融理论特别是普惠金融理论对本书研究的指导价值。最后,本章基于经济学视角对企业成长理论进行述评,阐述企业成长理论对本书研究的指导意义。

第三章是现实基础部分,研究农村小型金融组织为什么应该选择新型的成长模式。首先,本章对农村金融改革历程进行回顾,基于路径依赖与适应性选择视角研究农村金融改革的基本特征,指出未来我国农村金融改革的基本方向。其次,本章基于实地调研数据,以 NGO 小额信贷组织、小额贷款公司和村镇银行为例,研究我国农村小型金融组织成长中存在的主要问题,其主要体现在 NGO 小额信贷组织的资金短缺、覆盖面窄,小额贷款公司使命偏移趋势明显,村镇银行缺乏可持续发展性。最后,本章指出近十年来我国农村小型金融组织的成长逐渐偏离了实现普惠金融的方向,这非常值得我们深思。农村外生金融改革模式已经不适应市场经济改革继续深化的要求,我国农村小型金融组织需要选择一种新模式。

第四章是关于"适应性"成长的理论研究与现况介绍部分。首先,本章从对我国农村金融改革进行反思的现实角度和"外生"与"内生"基本思想的演变过程的理论角度,阐述"适应性"成长的现实和理论来源。其次,本章基于历史与逻辑分析视角,阐述农村金融的成长机理,研究农村"适应性"成长的内涵、优势和基本要求。最后,本章研究"适应性"成长的作用机制,提出农村小型金融组织的"适应性"成长需要"政府"与"市场"的有效协调;从"量"和"质"两方面介绍当前我国农村小型金融组织的成长现状,"量"的层面主要分析农村小型金融组织的成长规模,

"质"的层面主要分析农村小型金融组织成长过程中政府与市场行为的关系，找出成长现状与"适应性"成长的差距，构建未来农村小型金融组织"适应性"成长的基本思路和框架。

第五章主要研究农村小型金融组织"适应性"成长的长远目标和阶段性目标。"适应性"成长模式下的农村小型金融组织应该为发展普惠金融和实现中华民族伟大复兴的"中国梦"服务，这是农村小型金融组织"适应性"成长的长远目标。首先，本章基于历史与逻辑推理分析普惠金融与"中国梦"的内在关联，解决普惠金融"中国梦"面临的关键难题，指出农村小型金融组织社会绩效与财务绩效协调发展是"适应性"成长模式下的农村小型金融组织需要实现的阶段性目标。其次，本章研究社会绩效的发展动态，将小额信贷领域的社会绩效概念推广到农村小型金融组织领域；以我国小额信贷组织为例，对农村小型金融组织社会绩效进行实证研究。最后，本章研究农村小型金融组织社会绩效与财务绩效协调发展的制约因素，提出强化"适应性"农村小型金融组织社会绩效管理的对策建议。

第六章是关于"适应性"成长模式下农村小型金融组织行为的研究。由于"适应性"成长模式对农村小型金融组织提出了新的要求，这就要求我国注重培育农村金融市场的自组织经济主体。首先，农村小型金融组织"适应性"成长需要加快民间资本突围，克服原有体制内农村金融组织的弊端，以建设"新型"的农村金融组织。其次，"适应性"农村小型金融组织需要进行目标重构，充分发挥自身的比较优势，进行合理的目标定位。最后，"适应性"成长模式下农村小型金融组织要实现"资金"与"机制"有效结合，真正实现普惠金融建设目标。

第七章研究农村小型金融组织"适应性"成长中的政府行为。有效处理政府与市场关系，明晰政府作用空间，体现政府作用优势，规范政府行为对农村小型金融组织"适应性"成长具有很大的意义。首先，本章从农村小型金融组织监管的必要性、面临的挑战和基本现状出发，研究农村小型金融组织的监管创新，提出"联动+目标"的新型监管模式及创新性对策建议。其次，本章研究农村小型金融组织"适应性"成长模式下的财税政策，概括我国农村小型金融组织财税支持现状研究，基于理论和实践视角，分析财税支持缺失造成的影响，构建农村小型金融组织"适应性"成长模式下的新型财税政策改革的基本框架和具体对策建议。最后，本章对如何发挥农村小型金融组织"适应性"成长中的政府引导作用进行研究。

第八章是研究结论和政策运用部分。本章对研究结论进行总结,为我国发展普惠金融和实现"中国梦"提出政策运用建议。

二 可能的创新之处

1. 研究视角的创新

目前,关于我国农村小型金融组织的研究大多数集中在一些具体问题的研究上,如法律政策不完善、风险突出、金融人才匮乏、金融监督缺失等方面,或者以某地区为例探讨农村小型金融组织成长存在的问题。我们通过深入思考探究这些问题的根源,发现我国农村小型金融组织发展迫切需要探索新型成长模式。已有理论研究和我国改革实践告诉我们,传统外生金融成长模式效率低下,而内生金融成长模式又不完全符合我国作为一个转型发展中国家的国情。新型成长模式应该能够使农村小型金融组织在成长过程中有效控制不利因素,发挥有利因素的积极作用,这有助于促进农村小型金融组织不断创新,更好地服务"三农"。本书研究农村小型金融组织"适应性"成长模式,是研究视角的创新。

2. 构建农村小型金融组织的"适应性"成长的理论体系具有创新性

①本书从两个方面出发创新性地提出农村小型金融组织的"适应性"成长模式。第一,本书对我国农村金融改革进行现实剖析,提出未来应该转变农村小型金融组织的发展思路,变"改革"为"成长"。第二,本书从"外生"与"内生"再到"适应性效率",探究"适应性"的基本理论渊源。本书通过这方面的研究,构建农村小型金融组织的"适应性"成长的现实和理论支撑,使研究更加具有说服力。②本书在对农村金融成长进行历史和逻辑推理分析的基础上,研究"适应性"成长与"内生金融发展"、"金融内生成长"和"适应性效率"在思想上的关联之处,并阐述"适应性"成长对于以上三方面思想的超越之处,提出农村小型金融组织的"适应性"成长模式的基本内涵、优势和基本要求。③本书对"适应性"成长的作用机制进行创新性研究,运用数理推导模型研究指出"政府"与"市场"有效协调是农村小型金融组织的"适应性"成长的关键。

3. 在一些具体研究内容上的创新

①本书基于政府与市场协调视角,从"量"和"质"两个层面对我国

增量式农村金融组织"成长"进行深入研究。②本书在对"适应性"成长与民间资本突围进行理论概括的基础上，对放宽民间资本准入，增强改革"适应性"这个关键点进行研究。③本书在研究"适应性"成长模式后，认为农村小型金融组织应该发挥自身比较优势，对发展目标进行有效定位和职能分工。④本书以小额信贷组织为例，对农村小型金融组织"适应性"成长的关键——"资金"与"机制"问题进行研究，阐述有效的"资金"和"机制"的内在含义，对我国小额信贷发展中"资金"与"机制"进行逻辑归纳，提出"资金"与"机制"联动改革的创新建议。⑤本书研究农村小型金融组织"适应性"成长与普惠金融"中国梦"的内在逻辑联系，基于层次分析法对农村小型金融组织的社会绩效进行实证研究。⑥本书研究了农村小型金融组织"适应性"成长的"联动＋目标"监管模式。

4. 提出一些富有创新性思想的对策建议

①在促进农村小型金融组织"适应性"成长的风险防范方面，提出应该通过积极推动发展、完善制度，以创造条件来防范风险、避免出现害怕风险和改革停滞的"恶性循环"的局面。关联交易只是制度的选择，不是由资本属性决定的，我们不能因噎废食，要尽快出台和完善"贷款通则"和"放贷人条例"。建立农村小型金融组织退出机制，要能够容忍"阵痛"的存在。严格明晰地方监管责任，构建中央和地方之间的风险"隔离墙"，坚决不允许地方风险转嫁给中央，下决心改变把中央看作"最后风险承担者"的传统观念。改变老百姓心目中政府应该为金融风险提供担保的观念意识。②提出要在普惠金融框架下引导民营银行成长，将民营银行"顶层设计"制度创新与农村小型金融组织成长联系在一起，更多地支持民间资本建立"支农支微"的民营银行。建立考核和评级机制，将其作为对"支农支微"效果优良的民营银行在申请开设分支机构、兼并、收购评审时的重要参考依据，在税收方面给予的更多政策优惠，对外树立更好的宣传形象。③提出在中央层面成立普惠金融建设领导小组，由一名国家领导人担任普惠金融建设领导小组组长，以加强银监会、中国人民银行、国家税务总局等部门之间的协调和沟通，确保普惠金融发展政策和规划的权威性，并督促银监会、中国人民银行、国家税务总局等部门出台发展普惠金融的具体细则。④本书在促进农村小型金融组织"适应性"成长的新型监管模式方面，提出要减少金融管

制,规范金融监管,重塑监管者和被监管者的关系,处理好中央政府和地方政府监管职能配置的关系。银监会和中国人民银行要加强协调,定期召开联席监管会议,加强监管立法,采取"目标导向"监管模式。⑤提出要加强普惠金融理念在全社会的倡导,为农村小型金融组织的"适应性"成长营造优良的环境。要从思想上将普惠金融与社会主义和谐社会、科学发展观和"中国梦"融合成一脉相承的理论体系,使其成为指导农村小型金融组织的"适应性"成长的总纲领。

第二章 理论基础述评及其启示

本书研究的理论基础主要包括金融发展理论，农村金融理论和企业成长理论，其主要原因包括以下几点。①从我国当前的基本国情来看，我国是处于经济转型时期的发展中国家，农村金融问题研究首先应该在"发展中国家"的大背景下进行，农村金融是以农村这个相对欠发达的区域作为研究对象的，因此，我国农村金融研究应该被置于金融发展理论和农村金融理论的框架体系内进行。②我国与一般发展中国家不同的是，我国正处于由传统计划经济向市场经济转型时期，政府在金融发展特别是农村金融发展中的作用和角色是农村金融研究不可忽视的问题，金融发展的内生与外生性也是研究的重要理论基础。③本书研究我国农村小型金融组织的成长，农村小型金融组织可以被归类为金融类企业，它的成长与一般企业具有共性，是"量"的扩张和"质"的提升两方面的结合，企业成长理论将为本书的研究提供有益的参考和思路。

第一节 金融发展理论与启示

金融发展理论以发展中国家为研究对象，主要研究包括金融中介和金融市场在内的金融体系对经济发展的作用，重点关注如何在发展中国家构建合理的金融体系、实施合理的金融政策、发挥金融在优化资源配置中的引导作用、实现发展中国家经济可持续发展。金融发展理论是在20世纪40～50年代发展经济学出现以后才逐渐形成的。在此之前，系统的金融发展理论并没有，只有在金融与经济关系、金融中介功能等方面的研究中体现出一些关于金融发展的思想。

一 金融发展理论的起源：金融与经济关系的研究

关于金融与经济关系的研究和争论是一个古老的话题，从西方经济学的发展历史可以看出，古典经济学在产生以后的数百年内一直占据西方主流经济思想地位。由于当时正是自由竞争资本主义发展时期，在自由竞争和市场经济体制逐渐建立时期，货币、信用成为当时经济发展中的重要内容，银行的出现使资本的积累与流通在资本主义发展中的作用越来越显著。因此理论界的焦点主要集中在货币的本质、职能与价值决定等方面，其对金融业的研究也处于货币经济阶段。

18 世纪中期，亚当·斯密在《国富论》中对货币的起源、本质和职能等问题进行了集中论述，认为货币是一种商品，其主要的职能是价值尺度和流通手段，并且他充分肯定了商业银行在经济发展中的促进作用。亚当·斯密指出："慎重的银行活动，可增进一国产业。但增进产业的方法，不在于增加一国资本，而在于使本无所用的资本大部分有用，本不生利的资本大部分生利。"在货币的中性与非中性方面，古典经济学信奉"萨伊定律"，以市场无摩擦和完全信息为基础，采取"二分法"的金融观，将金融简单地抽象为"货币"，认为货币是中性的，货币是覆盖在实物经济上的一层"面纱"，除了在瞬间起交换媒介作用外，其对经济不发生实质性作用。在传统阿罗－德布鲁研究范式中，企业和家庭是通过市场联系在一起的，它们之间除了市场这个联系纽带以外，没有其他任何的中介。

19 世纪下半期，资本主义经济发展中出现的经济危机和市场失灵现象增加，传统"萨伊定律"不能很好地解释经济现实。瑞典经济学家 K. 维克塞尔（K. Wicksell）通过累积过程理论，首创货币经济理论，开启"货币均衡"和"商品世界均衡"关联分析，把货币与经济有机结合起来，认为货币是非中性的，货币对实际经济活动具有重大、实质性影响，他向传统货币数量论和"萨伊定律"提出挑战，这结束了长期主导西方经济学界的"两分法"局面。他提出的市场机制的非完美性和国家干预经济的必要性，奠定了宏观经济分析的基础，这为凯恩斯宏观经济理论提供了非常重要的思想基础。凯恩斯的"货币三论"，尤其是《通论》，可以说是沿着维克塞尔的"货币均衡"论所创建的一个新的理论范式。在维克塞尔的理论体系中，货币通过利率对物价水平产生影响，而货币利率与自然利率的背离首先影响相对价格体系，继而影响物价水平。但累积过程理论分析的是货币变化对短期经济运行的影响，并没有说明货币对长期经济发展的影响，因此，它还不能被称作严格意义上的金融发展理论。

熊彼特（1911）首次将金融中介置于经济发展的中心地位，强调了银行在经济增长中的重要性，认为银行是介于想要形成生产要素新组合的企业家和具有生产手段的人们之间的中介主体，虽然其不能直接主导生产要素组合，但可以使新组合的实现成为可能。熊彼特还强调银行的信用创造是资本主义经济发展的重要引擎。他虽然没有明确提出"金融"这个术语，但在事实上阐明了金融交易在经济发展中的重要性，这是后来麦金农和肖金融发展理论乃至内生经济增长理论的重要思想源泉。Fisher（1930）发现在缺乏外部交易情况时，每个家庭的消费效用将会在两个时期间效用的边际替代率等于内部"生产"边际转换率时达到最佳，但如果引入消费信贷会使家庭消费储蓄发生改变。这实际上凸现出了银行等金融中介的作用，金融中介通过信贷活动会改变家庭的总效用。Fisher 的贡献开启了金融中介重要性的理论闸门，对后来的经济学家产生了影响。

凯恩斯在吸收维克塞尔关于货币经济理论的基础上，提出了自己的货币需求理论。凯恩斯认为市场交易不存在完全信息，市场摩擦是普遍存在的。利率在凯恩斯理论中居于核心地位，货币供给量的变化会引起利率变化，利率变化会影响实体经济。货币是非中性的，利率和货币供给量是政府货币政策调控的主要工具。相对于古典经济学和新古典主义经济学的"货币中性论"，凯恩斯货币非中性论思想是货币与经济关系认识过程中的一个质的飞跃。在 20 世纪 40 年代到 70 年代早期，凯恩斯宏观经济理论一直是世界主流思想。受凯恩斯政府干预经济思想的影响，货币政策理论的研究成为经济学研究体系的重要内容，无论在发达国家的战后恢复还是在发展中国家的经济发展中都得到了广泛应用。但我们仔细思考可以发现，凯恩斯货币经济关系理论过分注重货币市场的作用，忽略了金融中介和金融市场在经济发展中所发挥的作用，其对金融与实体经济产出之间的潜在关系缺乏深入研究。

综上所述可以发现，在 20 世纪 50 年代以前，虽然金融行业的发展很迅速，但经济学界一直没有形成系统化的金融理论，只有相对系统化的货币经济学理论。货币经济学理论研究的重点一直停留在货币、银行对经济发展的作用方面。货币经济学也被视为宏观经济学的分支，货币成为宏观经济学领域的金融变量。

二 金融发展理论的形成

在 20 世纪 40 年代后期第二次世界大战结束以后，大批亚、非、拉地区的殖民地、半殖民地国家获得民族独立，这些国家在获得民族独立后面临的最重要的任务是如何发展本国经济。因此，西方经济学界开始出现一批专门研究发展中国家经济发展的学者，逐渐形成了西方经济学的一个分支学科——发展经济学。发展经济学重点研究如何促进发展中国家经济发展，对经济发展所需要的生产要素，包括劳动力、资金、技术等方面，都进行了深入研究。由于当时发展中国家普遍面临的一个问题是资金短缺，一些学者开始对金融与经济发展的关系进行研究，以格利、E. S. 肖、雷蒙德·W. 戈德史密斯和罗纳德·麦金农为代表，他们先后出版了以研究金融与经济发展为主要内容的著作，创立了金融发展理论。

格利和 E. S. 肖在 1955～1967 年先后出版了三本代表性著作，分别是 1955 年出版的《经济发展中的金融方面》，1960 年出版的《金融理论中的货币》以及 1967 年出版的《金融结构与经济发展》。在以上的经典文献中，格利和 E. S. 肖建立了以研究多种金融资产和多元化金融机构为内容的货币金融理论，将金融理论的研究范围在原有的货币经济学理论基础上进行拓展，将货币理论拓宽到金融理论，将银行理论拓宽到金融机构理论。另外，格利与肖还重点关注金融业在经济发展中的重要性，认为经济是金融发展的基础，金融发展从不发达社会的初始金融制度向发达金融制度迈进，通过金融创新推动经济发展。把储蓄转化为投资是金融业的基本功能，金融发展能够提高资金分配效率，提高社会生产投资水平，提高经济增长率。

雷蒙德·W·戈德史密斯 1969 年出版了著作《金融结构与金融发展》，提出了金融结构理论，这是研究金融发展问题最早和最有影响的理论之一，奠定了金融发展理论的基础。雷蒙德·W·戈德史密斯认为金融现象包括金融工具、金融机构和金融结构三个方面，一个国家的金融发展实质是该国金融结构发生变化，金融理论研究的重点是发现决定一个国家金融结构、金融工具存量和金融交易流量的主要经济因素。他在对比了世界上 35 个国家百余年的金融史料与数据以后，采用定性分析与定量分析结合，对不同类型的金融结构进行国际横向比较和历史纵向比较，建立了包括金融相关率、金融中介比率、金融机构发行需求的收入弹性、变异系数等指标在内的用来衡量一国金融结构和金融发展水平的指标体系，得出了金融相关率与经济发展水平正相关的基本结论，这为后来的金融研究提供了重要参考方法，其成为金融发展理论的重要思想渊源。

受凯恩斯政府干预经济思想的影响，当时主流经济学思想特别是发展经济学理论普遍认为经济发展的根本动力在于资本集聚。在著名的哈罗德–多马经济增长模型中，资本积累被视为重要的经济增长动力，刘易斯二元经济结构理论也认为经济发展的重要问题是加速资本形成。因此，发展中国家非常重视资本积累，但由于民众储蓄率低下，引进外资难度很大，所以很多国家由政府出面建立了国有金融机构，希望借此解决本国经济发展中资本匮乏的问题，但结果事与愿违，20 世纪 50、60 年代，发展中国家经济发展依然迟缓，过多的政府干预导致金融业发展滞后和金融体系的低效率，这个问题也引起了很大的关注。

1973 年，罗纳德·麦金农所著的《经济发展中的货币与资本》和 E. S. 肖所著的《经济发展中的金融深化》的问世，被视为金融发展理论的真正形成。麦金农和肖对金融与经济发展的关系以及发展中国家金融发展提出了精辟的见解，其中最有影响力的是"金融抑制"和"金融深化"理论。麦金农和肖认为许多发展中国家的金融政策和金融制度存在错误，政府对金融活动实施强制干预，人为压低利率，导致利率不能反映资金供求状况和资金短缺程度。一方面，它们在较高通货膨胀的情况下实施利率上限，使实际利率成负数，降低民众的储蓄意愿，与刚性的借款需求对比，这使全社会出现资金需求大大高于供给，金融机构只能实施信贷配给，这滋生了腐败和资金投机机会，少数享有特权的国有企业或与国有金融机构有特殊关系的企业能获得资金，大多数企业只能寻求"地下"金融市场和高利贷，广大农民和小工商业者的贷款需求更难以满足，这导致金融体系与实体经济皆停滞不前，这就是所谓的"金融抑制"。另一方面，发展中国家政府对外汇市场严格管制，高估本国货币汇率，出现金融抑制。罗纳德·麦金农和 E. S. 肖提出适当的金融改革能有效促进经济发展，促进经济发展必须解除金融抑制，促进金融深化。金融深化表现为三个层次的动态发展。一是金融增长，表现为金融规模扩大。二是金融工具、金融机构不断优化。三是金融市场机制逐步健全。金融深化的关键是提高实际利率，放开政府对金融市场的管制，加强投资者和储蓄者之间的金融中介活动，改善投资平均收益和投资结构，并调节收入、储蓄、投资和就业四者的关系。

三 金融发展理论的拓展

在麦金农和肖的金融深化理论提出以后，其在全世界产生了深远影响。很多发展中国家制定金融政策和实施金融改革都运用该理论。在随后的二三十年里，关于金融发展理论的研究不断深入，许多经济学家纷纷对金融与经济的发展提出新的见解，对罗纳德·麦金农和 E. S. 肖的金融深化理论进行了进一步拓展。

1. 金融发展理论的第一代拓展

20世纪70~80年代，卡普尔、加尔比斯、马西森和弗赖伊等人对罗纳德·麦金农和 E. S. 肖的金融深化理论进行了理论拓展和实证研究。①卡普尔在1976年第一次以数学建模的方式研究金融发展理论，针对发展中国家建立了一个价格稳定化模型，通过数字模拟货币当局降低货币增长率和提高名义利率这两种政策产生的影响，得出采取"提高名义利率"政策在短期内对经济产出的影响要好于"降低货币增长率"政策产生的影响的结论。②加尔比斯在1977年发表论文《欠发达国家的金融中介与经济增长：一种理论方法》，补充和修正了麦金农的"一部门模型"——基于欠发达国家经济分割的假定，认为欠发达国家存在落后低效部门和现代化先进部门，通过建立"两部门模型"来研究金融中介如何影响资源配置效果，并以此来研究欠发达国家利率管制对经济增长的影响。加尔比斯认为提高存款的实际利率有利于减少落后低效部门的低效率投资从而增加现代化先进部门的高效率投资，但欠发达国家的金融抑制使低效部门的资源无法向现代化先进部门转移，这导致低效率的资源配置，是阻碍欠发达国家经济发展的重要因素，他主张实施金融深化，把存款实际利率提高到均衡水平以上。③马西森在1980年发表论文《发展中经济的金融改革与稳定化政策》，研究在解除利率管制时如何破除名义利率上限。为避免金融机构在解除利率管制初期大量破产，政府应该"渐进式"解除利率管制。在社会公众的理性预期下，货币增长率与存贷款利率上限两项政策应该是"骤然变化"和"逐渐变化"的结合。我们首先应该提高存贷款利率使金融机构获得一定利润，其次把货币增长率降低到低于预期通货膨胀率以下的水平，而且贷款利率变化比预期通货膨胀率变化应该要快些。由于该研究是一个基于封闭经济环境的模型，马西森在1981年发表的论文《发展中经济的金融改革与资本流动》，提出了一个开放经济模型，对自身的研究进行了拓展，认为名义存贷款利率的提高和实际汇率的下跌可以帮助发展中国家实现价格稳定和经济增长，这与麦金农和肖的金融深化观点是一致的。④弗赖伊在1978、1980和1988年分别撰写论文对麦金农和肖的模型进行拓展，运用数理模型对利率刺激储蓄与投资从而促进经济增长的理论进行分析，对发展中国家金融与经济发展进行深入的理论研究与实证检验，构建动态金融发展模型。他把实际经济增长率分为正常经济增长率和周期性经济增长率，实际经济增长率与存款实际利率正相关。发展中国家存在金融抑制，通货膨胀率只能带来短期经济增长，长期的通货膨胀会使实际存款利率下降，不利于经济增长。

金融发展理论的第一代拓展在前人的理论框架的基础上，吸收经济学最新研究成果，建立了宏观经济模型，拓展了金融发展理论模型的分析视野和政策使用范围，还对发展中国家推行金融自由化的实践进行了许多实证研究，得到了一些经验教训，对金融发展理论的应用做了补充，认为发展中国家的金融自由化改革不能盲目推行，其应该首先具备稳定的经济环境、完善的金融监管制度和财税制度等方面的条件，这对发展中国家的金融改革有很重要的参考价值。

2. 金融发展理论的第二代拓展

罗纳德·麦金农和 E. S. 肖创立的金融深化理论及其追随者提出的金融自由化政策，在 20 世纪 70～80 年代的许多发展中国家得到了实践，但该理论的实践效果不好，特别是在拉美的发展中国家，其以失败而告终，这引起了经济学界对金融发展理论的继续深入研究。另外，从主流西方经济学的经济增长理论发展来看，早期的新古典经济增长模型——索洛模型没有体现金融在经济增长中的作用，但这种现象在后来的经济增长模型理论发展中不断得到改变，金融的作用越来越受到重视。1986 年，Romer 在 Arrow（1962）提出的"边干边学"的思想基础上，提出了内生经济增长理论。Romer 和 Lucas 将金融因素嵌入内生经济增长模型中，为金融发展与经济增长关系的继续深入研究提供了新的理论基础，金融发展理论的第二代拓展模型也在此时开始出现。

金融发展理论的第二代拓展模型不再采用传统金融发展理论的完全竞争和完全信息的基本假设，在引入流动性冲击、偏好冲击、信息不对称和存在监督成本等一些与完全竞争和完全信息相悖因素的基础上，从效用函数入手，重点解释金融中介和金融市场是如何内生形成的，这也通常被称为内生金融理论。①内生金融中介理论。Bencivenga 和 Smith（1991）在论文《金融中介和内生增长》中认为金融中介的重要功能是能够有效防范未预期的消费需求产生的流动性冲击，金融中介使得国民经济能从整体上有效管理流动性风险；Dutta Jayasri, Sandeep Kapur（1998）在论文《流动性偏好和金融中介》中提出，人们为了应付未来消费支出的不确定性而持有现金等流动资产，流动性偏好诱致了金融中介的产生。因为在金融中介形成以后，人们可以持有存款这种流动资产，而且存款比政府债券和现金在流动性服务上的效率更高；Leland H. E.，Pyle D. H.（1997）在论文《信息不对称、金融结构与金融中介》中将金融中介看作"信息共享联盟"，可以低成本地搜寻和判别"好"的投资项目而且具有规模效应，为了降低搜寻信息的交易成本，金融中介应运而生；Schreft S. I.，Smith B. D.（1998）认为人与人之间存在的空间分离和有限沟通导致金融中介的产生，空间分离使当事人面临迁移风险，而迁移在发生时需要变现当事人持有的资产，为规避迁移风险，当事人需要通过金融机构为他们提供服务。随后，Allen F.，Santomen，Anthony M.（1998）从功能观、风险管理和价值增值等角度研究金融中介机构的内生生成。②内生金融市场理论。Greenwood Jeremy, Bruce D. Smith（1997）在论文《发展中的金融市场和金融市场的发展》中，认为金融市场的形成和运行需要固定成本，只有在经济发展达到一定阶段，市场交易能支付这个固定成本以后，金融市场才能形成，固定成本构成了金融市场形成的"门槛"。Boot Arnound W. A.，Anjan V. Thakor（1997）在论文《金融体系构造》中认为金融市场在信息搜寻和汇总方面具有优势，这个优势使金融市场得以形成。

3. 金融发展理论的第三代拓展

进入20世纪90年代以后，随着新制度经济学的兴起，制度因素在金融发展中的作用越来越受到经济学家的重视，金融发展理论的第三代拓展主要从正式制度和非正式制度两个方面研究制度因素对金融发展的影响。①产权制度与金融发展。Stijn Classens 和 Luc Laeven 2003年研究认为产权保护制度的缺失会减少公司的外部融资，导致公司不得已以次优的方式分配资源；Johnson，McMillan 和 Woodruff 于2002年提出"产权与金融"的理论命题，产权得不到保护使企业家不愿进行外源融资，不愿进行扩大再生产，这不利于金融业的发展，明晰的产权制度是金融发展的前提；Daron Acemoglu 和 Simon Johnson 2003年在使用多工具变量进行实证分析后发现产权制度对金融发展十分重要。②法律制度与金融发展。La Porta、Lopez - de - Silanes、Shleifer、Vishny（简称LLSV）在1998年对此问题进行研究，认为金融是一组合约，需要完善的法律制度来界定相应的权利和义务，完善的法律制度对投资者保护越充分，越有利于金融市场和金融中介的发展；Levine，Ross（1999）研究发现有效的法律能保护投资者的利益，有利于金融发展；Demirgüc－Kunt和Levine 2001年实证研究发现大陆法系国家的企业外部融资障碍明显高于普通法私法国家的企业，这体现出完善的法律制度有利于金融发展。③文化传统与金融发展。这主要强调宗教、语言以及信用对金融发展的重要性。Guiso，Sapienza和Zingales 2000年从文化视角分析文化传统与金融发展的关系，认为市场主体之间的高信任度使投资者更多投资于股票而不是大量持有现金，其容易得到金融中介机构的信用，金融发展水平也较高。良好的社会关系有利于降低交易成本，有利于金融的发展。Stulz和Williamson 2003年研究发现宗教信仰及语言习惯对法律执行效率有显著影响，其与金融发展有密切联系。

四　金融约束理论

从20世纪60年代以来，金融深化理论成为很多发展中国家制定金融政策的重要依据，很多发展中国家实施金融自由化，但效果并不令人满意，很多发展中国家因为金融自由化速度太快而出现了金融危机，如1997年，泰国爆发了东南亚的金融危机，这不得不引起经济学家的重新思考。从经济学理论发展来看，20世纪50年代产生的早期发展经济学以凯恩斯经济学为理论基础，早期发展经济学在20世纪60年代受到了新古典主义经济学的批判，金融深化理论就是建立在新古典主义经济学的基础上。新古典主义经济学继承了古典经济学的基本立场，整个理论思想建立在"市场始终出清"和"经济主体行为最优化"的假设基础之上。其在政策上主张保护个人利益，强调私有化的重要性，主张自由竞争，重视市场的作用，认为政府主导的政策不会产生任何效果，反而会对市场机制作用的发挥产生不利影响。从20世纪80年代开始，新凯恩斯主义经济学开始出现，重构了凯恩斯宏观经济学的微观基础，其理论思想建立在"市场非出清"和"工资粘性"的假设之上。新凯恩斯主义在金融政策上主张通过政府干预修正金融市场的失灵，实现金融资源的最佳配置。受新凯恩斯主义经济学思想的影响，赫尔曼、穆尔多克、斯蒂格利茨在1997年发表《金融约束：一个新的分析框架》，提出了金融约束理论。

金融约束理论的核心观点是金融市场存在的信息不对称会导致市场失

灵，导致市场化金融政策难以有效执行，这需要政府出台权威制度以保证市场作用机制的发挥。政府通过一系列金融政策，包括对存贷款利率进行控制、实施市场准入限制，直接对市场竞争进行必要性管制，为民间部门创造租金机会，既防止出现金融压抑的危害，同时又促使银行主动规避风险，调动金融机构、企业和居民的积极性。金融约束理论认为金融压抑只会产生租金转移，租金机会的"创造"与租金转移是完全不同的，金融约束为民间部门尤其是为金融机构创造租金机会，使竞争性的活动出现递增的收益。在政策上，金融约束理论主张控制存贷款利率，限制资产替代，限制银行业竞争。

五　金融发展理论的启示

金融发展理论主要研究金融业对经济发展的作用，由于金融业的产生和发展经历了从无到有，从简单到复杂的过程，金融发展理论经历了很长的发展过程。早期金融发展理论主要研究货币与经济的关系，即货币的中性与非中性问题。在很长时间内，不同流派的经济学家对货币的中性与非中性问题争论很大，甚至至今仍存在不同意见。本书的研究无意介入这种争论之中，我们认为货币是非中性的。金融发展理论在 20 世纪 60 年代以后开始真正形成并获得了很大发展。从前文我们对金融发展理论进行的梳理和评述中可以发现，金融发展理论与西方经济学和发展经济学是密切联系在一起的，西方经济学和发展经济学在对金融发展的重要性、发展中国家金融政策等问题的研究进行提炼以后就形成了金融发展理论的基本思想。从金融抑制理论到金融深化理论再到金融约束理论，我们可以看出，在不同的历史时期，金融发展理论有不同的主流思想和观点。

本书重点研究我国农村小型金融组织的成长模式，重点关注我国农村小型金融组织应该如何成长壮大。农村小型金融组织的信贷支持对我国农村经济发展的必要性和重要性已成为各方共识，作为发展中国家，我国特别是农村地区并不具备货币中性的条件。我国农村小型金融组织在前期的成长过程中存在很多问题，理论界也没有形成帮助农村小型金融组织成长的系统性思路、方针和政策建议。目前的关键问题是，我们应在总结前期经验教训的基础上思考如何让农村小型金融组织在未来能够健康成长，并真正发挥金融对农村经济的促进作用，本书的研究是基于这样的背景和思路展开的。从金融发展理论中我们可以看出，我国农村小型金融组织的成长需要逐渐打破金融抑制，这离不开政府的作用，通过简单的自由化和放任竞争来实施金融深化是完全不行的。金融约束理论为农村小型金融组织成长提供了较好的思路和方向，但金融约束理论只提供了方向性指引，为金融机构和企业、居民创造获取租金的机会要具体落实到农村小型金融组织的成长中，这是比较抽象和困难的。金融发展理论的具体政策落实需要结合我国国情展开，特别是需要结合农村金融理论的研究。由于农村经济的特殊性，农村小型金融组织成长不仅是一个微观层面的经济性问题，而且是一个宏观层面的社会性问题，它对我国社会主义社会的科学发展、实现包容性经济增长、实现中华民族伟大复兴的"中国梦"都有重要作用。因此，本书的研究需要吸收金融发展理论的基础及精髓，结合农村金融领域的相关理论和企业成长的相关理论进行研究。

第二节　农村金融理论与启示

从理论上说，金融是"货币"与"信用"的联合，早期的金融业是建立在信用基础上的货币资金借贷。金融业最先是从商贸经济比较繁华的区域发展起来的，一般意义上的金融从区域范围来说是指城市金融，所以在西方经济学界一直不存在专门针对农村地区的相关金融理论。20世纪50年代以后，随着发展经济学的兴起，由于发展中国家基本都是传统落后的农业国家，应该如何运用金融手段促进落后地区经济发展的问题引起了重视，此时，关于农村金融的相关思想才开始形成。但农村金融理论与一些主流的经济学理论不一样，它自身一直缺乏严谨的微观理论基础和系统性理论体系。因此，严格来说，农村金融"理论"更多的是一些关于农村金融发展的理论性"论点"，这些理论性"论点"以一般意义上的经济、金融理论为基础，结合农村经济的特殊情况而产生，包含在西方经济学、发展经济学等理论之中，这些农村金融理论性论点对包括我国在内的很多发展中国家的农村金融改革产生了深远影响。本书研究重点是在总结我国农村金融改革和国际农村金融发展的历史经验教训的基础上，寻求农村小型金融组织成长的新型模式，规范政府与市场行为，因此，这些农村金融理论性论点对本书研究具有重要的借鉴意义。

一　农业信贷补贴论

在20世纪80年代以前，受到第一阶段发展经济学——结构主义发展经济学的影响，在面临当时经济快速发展的压力下，发展中国家普遍实施政府主导的工业化发展战略，实施严格的资本控制以加速资本积累。在农村金融领域，农业信贷补贴论（Subsidized Credit Paradigm）居于主导地位。①农业信贷补贴论认为农村经济发展需要资本的先行投入，但发展中国家资本十分匮乏，由于缺乏有效的市场化机制，农村资本积累不能依靠市场力量来解决，这样会使农村资本陷入越来越短缺的恶性循环。②农村信贷补贴论认为农民，特别是贫困阶层收入低下，缺乏储蓄能力，农村经济和农业生产具有特殊性，商业性金融机构缺乏为农村经济和农业生产提供信贷支持的积极性。③为了缓解农村贫困，促进农村经济发展，发展中国家需要从外部为农村经济和农业生产注入资金，而且这个任务只能由发展中国家政府来承担，其成立国有金融机构为农村经济和农业生产提供低利率信贷支持，政府对金融机构的贷款利率实施利率上限管制，并对这些金融机构提供相应的补贴。或者发展中国家由财政直接出资建立政策性农村金融机构，为农业生产提供信贷支持。

农业信贷补贴论在发展中国家的实践被证明是不成功的，金融机构的低利率贷款往往不能够弥补高昂的运营成本，这导致金融机构缺乏农业信贷支持的积极性。而且由于法制建设和相关制度不健全，低利率的信贷资金导致"寻租"现象严重，有限的信贷资金和大多数财政投入资金被少数特权阶层人士获得，真正贫困的农民很难获得贷款。信贷资金的偿还率也很低，这导致金融机构坏账严重，财务绩效表现很差，这不利于金融机构的可持续发展。另外，农业信贷补贴论在思想上强化农民的储蓄懒惰意识，这不利于形成鼓励农民加强储蓄的自我激励，导致农村长期缺乏资本的自我积累和生产能力，完全依赖财政资金解决农业资本匮乏。可以看出，农业信贷补贴论是一种政府主导型信贷支持模式，是一种资金供给先行的农村金融论。过分重视政府外部资本的作用，忽视农村自发"储蓄"这个内部力量对解决资本匮乏的作用，不利于构建长期有效的农村资本自我积累机制。农业信贷补贴论试图以单一的政府作用来解决市场失灵，但这容易陷入政府失灵的境地。

二 农村金融市场论

由于农业信贷补贴论在发展中的实践效果不佳，从 20 世纪 80 年代农村金融市场论开始出现。从该论点的理论基础来看，农村金融市场论是新古典经济学及金融深化理论在农村金融领域的应用。农村金融市场论重视市场机制的作用，不赞成对农村金融市场实施直接干预，在论点与政策主张上与农业信贷补贴论完全相反。①主张取消存款和贷款利率限制，鼓励由市场决定利率。②不主张由政府建立单一类型的国有金融机构来提供农村金融服务，鼓励市场竞争，允许多种类型的金融机构提供金融服务，以建立一个竞争性平台，而不是根据金融机构的所有权背景来决定能否获得政府补贴。③金融机构提供正利率的储蓄工具，鼓励农民储蓄。④政府应该围着市场转，要积极支持金融机构创新，支持机构建设，帮助员工培训和开发管理信息系统，提供良好的法律政策环境。如果市场被证明是无效的，那么政府就会被要求创造一个更为合理的政策环境，改善市场发展的法律、法规体系，或者以低成本高效益的方式解决市场失灵问题。

与农业信贷补贴论相比，农村金融市场论更加重视农村金融市场机制作用的发挥，改变政府"包办一切"的做法，但农村金融市场论在避免政府过度干预的同时恰恰又难以解决市场失灵问题。农村金融市场论难以真正促使商业性金融机构解决农民的信贷需求，商业性金融机构即使在风险之后进行了利率的调整，也缺乏向农民提供信贷的积极性，因为农村经济具有分散、地区差异大、产业化程度低的特征，农业生产规模小，缺乏完整的产业链，农村平均资本实力、投资实力弱。不但农业生产面临自然风险，而且农民还需承担价格变动的经济风险，具有很大的可变性。农业信息基础设施建设也相对落后，农业经营者的理性决策受到多方面因素影响。所以，农村金融市场论的功效并没有想象中的那么大，完美的市场化建设遇到了农村经济和农业生产的特殊性，这使农村金融市场论遭遇了现实尴尬。

三　农村金融不完全竞争市场论

自 20 世纪 90 年代以后，人们逐渐认识到一个国家的金融市场不可能是十分完善的市场，金融服务的供给方和需求方之间存在信息不对称，这是金融市场存在的"永恒"话题，即使在经济发达国家，其也不可能被完全解决。因此，完全依靠农村金融市场机制的自发作用不能培育出促进农村经济发展所需要的农村金融市场，发展中国家的农村金融发展需要一些社会性的、非市场的要素的支持，例如政府介入金融市场买卖双方的交易过程之中。可以看出，以斯蒂格利茨为首提出的不完全竞争市场和信息不对称理论是农村金融不完全竞争市场论的理论基础。斯蒂格利茨将"市场失灵"分成两种情况。第一种市场失灵是市场机制本身不能解决的问题，如外部性、垄断和公共物品供给等引发的市场失灵，这是体现在市场机制内部的市场失灵，政府应该通过有限市场干预来解决。第二种市场失灵是因为市场基础的不完美性，交易双方的信息不对称而造成的市场失灵，这是体现在市场机制外部的市场失灵，这种市场失灵无处不在，无时不有，需要政府全方位介入。

农村金融不完全竞争市场论为政府介入农村金融市场提供了理论基础，但与农业信贷补贴论有根本性的差异。农业信贷补贴论是在不承认市场机制作用的基础上的政府管制，行政色彩非常浓厚。农村金融不完全竞争市场论是以农村金融市场机制作用发挥过程中存在的市场失灵为基础的，政府介入农村金融市场的目的在于克服市场缺陷带来的问题，排除阻碍农村金融市场有效运行的障碍。政府首先应该保持宏观经济稳定，将通货膨胀率稳定在较低水平。农村金融不完全竞争市场论还为当时逐渐兴起的小额信贷发展提供了理论支撑。作为一种不同于传统商业性金融的模式创新，小额信贷特别注重解决农村金融市场存在的信息不对称和高昂交易成本问题。

四 农村金融普惠论

由于农业信贷补贴论和农村金融市场论在发展中国家实践的失败，从20世纪80年代开始，亚洲、非洲和拉丁美洲的一些发展中国家出现声势浩大的小额信贷。小额信贷是具有"草根"背景的信贷模式，小额信贷组织与农业信贷补贴论和农村金融市场论中的金融机构不一样，不具备深厚的政府背景或者雄厚的资金实力，但这些小额信贷组织以服务低收入人群为宗旨。另外，在信贷模式下，受信息经济学和斯蒂格利茨的不完全竞争市场理论的启发，小额信贷组织实施小组联保贷款模式，大大缓解了一般商业性金融机构面临的逆向选择和道德风险问题[1]。在此基础上，小额信

---

[1] 不完全竞争市场理论的相关研究表明，借款人的组织模式对解决交易过程中的信息不对称很重要。Ghatak（2000）、Laffont & N. Guessan（2000）的研究表明采取小组联保贷款模式能够有效提高市场的效率。Ghatak（1999，2000），Ghatak&Guinnane（1999），Tsaael（1999）解释了小组联保贷款模式能有效解决逆向选择问题。Besley&Stepthen（1995）通过研究发现正规金融模式下的商业银行无法控制借款者行为，小组联保贷款模式下的同伴之间的监督可以约束个人行为，有利于解决道德风险问题。

贷组织还实施强制储蓄、动态激励和中心会议制度等信贷模式创新。因此，小额信贷是农村金融不完全竞争市场论在具体实践领域的创新性成果，其重点在于解决农村金融市场的信息不对称问题，从 20 世纪 80 年代开始在全世界引起了很大反响。小额信贷的发展也经历了从福利主义小额信贷向制度主义小额信贷的转变，前者强调资金运用的"慈善性"，实施低利率贷款，导致机构的资金来源难以为继，缺乏可持续发展性；后者主张实施市场化利率，注重加强自身的能力建设，从而实现长期为低收入人群服务的目的。进入 20 世纪 90 年代以后，小额信贷发展逐渐进入微型金融时代，微型金融重视为低收入人群提供多元化金融服务，其包括小额信贷、储蓄、汇款和微型保险等方面。与小额信贷相比，微型金融不仅更加注重多元化的金融服务，而且更重要的是由于二者在"理念"上存在差异，其更加注重提供可持续性金融"服务"，不将低收入人群享受金融服务看作单纯的资金行为，而看作一种人格化权利，该理念促进了微型金融的进一步发展，也在很大程度上催生了普惠金融理念。

普惠金融是 2005 年国际小额信贷年提出的新理念，但该理念的思想直接源于 2000 年的联合国千年首脑会议，在该会议上世界各国领导人就消除贫穷、饥饿、疾病、文盲、环境恶化和对妇女的歧视等问题进行了广泛的磋商，决定通过设定一套有时限的目标和指标，全力以赴来满足全世界穷人的需求，并确定所有目标的完成时间是 2015 年。这一目标被置于全球议程的核心，被称为"千年发展目标"，其主题是"扶贫"。从理论渊源来看，普惠金融理念的提出得益于 20 世纪 80 ~ 90 年代以来国际小额信贷和微型金融的发展，普惠金融与小额信贷和微型金融是一脉相承的。微型金融的实践发展为普惠金融理念的形成提供了很好的素材，普惠金融理论也借助于微型金融的发展实践逐渐丰富，并进一步推动了国际微型金融的深入发展。普惠金融是以微型金融为核心，同时涉及微观、中观和宏观层面的农村金融政策"新方法"，它强调应把具有可持续发展潜力的微型金融纳入正规金融体系，从而把那些被排斥于传统金融服务和整体经济增长轨道之外的农村低收入人口纳入农村金融服务范围，使他们获得经济增长所带来的福利。普惠金融有以下基本特征：一是家庭和企业能够以合理成本获得储蓄、信贷、支付、保险等较为广泛的金融服务；二是金融机构稳健，内控机制完善，接受市场监督；三是金融机构具有财务和机构可持续发展能力，能够长期提供金融服务；四是拥有多样化的金融服务提供者，为客户提供多样化的金融服务选择。

五　农村金融理论的启示

农业信贷补贴论以农村不具备发挥市场机制作用的空间为前提，主张政府控制信贷活动，结果却导致政府失灵。农村金融市场论为避免政府失灵却又陷入市场失灵的境地。农村金融不完全竞争市场论强调政府不仅应该避免原始的市场失灵，还应该将干预的重点放在缓解信息不对称问题上。农村普惠金融论强调通过机制创新，树立服务低收入人群的理念，让每个人都享有平等信贷权。综合以上不同阶段的农村金融理论可以发现，农村金融理论具有鲜明的时代性，都与当时的主流经济学思想有关，而且处于发展经济学的理论体系之下，不同农村金融理论的论点和政策主张差异很大。基于当前的经济发展和理论研究视角，我们可以发现过去的一些农村金融论点和政策主张存在很多不足之处，特别是农业信贷补贴论和农村金融市场论的一些观点，显然，这与我国目前农村金融改革的实际不够吻合，但我们仔细思考得知，农村金融理论对我国农村金融改革还是有较大的价值的。①受农业信贷补贴论的影响，金融机构资金使用效率不高，财务效率低下，这不利于可持续发展，也不利于培育农村金融市场机制。但由于世界各国的情况不同，一些研究表明这种以政府补贴和政府直接干预为主的农村金融方法提高了农民资金的可获得性程度，在一定时期内扩大了对农业的投入，使农业生产获得了资金①，有利于消除农村金融市场存在的严重发展障碍，在一定程度上促进了农村金融的深化。②农村金融市场论的论点以完善的市场经济体制为基础，虽然其提出的政策主张过于理想化，但它同样提出了农村金融改革应该努力的方向，特别是其关于金融发展中的政府行为的论述具有相当大的理论价值和现实意义。

改革开放以来，我国农村金融改革中政府色彩浓厚，虽然这种政府控制模式的农村金融改革具有一定的时代必然性，在很大程度上确保了我国经济体制的有序转型和宏观经济的稳定发展，但这与我国市场经济发展的

---

① Binswanger 和 Khandker 于 1995 年以印度农村金融为例，对 1972~1973 年和 1980~1981 年中 85 个农村地区的数据进行了研究，发现印度政府的直接信贷控制把商业银行信贷扩展到了农村，而且这种扩张导致了农村非农业就业的迅速增加并适度提高了农村的工资水平，推进了农村非农部门的增长。Yarbrough 于 1991 年对沙特阿拉伯进行了研究，认为政府信贷控制和财政补贴政策促进了沙特阿拉伯农业产量的增加。

总体要求还存在较大差距。我国农村小型金融组织已经发展了十余年，虽然同样带有浓厚的行政色彩，但不可否认的是，农村小型金融组织在提高农村地区资金可获得性程度上发挥了较大的作用，提高了农村金融覆盖面，特别是有效填补了一些农村基础金融服务的空白。但这些只是农村小型金融组织的基础性功能，未来我国农村小型金融组织成长将进入"攻坚"阶段，不能再完全依靠数量扩张来发挥作用，而应该在"深化发展"上做文章，在政府与市场之间寻求平衡，以有效处理二者的关系，并以此来进一步促进农村小型金融组织功能的发挥，国际农村金融发展经验和农村金融理论对未来我国农村小型金融组织的成长具有很大的指导性意义。特别是在普惠金融理念提出以后，其对我国整体金融发展特别是对农村金融领域影响很大，为我们提供了一个全新的理念和指导方向。2013 年 11 月，党的十八届三中全会正式做出发展普惠金融的决定，发展普惠金融已经进入了党和国家的顶层设计视野，是党和国家为实现我国全面小康和中华民族伟大复兴的"中国梦"而提出的切合实际的改革思路和目标。可以预见，当前和未来一段时期内"发展普惠金融"将是党和政府重点关注的问题。促进我国农村小型金融组织健康成长是发展普惠金融的重要内容，本书的研究也是在发展普惠金融的整体框架内进行的。本书在普惠金融的理论体系下研究农村小型金融组织如何正确开展自身的目标定位，以实现社会绩效与财务绩效的协调发展；如何规范普惠金融发展下的政府行为，将农村小型金融组织打造成普惠金融组织，以促进和谐社会和普惠金融发展地顺利推进。

第三节　企业成长理论与启示

从某种程度上说，农村小型金融组织可以看成一家企业，企业成长理论对本书研究也具有重要参考价值。企业成长理论思想渊源久远，内容丰富，主要关注的是企业如何从无到有的具体过程，研究企业规模扩张的驱动力。由于不同企业成长理论产生的时代不一样，其关注企业成长的侧重点也存在差异。企业成长的"驱动力"在哪里？对于这个问题有不同的观点。据此，我们可以把企业成长理论分为企业外生成长理论和企业内生成长理论。另外，企业成长理论有基于经济学视角的企业成长理论，也有基于管理学视角的企业成长理论。由于本书主要是在经济学视角下研究我国农村小型金融组织成长模式，因此我们基于经济学视角对企业成长理论进行述评，以期发现有益的参考价值。

一 古典经济学企业成长思想：专业化分工视角

由于时代的局限性，古典经济学的创始人亚当·斯密没有直接研究企业成长的原因和动力，只是在《国富论》中体现出企业成长的思想，这主要体现在"专业化分工对劳动生产率影响"这一部分内容之中，他认为专业化分工可以把复杂的工作分解为一些简单的工作，而简单工作的重复进行对提高劳动生产率有重要促进作用，特别是专业化分工有利于一些专业化机器的发明，能有效提高劳动生产率。专业化分工使每个从事简单工作的人联系在一起，而不是每个人独立地进行生产劳动。企业将劳动者连接在一起，有利于新技术的推广，这既节约了生产时间，又推动了生产规模的扩大，形成规模报酬递增效应，最终实现企业成长。亚当·斯密关于企业成长的思想概括起来可以表述为：专业化分工的规模决定企业成长，市场范围限制分工。该思想是著名的"斯密定理"。

马歇尔作为古典经济学的集大成者，对企业成长问题进行了全面的研究。①他认为通过专业化分工可以将某一工作分解为多个新的次级性工作，不同次级性工作将产生不同的专业技能和知识，专业化分工使新的专业职能对各原有专业职能进行协调和整合，使企业生产和协调能力在内部获得持续成长，这是马歇尔从"差异性分工"角度对知识技能积累推动企业成长做出的解释。②他积极倡导企业"规模经济决定论"这个古典观点，把生产规模扩大分为外部经济和内部经济，外部经济有赖于整个行业的发达程度，内部经济有赖于这个行业中的企业本身拥有的资源。外部经济为企业的成长提供足够的空间，企业大规模的生产能力和良好的销售能力使企业能有效地享受外部经济，外部经济和内部经济共同促进企业成长。③他认为企业成长道路是艰难和曲折的，企业成长到相当大的规模时会形成行业垄断，但同时企业的竞争力也会下降，企业成长的负面影响开始凸显，新企业的进入对垄断企业的地位形成挑战，制约行业垄断结构的维持，这不一定会损害公众利益，甚至可能使公众受益，这就是马歇尔的企业市场结构论。④他阐述了企业家在企业成长中的作用，企业家是一个中间商人，通过加工制造把社会上的生产要素变成商品，并将商品转到消费者手中。企业家在这一过程中承担了各种各样的风险，为了追求收益最大化和成本最小化，企业家会尽量采用新型技术和运用新技能，这有利于企业的持续成长。

二　新古典经济学企业成长理论：最优规模经济论

新古典经济学中的企业成长理论主要体现在"厂商理论"中，基于完全理性经济人的假设，企业只是作为一个生产函数，作为一般均衡理论的一个组件。用一家企业代表了现实中千差万别的企业，企业的复杂性被抽象掉，企业成长的驱动力和原因在于对规模经济和范围经济的追求。企业成长就是企业在利润最大化的目标驱动下，在所有约束条件已知的情况下，基于需求函数和成本函数，在短期内调整生产量以达到长期最优化的生产规模。这是企业根据最优化规则做出的被动性选择，其缺乏任何主动选择的余地。可以看出，在新古典经济学中，企业被视为一个"黑箱"，只需表达投入和产出的技术性关系，不涉及企业结构、产权和规模等内在特征；企业的运营和决策机制不重要，企业成长取决于投入产出所反映的规模报酬，如果规模报酬递增，那么企业成长就实现了。正因为如此，有很多经济学家认为在新古典经济学中并不存在真正的企业成长理论。但我们换一个角度思考，尽管新古典经济学中企业成长的一切因素皆是外生给定的，但企业实现规模报酬递增的努力也体现着企业的某种主动性，规模报酬递增目标也是在企业更好地利用先进设备和技术、深化专业化分工、提高生产效率的前提下才能实现的。因此，新古典经济学中的企业成长也离不开企业内生性要素的作用。

三　熊彼特的企业成长思想：企业家创新视角

熊彼特在1912年出版了《经济发展理论》一书，其中包含了一些关于企业成长的思想，熊彼特在新古典经济学之后重视"企业"在经济理论中的主动地位。①他认为经济发展的动力不仅是外部因素，经济体系内部还存在着自动破坏可能达到均衡的能量源泉。企业通过企业家的创新打破了市场短暂的均衡状态，在这个过程中，企业也能获取利润，但这种利润具有短暂性与偶然性。熊彼特刻画了一个超越市场结构，同时也超越企业组织结构的企业家形象，企业家的能动创新推动经济飞跃式发展。②创新是企业家的灵魂，企业家通过创新对生产要素进行重新组合，这是一个创造性的过程。"创新"体现为：采用一种新产品，采用一种新的生产方法，开辟一个新市场，控制或掠取新的原材料供应来源，实现一种工艺的新的组织。③创新是企业成长和经济发展的动力，通过创新以利用不同的方式去使用现有资源去做新的事情，经济发展的本质在于对现存资源以不同方式进行利用。可以看出，熊彼特强调经济发展的驱动力源于内部因素。④创新是经济发展过程中的内生因素，他强调创新的突发性和间断性，主张对经济发展进行"动态"性研究，创新同时也意味着毁灭，随着经济发展，创新更多地转化为实体经济内部的自我更新，创新的主体是"企业家"。

熊彼特主要研究资本主义经济发展问题，没有直接对企业成长问题进行研究，他强调企业家创新在经济发展中的作用。他的企业家理论中富含企业成长的思想，因为企业家通过创新对生产要素进行重新组合，其最直接的结果就是使企业获得利润，促使企业不断成长。熊彼特的企业家理论从企业内部寻找企业成长的驱动力，这实际上突出了企业家在企业成长中的重要性，企业家的创新决定了企业现有生产要素能否得到高效或充分利用。

四 新制度经济学企业成长理论：企业与市场作用边界

以科斯为代表的新制度经济学把企业成长看作企业功能的扩展，重点关注企业与市场的作用边界，其在1937年出版的经典文献《企业的性质》中对此问题进行了深刻阐述。科斯引入了"交易费用"的分析范式，认为新古典经济学所构建的理想化假设与现实世界是完全不相符合的，现实中交易费用的存在使新古典经济学的企业成长理论缺乏现实解释力。①企业之所以存在是因为企业把以前通过市场交易完成的交易活动纳入企业内部进行，这是企业边界扩张的过程。企业边界之所以能够扩张是因为在企业内部进行的交易费用要低于在市场上发生的交易费用，这种交易费用的节约成为企业成长的动因，企业的本质在于对市场的替代。②交易费用的存在使企业能够替代市场，也使企业成长存在边界。因为随着企业对市场替代的规模不断扩大，企业的规模也在不断成长扩大，这会导致企业内部的协调、管理和组织费用不断增加。当企业内部的协调、管理和组织费用与所替代的市场交易费用相等时，其就达到了企业成长的边界。

威廉姆森从资产专用性、不确定性和交易效率三个维度对交易费用进行了界定。在此基础上，他也对企业成长边界问题进行研究。①企业成长过程中需要签订一系列连续性合约，交易双方存在的信息不对称使合约交易方会产生机会主义行为，这会增加合约谈判和签订成本。②威廉姆森在企业成长研究中引入"资产专用性"概念，认为市场交易费用与企业内部管理费用，还有规模经济与范围经济都是资产专用性的函数，企业成长的最佳规模可以用资产专用性表示出来。为解决机会主义行为，企业会通过向前或者向后一体化，把原属于市场交易的某些阶段纳入企业内部，这是企业纵向边界扩张的企业成长。这种企业成长可以节约交易费用。如果不存在资产专用性，那么我们通过市场来完成各个连续的生产阶段反而可以节约交易费用。③交易频率、资产专用性以及外部环境决定了经济组织的交易费用，我们通过成本效益对比可以得出企业最优规模以及企业与市场的作用边界。

综合新制度经济学的企业成长理论，我们可以发现，新制度经济学企业成长的交易费用理论，并不完全是对新古典经济学企业成长理论的替代。因为新制度经济学在用交易费用来分析企业成长边界问题时还是沿用新古典经济学的均衡分析范式。

五　彭罗斯的企业内生成长理论：凸显"管理"功能

新古典经济学把企业当作"黑匣子"，企业规模扩张是指其所生产的产品数量的增加，企业的最优规模由企业的成本和收益曲线相互关系来决定，企业规模取决于产品需求和供给的市场均衡，企业自身反而处于被动角色。新制度经济学家科斯并没有明确定义什么是"企业"，他主要沿用新古典经济学分析范式关注企业扩张的边界。经济学家彭罗斯（Edith Penrose）在1959年出版了《企业成长理论》，论述企业成长的基本规律，探究企业成长的决定因素和机制，建立了企业资源—企业能力—企业成长的经济学分析框架。她是第一个真正将"企业成长"作为研究对象的学者，是资源基础论的主要奠基人，她的企业内生成长的主要思想主要体现在以下几方面。①企业成长是众多生产性资源和生产性服务共同推动的结果，企业成长主要取决于能否有效利用现有资源和不断挖掘未利用资源，企业拥有的土地、机器、设备等生产性资源只是企业成长的基础。从深层次来看，企业更是建立在一个管理性框架内的各种资源的集合体。因为不同企业拥有的生产性资源存在相似性，但在不同企业差异化的管理性框架下，这些相似的基础性资源会有不同的使用效果。②彭罗斯吸收了熊彼特企业家理论的思想，认为企业家的管理能力在资源利用中起到关键性的作用。虽然资源有使用价值，但是如果离开企业家的相关管理服务，其是不可能带来企业成长的。企业资源不仅来自企业内部，而且来自企业新吸纳的社会资源和市场份额，这些资源在企业家的充分利用下进行有效配置，促使企业获得成长。企业家是一个岗位而不是一种身份，企业家的判断力和野心是企业成长的关键性因素，企业的任何员工应该扮演企业家角色，促进企业不断成长。③彭罗斯强调团队作业的重要性，团队作业是企业内部合作和协调的基础，是企业的组织资本，企业内部逐渐形成的管理团队是促使企业成长的最有价值的资源。④彭罗斯认为限制企业成长的因素主要来自三个方面——企业的管理竞争力、产品或要素市场和面临的风险，真正限制企业成长的因素来自企业内部，企业受制于企业家的管理服务。彭罗斯倡导企业内生成长理论，但并没有忽视外部环境对企业成长的作用，认为企业成长要受到外部环境的影响，企业外部对资源和服务的竞争会给企业带来压力，这种外部压力促使企业去寻求其他生产机会。

彭罗斯的企业内生成长理论基于全新的视角回答了企业为什么能够成长，成长的动力在哪里以及企业能成长多快、成长多久等问题，是对新古典经济学企业成长理论的颠覆，注重从企业内部研究成长的驱动力。企业成长源于优良的企业家管理能力及由此产生的知识创造。彭罗斯的企业内生成长理论重视基础性资源的作用，更加重视企业家管理能力在企业资源优化配置中的作用，其企业内生成长理论基于经济学研究视角，在理论思想中闪烁着"管理学"的光辉，为后续的众多管理学者对企业成长理论的研究打下了基础①。

---

① 在彭罗斯的企业内生成长理论之后，有很多基于管理学视角的企业成长理论，玛瑞斯（Marris，1964）把企业需求和供给的增长联系在一起，构建企业稳定增长模型。安索夫（Ansoff，1965）在开创性著作《公司战略》中阐述企业战略问题，认为企业经营目标是获得经济报酬，企业战略规划存在五项重要经营决策，它们是产品和市场范围、成长方向、竞争优势、集成企业内部竞争力的衍生效应及自我生产或收购策略，战略管理的核心是确保这五大决策的一致和相关，实现经济报酬最大化。钱德勒（Chandler，1977）提出企业成长技术论，对企业成长为巨型企业的决定性因素进行研究，认为技术发展和市场扩大是企业成长的根本。察斯顿和曼格尔斯（Chaston & Mangles，1995）认为企业如果能掌握有价值的资源，就能以更低的成本实现企业成长。这些管理学视角的企业成长理论认为企业成长需要对企业资源和能力进行有效协调，企业要专注自己的主业，增强核心能力，强调企业内部创新对企业成长的重要性，属于内生性企业成长理论。

六　演化经济学的企业成长理论：进化论视角

随着企业管理呈现越来越大的复杂性和不确定性，主流经济学思维模式与市场环境的非均衡特性越来越不适应，企业对大环境的适应能力逐渐成为关注的重点，企业进化论开始受到关注。1982 年，理查德·R·纳尔逊（Richard R. Nelson）和悉尼·G·温特（Sideny G. Winter）出版著作《经济变迁的演化理论》，这是演化经济论的奠基之作。他们构建了关于企业能力和行为的演化模型，提出了企业具有类似生物进化的演化思想。①演化经济学与主流经济学的研究假设存在差异，认为经济主体是有限理性的差异化行为主体，市场是一个动态演化过程，经济主体行为是不可逆的，市场的"试错"机制往往与现实不符。演化经济学以开放性系统为研究对象，注重开放系统的变革、创造，其重点关注的是什么因素破坏均衡使经济发生变化，从而导致系统变革；认为企业成长具有动态演化的特征，将企业成长类似于生物进化，市场机制是企业动态演化中的"自然选择机制"。②构建模拟生物进化的企业成长机制，认为企业成长是通过类似生物进化的三种核心机制来完成的，这三种核心机制是变异（多样性）、强化（遗传性）和选择（自然选择性），企业的良性成长要做到创新层出不穷，受到环境选择与自主选择共同发挥的作用，存在学习和复制效应，以使胜出的选择可以迅速推广。③演化经济学认为组织、创新和路径依赖对企业成长具有非常重大的影响，市场环境提供企业成长的界限。演化经济学强调"惯例"（知识遗传和继承）、"搜寻"（企业适应和惯例变异）和"市场选择"在企业演化中的作用，这三者的相互反馈机制导致企业成长。"惯例"指企业改变其现存状态的行为，是企业持久不变的行为特点，惯例对短期行为和长期行为都会产生影响，但惯例也受环境影响。"搜寻"会导致现有惯例发生改变，企业不断进化和成长。"市场选择"类似于进化论中"适者生存"规律，决定企业能否盈利或者获得进一步成长壮大。

演化经济学基于生物进化论视角研究企业成长，为动态企业理论奠定了理论基础，但在理论完整性和逻辑严密性方面也存在局限，并没有构建与生物基因机制类似的企业成长理论机制。

七　企业成长理论的启示

综上所述，各学派关于企业成长的理论思想主要是以"企业扩张和发展的驱动力在哪里?"这个问题作为线索。早期的企业成长理论以完全竞争和信息完全等基本条件为假设,基本上是运用经济学分析范式研究企业成长问题,将企业成长看作一个外部市场推动的结果,忽视了来自企业内部的驱动力。彭罗斯提出的企业内生成长理论是基于经济学研究视角进行的,对继她之后迅速发展的管理学视角企业成长理论影响深远。演化经济学关于企业动态演化的研究为本书研究提供了很好的研究思路。①经过十余年的新一轮农村金融改革,我国农村小型金融组织正处在从无到有,从弱小到强大的成长过程之中,这是一个不可扭转的过程,具有路径依赖性。农村小型金融组织的成长是在我国由计划经济向市场经济转型的大背景下进行的,虽然我们无法根除原有体制、文化等因素对农村小型金融组织成长的影响。但农村小型金融组织需要确定正确的目标定位,不断加强学习,进行业务和技术创新,适应不断变化的市场环境,以使其成长中的环境选择和自主选择共同发挥作用。②农村小型金融组织的成长也是一个"自然选择"的过程,而且是基于一定的外部环境进行的,构建良好的农村金融市场机制对"市场选择"作用的发挥非常重要。③农村小型金融组织的成长不是一个单纯的技术性过程,制度因素在其中处于非常重要的地位。我国农村小型金融组织的成长需要重构政府与市场的关系,以构建农村小型金融组织成长的良好制度环境。

第三章　农村小型金融组织"适应性"成长的现实依据

——基于历程回顾与现实剖析

　　我国农村小型金融组织应该寻求新型成长模式，这是克服我国传统存量式农村金融改革弊端的要求，同时也是对我国十余年来增量式农村金融改革发展中存在的问题进行深刻剖析的结果。本章在对我国农村金融改革历程进行简单回顾的基础上，深入思考农村金融改革的未来方向。在全面搜集我国农村小型金融组织相关数据和开展实地调查研究的基础上，以新一轮农村金融改革中的 NGO 公益性小额信贷组织、小额贷款公司和村镇银行为例①，对农村小型金融组织发展进行现实剖析，深入分析农村小型金融组织发展存在的问题及其原因，为我国农村小型金融组织选择新型成长模式寻求现实依据。

第一节　路径依赖还是适应性选择：
我国农村金融改革反思

　　金融是经济的核心，农村金融制度变革的成功是农村经济快速发展的关键。我国正处于由高度集中的计划经济体制向市场经济体制转轨时期，金融制度变革是体制转轨的重要内容。总结农村金融制度演进的经验和教训，有利于新一轮农村金融改革顺利推进，促进农村小型金融组织健康成长，进一步推动农村经济快速、稳定与可持续发展。

---

　　① 前文对农村小型金融组织进行了界定，包括小额信贷组织（NGO 小额信贷组织和小额贷款公司）、村镇银行、农村资金互助社和贷款公司。由于当前我国农村资金互助社和贷款公司发展近乎停滞，其产生的影响力也非常有限，所以本章主要研究 NGO 小额信贷组织、小额贷款公司和村镇银行存在的主要问题，为农村小型金融组织选择新型成长模式提供现实层面的依据。

一 我国农村金融改革历程简要回顾

纵观改革开放以来我国30多年的农村金融改革历程，我们可以将农村金融改革分为以下四个阶段。

1. 机构恢复调整阶段（1979~1992年）

改革开放以后，我国对农村金融机构进行了恢复，这段时期内的正规农村金融机构是中国农业银行和农村信用社，另外，非正规金融组织——农村合作基金会也开始出现并获得快速发展。1979年初，我国正式恢复中国农业银行，中国农业银行负责支农资金管理，集中办理农村信贷业务，成为我国从事农村金融业务的国有专业银行。1984年以后，为适应城市经济体制改革的推进，国家制定国有企业优先发展战略。1985年，中央"一号文件"提出"中国农业银行要实行企业化经营，提高资金营运效率"，中国农业银行开始向企业化转变。国家规定各国有专业银行的业务可以适当交叉，银行可以选择企业，企业也可以选择银行，四大国有专业银行之间开始出现竞争，中国农业银行以外的银行开始为乡镇企业提供贷款，将业务延伸至农村。

在农村信用社改革发展方面，1979年，国家将农村信用社在机构定位上确认为"集体所有制的金融组织"，改变其原来"人民公社的金融部门"的定位。更重要的是，国家同时将农村信用社确认为中国农业银行的基层机构，这实际上使农村信用社继续沿着"官办"道路前进，它的"东家"由原来的人民公社变成中国农业银行，行政色彩依然浓厚。1984年，国务院转发中国农业银行《关于改革农村信用社管理体制的报告》，决定恢复农村信用社组织上的群众性、管理上的民主性和经营上的灵活性。在随后的1987年和1990年，国家多次针对农村信用社出台相关规定，中国农业银行为使农村信用社回归"合作制"，也在民主管理、业务管理、组织建设等方面进行了一系列改革。可以看出，当时国家的政策初衷在于改变农村信用社长时间偏离合作金融轨道的状况，力图引导它朝着规范的合作金融方向前进。

改革开放以后，为有效管理集体积累资金，国家允许利用其所统管的集体资金在集体经济组织成员之间进行内部有偿融资。1984年，中央"一号文件"允许农民和集体资金自由地或有组织地流动，不受地域限制。从20世纪80年代中期开始，乡镇集体经济快速发展，而当时正规农村金融机构无法满足乡镇集体经济发展的金融需求。在国家政策的支持下，随着市场化程度的不断提高，我国农村出现了一种非正规的农村金融组织——农村合作基金会。1984～1992年，连续多年的中央"一号文件"明确指出要用好集体资金，财政部、中国农业银行等也先后出台政策，对发展农村合作基金会给予充分肯定与支持，良好的政策环境促使农村合作基金会在这一阶段迅速发展。

2. 体系重构与商业化阶段（1992～1999年）

在1992年邓小平南方谈话以后，中国更加坚定了社会主义道路，1992年秋，党的十四大正式提出了中国经济体制改革的目标——建立社会主义市场经济体制，我国"市场化"改革道路向前迈进了一大步。这个大趋势在农村金融改革领域也有充分的体现，中国人民银行、中国农业银行先后出台关于农村金融体制改革的决议。1992年，中国农业银行印发《关于加快农村金融改革开放的意见》，提出我国农村金融改革要提高农村金融效率，试图建立农村市场金融体制。1993年，党的十四届三中全会通过的《中共中央关于建立社会主义市场经济体制若干问题的决定》要求"现有的专业银行要逐步转变为商业银行，根据需要组建农村合作银行"，指明了农村金融商业化的方向。1994年，我国组建政策性银行，将中国农业银行的政策性金融业务剥离出来，成立中国农业发展银行。1995年，我国出台《中华人民共和国商业银行法》，加快了农村金融领域的商业化步伐。1996年，中国农业银行和农村信用社正式脱离行政隶属关系。至此，我国完善的农村金融体系基本形成，其由商业性金融（中国农业银行）、政策性金融（中国农业发展银行）和合作性金融（农村信用社）组成。

在1992年及随后的几年里，我国整个金融行业发展很快，但由于相关政策不完善和有效监管缺失，我国的金融行业也积累了较大的潜在金融风险，这个问题在农村金融领域也很明显。在当时市场利率高企的大环境下，农村合作基金会发展很快。但这也暴露出很多问题，行政干预严重，高息揽储和放贷，管理水平低下，经营效益下滑明显，资金投放"非农化"很严重，整体金融风险放大。1997年亚洲金融危机以后，出于对农村金融风险防范的考虑，中国农业银行大量撤并其在农村地区的分支机构，收缩贷款审批权限。1999年1月，国务院发布文件，正式宣布在全国范围内统一取缔农村合作基金会。我国农村金融进入"治理整顿"阶段，但商业化改革的整体趋势并没有改变。

3. 产权改革阶段 (1999～2004 年)

在"行社脱钩"前后近 20 年里，国家一直试图恢复农村信用社的合作金融本色，但产权制度不合理、行政干预严重等问题，使农村信用社改革实践没有达到预期目的。特别是在 1998 年以后，中国农业银行大量撤并其在农村的分支机构，这使农村信用社成为农村地区的垄断性"官办"金融机构。1999 年，中国人民银行在江苏省开展农村信用社产权改革试点，开展清产核资，组建县级农村信用联社，转换机制，明确产权，消化历史包袱，组建江苏省农村信用联社。2003 年 5 月，国务院批准农村信用社产权改革试点从江苏省扩大到吉林、山东、江西、浙江、陕西、重庆、贵州和江苏八个省（市），试点改革的总体思路是"明晰产权关系、强化约束机制、增强服务功能、国家适当扶持、地方政府负责"。2004 年 8 月，国务院将农村信用社产权改革试点扩大至除西藏、海南以外的全国 29 个省（市、区）。此轮农村信用社改革的重点在于完善公司治理结构，转换经营机制，将农村信用社管理和风险责任下放给各省级政府。改革的核心是产权问题，通过将农村信用社改造成为自主经营、自负盈亏、自我约束和自担风险的市场经济主体，积极推进农村信用社向股份制和商业化银行转变。至此，国家开始不再试图将农村信用社回归合作金融道路，而是促使农村信用社朝着合作制和商业化方向迈进。

4. 增量式改革阶段 (2004 年至今)

改革开放以来，我国农村金融改革主要围绕中国农业银行和农村信用社展开。从农村金融机构调整到"行社脱钩"再到产权改革的整个改革历程可以看出，农村金融改革局限于体制内。民间金融则没有明确的发展规划，一直在"一放就乱，一抓就紧"二者之间徘徊，国家在总体上对民间金融表现出抑制和打压的态度。随着中国农业银行商业化的不断推进，农村信用社也开始商业化。由于体制内的外生性、商业化，正规金融机构不愿意服务农村。非正规金融内生于农村，但一直受到打压，存在系统性风险，我国缺少真正为农业和农村经济发展服务的金融机构，特别是很多欠发达地区出现了基础金融服务空白的局面。进入 21 世纪以后，我国的城乡关系发生变化，进入"以工补农"的阶段，农业、农村和农民问题开始成为党和政府高度重视的"三农"问题。从此时开始，农村金融发展问题也引起了党和政府的高度重视。2004 年，我国中央"一号文件"提出要引导民间资本和社会资本发展多种所有制农村金融组织，这从指导思想上表明我国将开始重视发展增量式农村金融机构，拉开了新一轮农村金融改革的序幕。2005 年，中国人民银行在山西、四川、贵州、内蒙古、陕西五省（区）开始试点发展小额贷款公司，这是我国在 20 世纪 90 年代中期开始引入小额信贷以来，在小额信贷领域的重要制度创新，我国的小额信贷在经历了 NGO 小额信贷阶段、官方小额信贷阶段以后，进入了小额贷款公司阶段。2006 年 12 月，银监会发布《关于调整放宽农村地区银行业金融机构准入政策　更好支持社会主义新农村建设的若干意见》，允许在农村地区设立村镇银行、农村资金互助社、贷款公司三类新型金融机构。2008 年，小额贷款公司在我国全面发展。整体来说，此轮增量式农村金融改革的出发点是从体制外探索对农村金融进行改革，建立更加市场化和充满竞争性的农村金融市场，真正实现农村金融服务"三农"的目的。

二　农村金融改革思考："路径依赖"与"适应性选择"视角

我国农村金融改革是在特定历史、经济与政治环境下由政府主导完成的，这种制度演进是"路径依赖"的结果还是一种"适应性选择"，值得我们深入思考。总结我国过去农村金融改革的经验教训，有利于我国当前新一轮农村金融改革的深入。

（一）"路径依赖"与"适应性选择"的理论逻辑

"路径依赖"最初由 Paul A. David 提出，W. Brian Arthur 对"路径依赖"理论做了进一步拓展。它类似于物理学中的"惯性"，如果物体一旦进入某一轨道就可能对这种路径产生依赖。人们一旦选择某种制度，由于规模经济、学习效应、协调效应以及适应性预期和既得利益约束等多方面的因素，原有既定的路径选择方向会在以后的发展中不断自我强化，最终进入锁定状态，人们想要摆脱这种状态变得十分困难。"适应性选择"理论是在制度经济学理论基础之上发展起来的。在经历了新古典经济增长理论与内生经济增长理论之后，制度变迁理论逐渐得到发展。新古典经济学忽略了制度因素，内生经济增长理论视制度为外生给定，制度变迁理论则将制度作为经济领域的一个内生变量，认为只有制度创新才是最重要的。但制度变迁的效率不是永恒不变的，每一种制度的效率都是相对的，均有一个产生、发展和衰亡的历史过程。制度绩效属于动态的范畴，这种动态变化即制度的适应性效率来自制度与组织、人及环境的适应程度。因此，制度的"适应性选择"理论应运而生。"路径依赖"与"适应性选择"不是没有关系的，它们都属于制度经济学的理论范畴，都是制度变迁理论的重要内容。新制度经济学家布罗姆利认为，基于目标实现途径的不同，我们可以把制度变迁分为四种类型：提高生产效率的制度变迁、重新分配收入的制度变迁、重新分配经济机会的制度变迁和重新分配经济优势的制度变迁。布罗姆利认为，发生最为频繁的制度变迁是通过改变人类行为的选择以提高生产效率的制度变迁，它类似于"增大馅饼"的寻利性活动。制度对人类行为选择的限制、解放、扩展都会影响生产效率，同时制度结构也会影响个人与企业的激励约束相容度，最终影响生产可能性曲线。一般来说，制度变迁的效率通常与时间呈负相关，遵循边际效率递减规律，即制度随着生存时间的推移而呈现效率下降的规律，因此制度也随之走向衰亡，这就是制度适应性效率递减规律。

制度变迁绩效搭建了"路径依赖"与"适应性选择"理论的桥梁，我国农村金融制度演进也是制度变迁绩效变化的过程，这印证了我国农村金融制度演进的"路径依赖"与"适应性选择"过程。改革开放以来，我国农村金融改革主要围绕中国农业银行和农村信用社展开，改革局限于体制内，具有高度的"路径依赖"性。2004年以来，随着我国整体市场经济体制改革的不断深入，金融市场化程度不断提高。党的十八大提出要进一步深化金融体制改革，推进金融创新，健全现代金融体系，提升金融业整体实力和服务水平。我国新一轮农村金融改革逐步突破原有的体制内限制，将体制外的力量逐渐引入农村金融领域，这将是一个效率不断提高的过程，是"路径依赖"与"适应性选择"动态演化的结果。

（二）我国农村金融改革的基本特征

"路径依赖"是"适应性选择"的逻辑起点，"适应性选择"则是"路径依赖"的演化原则，两者相互糅合，仔细思考便可以发现我国农村金融改革具有以下基本特征。

1. 改革的阶段性目标具有明显的"时代背景"

从前文所述的我国农村金融改革历程可以看出，改革开放以来，农村金融改革的每一个阶段都有明显的阶段性目标，这个目标与我国整体经济转轨和国民经济发展是联系在一起的。第一阶段主要是通过恢复和建立农村金融机构，强化农村金融在农村的地位和基本职能，改变高度集权的计划经济下的"强财政、弱金融"的局面。第二阶段是在我国开始市场经济体制改革的大背景下进行的，改革的目标与国际接轨，建立与市场经济发展相适应的完备的农村金融体系，提高农村金融效率，逐渐建立农村的市场化金融体制。在改革过程中金融监管权力开始下放，引导非正规金融的发展。第三阶段是我国存量式农村金融深化改革的阶段，以产权改革为主题，进一步明确商业化改革方向，下放金融发展与管理权力。改革重点是规范农村金融市场秩序，加强金融监管，强化农村金融机构的市场化主体地位，建立规范的农村金融市场秩序，促进农村金融市场健康发展。2004年以后的新一轮农村金融改革是为适应党和政府高度重视"三农"问题的基本政策导向，发挥农村金融服务"三农"的作用，引导体制外力量进入农村金融领域，进一步完善和发展农村金融市场而展开的。

2. 制度变迁强制性色彩浓厚，过程注重渐进性

从我国30多年的农村金融改革历程中可以看出，无论是正规农村金融机构还是非正规农村金融组织，其成立、发展和改革，都是政府出于对既有经济体制优化和巩固的考虑。农村金融机构的分工和调整，以及商业化和产权改革都是在政府主导下进行的。从农村信用社归口问题的调整到产权制度的改革，反映出地方政府在农村信用社改革领域的主导权开始增大，个人、企业组织开始参与改革。但总体来说，政府对农村金融制度变迁一直持谨慎的态度，中央政府在农村金融改革领域的放权让利进展很慢，中央政府成为制度变迁的主导者。我国对于非正规农村金融组织的态度也具有很强的政府利益主导性，缺乏有效的长期性政策引导与支持。当非正规农村金融组织有利于政府效用增加时，非正规农村金融组织就能获得相对宽松的政策环境；当非正规农村金融组织造成较大的潜在风险时，政府就会对非正规农村金融组织进行毫不犹豫的打击。这导致我国农村金融改革行政色彩浓厚，内生性农村金融机构难以建立。总体来说，我国农村金融制度采取的是"强制性"与"渐进性"相结合的变迁方式。不可否认，这种制度变迁方式能够有效降低农村金融制度变迁成本，使农村金融组织和经济主体逐渐适应制度变迁，减少对新制度的抵制，在一定程度上降低了制度安排的摩擦成本，避免了制度震荡产生的破坏性，但也进一步促使我国农村金融改革陷入"路径依赖"状态。

3. 农村金融改革对市场机制的培育滞后

在计划经济时期，国家实施"强财政、弱金融"政策模式，政府控制单一金融制度，对社会资金进行"统收统支"，金融市场机制的作用没有得到发挥，农村金融只是政府获取农村资金剩余的工具，资源配置功能完全消失。中国农业银行恢复以后，存在同时经营政策性业务和商业性业务的情况，引发严重的"道德风险"问题，但长期以来，受计划经济的影响，我国在实践上经常把政策性资金当作财政投入资金。1994年，中国农业发展银行的成立标志着农村政策性金融制度安排进入农村金融制度结构中，这是我国农村金融改革史上的一大"突破"，有利于培育农村金融市场化作用机制。但中国农业发展银行在1998年业务范围调整以后，仅仅承担了粮食收购贷款的职责，成为"粮食收购银行"，原有的农业开发、扶贫等专项贷款业务划转给国有商业银行，中国农业银行事实上又重新同时经营政策性业务和商业性业务。从制度创新的角度来看，这是我国农村政策性金融与商业性金融改革的一次"倒退"，是农村金融市场化作用机制培育的一个"试错"过程。中国农业银行商业化改革的目的在于将农村政策性业务与经营性业务分开，其用意是合理的，但随后的发展证明此轮改革并没有达到预期的效果，农村金融市场化作用机制并没有形成。商业化改革使大批基层分支机构撤离农村，贷款权限进一步上收，这使得农村金融出现"真空"，农村信用社事实上成为农村地区的垄断性金融机构。国有银行的商业化改革本身无可厚非，传统的农村信贷供给模式应该改变，但问题的关键在于在我国农村金融市场化作用机制还没有发展起来的情况下，农村遭遇激烈的商业化改革。在传统的农村信贷供给模式下，虽然资金利用效率很低，农村尚可以获得部分资金注入，而当时的商业化改革是在缺乏完善的市场化作用机制的情况下进行的，其效果可想而知。我国力图恢复农村信用社的合作制，但几年的改革实践证明我国已经缺乏合作制金融的基础，因此农村信用社改革也走上了商业化道路。可以看出，我国在农村金融改革特别是存量式农村金融改革过程中对农村金融市场机制培育滞后，大大降低了农村金融政策的"适应性"，不利于有效发挥农村金融服务"三农"的功能。

(三) 对未来我国农村金融改革的思考

我国农村金融制度演进是"路径依赖"与"适应性选择"相互糅合的

结果,下一步农村金融改革应遵循制度变迁的历史规律,在"路径依赖"的基础上增强"制度适应性",逐步消除对政府改革的依赖。

1. 降低农村金融改革的政府强制性

长期以来,我国农村金融改革都由政府主导发起,采取强制性制度变迁方式,在短时间内建立起了基本完善的农村金融体系,这种自上而下的改革在一定程度上提高了制度变迁效率。但是这种政府主导性太强的农村金融改革造成甚至强化了改革对政府的依赖,不利于农村金融市场机制作用的发挥。另外,政府主导性太强的农村金融改革抑制了民间金融的发展。民间金融是市场需求与供给共同作用的产物,能够利用亲缘、血缘、人缘、地缘建立"关系性"借贷网络,能够降低信息不对称程度,有效克服道德风险与逆向选择问题,借贷条件灵活,利率随行就市,具有方便、灵活的特征,与农户和小微企业的资金需求额度较小、分散等特点相适应。因此,未来的农村金融改革需要进一步深化,进一步引入市场化力量,摆脱对政府力量的刚性依赖,有效处理好政府与市场的关系。从思想上逐渐降低改革对政府的依赖性,尊重基层市场力量。政府不再对民间金融实施简单打压或取缔,关键是要建立诱导性农村金融变迁模式,逐渐消除对政府改革的依赖。规范民间金融,承认其合法性,将其从"地下"引上正规的发展道路,制定公平的市场准入与退出制度。

2. 提高农村金融制度适应性效率

农村金融改革是在长期高度集中的计划经济体制改革试点下进行的,在实施经济转轨的大背景下,农村金融改革采取"渐进式"模式,这是整个经济体制改革的结果,是对我国"过去"的尊重,也是对我国当前基本国情的考虑和审慎把握。当前我国农村金融改革面临"攻坚性"问题,农村信用社产权依然模糊,所有者缺位明显,存在严重的内部经理人控制现象,产权改革依然是未来的改革重点和难点。从新一轮农村金融改革进展情况来看,农村小型金融组织成长时间不长,相关金融制度不够健全,改革实践效果与改革初衷存在较大差距。村镇银行和小额贷款公司商业化动机较强,存在"使命偏移"的现象。我国农村金融改革已经触及深水区,必然会涉及利益集团的利益调整,必然会遭到反对势力的阻挠。未来的农村金融改革需要在妥善处理好集团利益的同时进行体制创新,实施灵活的渐进式改革,注重金融政策的开放性和可持续性,尊重市场力量的作用,消除农村金融改革对政府的依赖。另外,要注重营造一种开放、竞争、效率和契约自由的市场经济思想氛围，破除特权和人治观念，提高整个农村金融制度的适应性效率，按照现代金融制度的基本要求建立一个完整高效、功能齐全的农村金融体系。

3. 遵循市场规律，重视农村金融市场机制培育

改革开放以来的农村金融改革使我国农村金融供给机制逐渐完善，在一定程度上实现了农村金融机构多元化。在整个农村金融改革过程中，采取市场增进的方式，中央政府将金融发展与管理的权力逐渐下放，地方政府在农村金融改革中的地位有所提升，个人、企业组织也开始参与农村金融改革。从农村信用社归口问题的调整，到产权制度改革和商业化推进，地方政府的主导地位逐渐显现。新一轮农村金融改革发展村镇银行、小额贷款公司等农村小型金融组织，鼓励社会资本参与农村金融改革，以企业方式设立小额贷款公司，企业组织的主体地位逐渐显现。这是一个市场化程度不断提高的过程，体现出农村金融改革手段市场化和机构运作机制市场化的不断完善。在未来的农村金融改革中，我们应该认真总结过去30多年农村金融改革的教训，继续遵循市场规律，重视农村金融市场机制培育。充分发挥政策性金融资源配置机制的作用，加强农村金融市场竞争，积极推进农村利率市场化改革，有效处理好农村金融改革中的政府与市场行为。

4. 强化农村金融组织的"功能观"

改革开放以来，我国农村金融改革如火如荼地进行，但改革的思路及范式仍显陈旧，是以农村金融机构建立和调整为核心展开的，大多只涉及机构的建立与撤销及人事的安排与调整，如中国农业银行的恢复、"行社脱钩"、中国农业发展银行的成立等，这种改革范式称为"机构观"改革路线。未来，我国农村金融改革需要在金融"功能观"指导下进行，实现从围绕机构变化与调整转向金融功能发挥的变革。新一轮农村金融改革应该把握一个基本点，那就是通过构建有效的农村资金融通体系，防止农村资金大量外流，同时引导外界资金进入农村，真正发挥农村金融服务"三农"的功能。要对农村金融组织功能进行有效定位，不能随意变更业务范围；不能今天要多建网点，扩大农村市场，美其名曰为了支持"三农"，不久又要撤并多余网点，说是为了上升经营层次；集中资源，发挥规模效应。例如，对于农村信用社，我们不应该拘泥于合作制或是商业化的整体目标模式，要承认和引导农村信用社向商业化和股份化趋势发展，农村信用社定位最关键的问题不在于其是商业化道路还是合作制道路，为农村服务才是最应该坚持的，采取什么样的方式服务"三农"才是应该重点关注的问题。商业化或合作制只是途径，服务"三农"才是目的。各类农村小型金融组织的成长不应该由政府做出明显的数量和方向性限制，因为我国各区域经济存在很大差异，要赋予各省级政府根据其所在区域的实际情况进行目标定位的权力，使其从各区域的实际需求和优势出发，演绎出外部环境对金融的功能需求，然后探究需要何种类型的农村小型金融组织来承担和实现其功能需求。我国应该允许各地区农村小型金融组织根据本地区经济发展状况、农民金融意识、风险防范能力和农村金融供需情况等灵活确定贷款利率。

　　前文对我国农村金融改革进行了简单的历程回顾，从制度层面总结了经验和教训。我国增量式农村金融改革和农村小型金融组织的成长不能在短期内迅速摆脱"路径依赖"，在制度变迁"边际效率递减"规律的作用下，应该加大创新力度，注重市场力量的发挥，提高制度变迁的适应性效率，避免使农村小型金融组织成长陷入"路径依赖"而无法自拔的状况，这个历史与逻辑分析的结论为农村小型金融组织"适应性"成长提供了一定的现实和理论支撑。农村小型金融组织成长至今，在成长实践过程中出现的主要现实问题值得我们深入思考，本章第二节及后续的几节内容将介绍我国小额信贷组织和村镇银行等农村小型金融组织在成长过程中面临的主要问题，包括 NGO 小额信贷组织的资金短缺问题、小额贷款公司的"使命偏移"问题以及村镇银行在发展过程中行政色彩浓厚、缺乏"支农"积极性等问题。这些问题的存在使我国的新一轮农村金融改革难以达到预期效果，也为农村小型金融组织选择新型成长模式提供现实层面的依据。

第二节　NGO 小额信贷资金困境与覆盖面广度：现况考察与理论诠释

一　NGO 小额信贷资金困境：一个世界性难题

　　从国际小额信贷发展来看，小额信贷最初与由外部力量发起的非政府组织（NGO）执行的贷款计划有关，随着发展的不断深入，小额信贷组织呈现日益多元化的局面。从总体上说，小额信贷组织分为正规金融机构和半正规金融机构，前者主要是指商业银行、国有开发银行、邮政储蓄银行、信用合作社和一些非银行金融机构，后者主要以 NGO 小额信贷组织为主。目前，国际上反映小额信贷组织扶贫状况和判断社会目标是否出现偏移的指标主要有：女性借款比例、每名员工对应的借款人数、人均贷款规模、人均贷款规模占人均 GNP 比例。前两个指标数值越大表示社会目标执行情况越好，后两个指标数值越小表示社会目标执行情况越好。表 3－1 表示 2003 年国际上不同类型的小额信贷组织绩效比较[①]，从中可以看出，NGO 小额信贷组织女性借款比例达到 73.6%，人均贷款规模为 335 美元，人均贷款规模占人均 GNP 比例为 36.1%，每名员工对应的借款人数为 154 人。而且 NGO 小额信贷组织贷款组合风险 >30 天比例为 1.8%，大大低于其他类型小额信贷组织的指标数值。从这些常见的扶贫绩效的指标可以看出 NGO 小额信贷组织不仅在完成服务穷人的社会使命上优于其他类型机构，在贷款质量上也要好些，这表明 NGO 小额信贷是最有效和适合穷人的组织形式，其曾经为国际扶贫工作做出了很大贡献。

表 3－1　2003 年国际上不同类型的小额信贷组织绩效比较

统计指标	商业银行	信用合作社	非银行金融机构	NGO 小额信贷组织
总贷款余额（千美元）	38580	4699	8119	3379
有效客户数（人）	70444	4135	21547	13001
女性借款比例（%）	50	43.9	65.3	73.6
每名员工对应的借款人数（人）	123	77	130	154
人均贷款规模（美元）	594	1526	560	335
人均贷款规模占人均 GNP 比例（%）	80.8	116.4	61.8	36.1
贷款组合风险 >30 天（%）	4.0	5.2	3.8	1.8
自愿储蓄人数（人）	44747	13078	3847	372
自愿储蓄总额（千美元）	29085	4019	2383	0.8
人均储蓄规模（美元）	474	428	2096	9

资料来源：根据 2003 年 7 月公布的《国际微型金融公告》相关数据整理。

然而，NGO 小额信贷组织在发展过程中的资金困境问题也十分突出，

① 由于国际小额信贷发展要领先我国很多年，因此，本书使用 21 世纪初期国际小额信贷特别是 NGO 小额信贷组织发展较快时期的数据说明问题。

资金大部分源于外界捐赠资金，由于它们属于一般法律注册实体，不受制于银行或金融管理者的监督，其法律地位禁止吸收公众储蓄。表3-1也显示NGO小额信贷组织能够获得的自愿储蓄总额也很少，不像商业银行、信用合作社等机构一样能动员公众储蓄，并具有很强的杠杆工具。另外NGO小额信贷组织不完善的所有权结构让它们获得非捐赠资金也很难。为了克服资金困境，从20世纪90年代末期和21世纪初期以来，一些NGO小额信贷组织转型为接受国家正规监管的金融机构，通过正规化使NGO小额信贷组织可以从更多渠道获得资金，以增强其权益杠杆能力，创造更加稳定可靠的资金基础①。

我国NGO小额信贷在发展过程中存在诸多问题，其中资金短缺问题尤为突出。国际援助资金和社会捐赠资金一直是小额信贷组织的主要资金来源，政府投入和商业化融资资金非常有限。根据我们对中国小额信贷联盟网站数据的整理，我国NGO小额信贷组织在20世纪90年代成立初期，国际援助资金占比71.7%，社会捐赠资金占比为6.5%，这两部分占了绝大部分资金来源，政府投入资金占比只有19.6%，商业化融资仅为2.2%。到21世纪初期，国际援助资金占比为70%，社会捐赠资金占比为10.6%，政府投入资金占比降到12.8%，基本不再有商业化融资。①随着中国经济的迅速发展，多数国际援助机构认为中国综合国力逐步增强，国家有能力解决自己的贫困问题，因此国际援助机构对NGO小额信贷组织的资金援助逐步减少，而且其大多都是提供给规模大、综合实力强的NGO小额信贷组织，刚刚成立没多久的小型机构很难得到资金援助。②受庞大体制所限制，政府一般很难对NGO小额信贷组织及时做出投资回应，一般只是在NGO小额信贷组织成立初期给予一定资金支持。③从商业化融资渠道来看，NGO小额信贷组织自身经营规模较小，一般服务于那些被商业银行认为缺乏商业价值、利润很低的区域，这些区域不能激发商业银行的兴趣，且其商业性融资的成本较高。当前，国内有少数银行为NGO小额信贷组织提供有息贷款支持以拓宽其融资渠道。国家开发银行支持中和农信扩大小额信贷本金规模，为其提供优惠贷款。中国农业银行与渣打银行也与中和

---

① 国际NGO小额信贷组织转型是受很多因素影响的，机构的使命和价值观、竞争格局、法律和制度环境在很大程度上都会影响NGO小额信贷组织是否转型为被监管机构的决定，但捐赠资金的不稳定性导致难以实现NGO小额信贷组织的可持续发展，另外，客户覆盖面受限是导致其转型的重要原因。

农信合作，它们把资金发给中和农信，中和农信再向贫困农户提供小额信贷。但这些资金合作关系的建立与中和农信具有的较强的政府背景是分不开的，这条融资渠道对大多数 NGO 小额信贷组织来说都不太现实，只有很少的小额信贷组织能够得到商业性融资的支持，这无法从根本上满足大多数机构对资金的需求。

NGO 小额信贷组织无合法地位，没有制度性融资来源，也很难从商业机构借款。受机构盈利能力的影响，其自我积累资金也很有限。在资金捐赠者的权益得不到保证、投放资金效益不佳以及资金使用透明度不高的情况下，NGO 小额信贷组织接受外界捐赠资金越来越少，这容易造成两个方面的问题。一方面，机构缺乏吸引资金的能力，另一方面，自身资金不足和捐赠资金越来越少的双重困境，成为一个恶性循环，这对 NGO 小额信贷组织可持续发展和扩大覆盖面广度造成很不利的影响。

二 我国 NGO 小额信贷覆盖面现况考察

我国现有的 100 多家 NGO 小额信贷组织总余额不足 20 亿元，这不及商业银行向一家中型企业提供的一年综合授信额度，与我国现在约有的 1000 个国家级和省级的扶贫开发重点县和近亿的贫困人口相比，其更显得微不足道。国内 NGO 小额信贷组织具有代表性的是中国扶贫基金会、中国社科院扶贫合作社和联合国开发计划署，我们将对这些代表性的小额信贷覆盖面进行现况考察。

（一）中国扶贫基金会小额信贷项目（中和农信）① 覆盖面

中国扶贫基金会一直秉承为穷人服务的宗旨，在信贷机制和业务方面不断创新，表 3-2 表明 2009~2013 年中国扶贫基金会小额信贷项目的覆盖面情况。2011 年，其有效客户突破 10 万人，2012 年超过 13 万人，在国际小额信贷社会绩效评级中处于中上水平，全年贷款额突破 10 亿元。2012 年，其

---

① 中和农信的前身是中国扶贫基金会小额信贷项目部，其目前已经转为专业性小额信贷组织，实现了由 NGO 组织向公司的转变。从运行机制、管理模式以及公司治理结构上看，其完全是商业化运作。所以，严格来说，中和农信现在已经不是 NGO 小额信贷组织了。但由于它的客户依然是贫困弱势群体，其经营理念也与 NGO 小额信贷组织类似，其实际上是介于公益性和商业性之间的小额信贷组织，所以，在本书研究中，我们仍将中和农信看作 NGO 小额信贷组织。

在国内共投入扶贫发展资金 16.42 亿元，其中发放小额贷款 13.5 亿元。从表中可以看出，中国扶贫基金会对妇女的扶贫力度还是比较大的，女性客户比例从 2009 年的 77.33% 上升到 2012 年的 93.10%，这表明其在服务深度上越来越好。为了反映它的覆盖面广度，根据覆盖人口数与全国贫困人口比例的计算，我们发现中国扶贫基金会 2009 年我国贫困人口的覆盖比例为30.30%，2010 年达到最高，为 61.73%。由于贫困统计标准的变化，2011年，其覆盖比例下降到 18.01%，2012 年，其覆盖比例为 27.06%[①]，2013年，其覆盖比例为 37.38%。从以上统计数据可以看出，总体来说，中国扶贫基金会的覆盖面广度还是不错的。但作为由国务院扶贫开发领导小组办公室主管的国内最大的 NGO 小额信贷组织，中国扶贫基金会具有很浓厚的政府背景，在政府的"牵线搭桥"努力下，近年来，其获得的各方面资金不少，但相对于我国当前存在的近亿的贫困人口来说，它在覆盖面广度上有待进一步提升。

表 3 - 2　2009 ~ 2013 年中国扶贫基金会小额信贷项目的覆盖面情况

统计指标 ＼ 年份	2009	2010	2011	2012	2013
贫困标准（元/人）	1196	1274	2300	2300	2300
全国贫困人口（万人）	3597	2688	12238	9899	8200
覆盖人口数（人）	10898051	16593107	22038213	26789618	30649743
覆盖比例（%）	30.30	61.73	18.01	27.06	37.38
有效客户（人）	36428	87241	106491	130682	174577
女性客户比例（%）	77.33	83.79	91.06	93.10	93.43

注：从 2013 年 5 月开始，中国扶贫基金会小额信贷项目（中和农信）公布的月度报表中没有"覆盖人口数"这个统计指标的数据，因此本表中 2013 年的覆盖人口数是截至 2013 年 4 月的统计数据。

资料来源：贫困标准和全国贫困人口数据源于《中国民政统计年鉴 2014》；覆盖人口数、有效客户以及女性客户比例数据源于中国扶贫基金会小额信贷项目（中和农信）2009 ~ 2013 年的月度报表。

（二）扶贫经济合作社小额信贷覆盖面

河北省易县、河南省南召县、河北省涞水县和河南省虞城县是试点较

---

① 2011 年，我国提高了贫困线统计标准，设定 2300 元（按照 2010 年不变价格）为贫困标准，这使贫困人口在 2011 年有所减少。我国贫困标准的提高是对贫困的认识从生存型贫困拓展到发展型贫困的结果，这也凸显出我国多维贫困问题的严重性。

早以及发展较好的扶贫经济合作社，表 3-3 说明了 2001～2011 年四个扶贫经济合作社小额信贷项目的贷款余额、活跃客户、还贷率基本情况，它们的贷款余额基本呈上升趋势，而且保持了较高的还贷率，运作朝着健康、可持续方向发展。但从它们的覆盖面广度来看，这些扶贫经济合作社活跃客户波动较大，在整体上呈下降趋势，这反映出 21 世纪以来它们的覆盖面广度受到很大的影响。特别是河北省易县和河南省南召县的扶贫经济合作社的活跃客户下降较大。另外，根据我们搜集的资料，扶贫经济合作社每年活跃客户数相对此县的贫困人口来说，覆盖面广度比例很低。河南省南召县截至 2007 年年末有 50000 余户贫困户，而河南省南召县扶贫经济合作社只扶持了约 6000 余户，约占总贫困人口的 12%，其余的 88% 贫困农户尚未扶持，其存在巨大的扶贫空间。2011 年，河北省涞水县仍有 135 个贫困村，有近 10 万贫困人口，而河北省涞水县扶贫经济合作社活跃客户在 2100 户左右。总之，整个扶贫经济合作社的覆盖面不广。扶贫经济合作

表 3-3　2001～2011 年四个扶贫经济合作社小额信贷项目的贷款余额、活跃客户、还贷率基本情况

统计指标 年份	河北省易县			河南省南召县			河北省涞水县			河南省虞城县		
	贷款余额 （万元）	活跃客户 （户）	还贷率 （%）	贷款余额 （万元）	活跃客户 （户）	还贷率 （%）	贷款余额 （万元）	活跃客户 （户）	还贷率 （%）	贷款余额 （万元）	活跃客户 （户）	还贷率 （%）
2001	694	6698	97.2	581	7221	—	—	—	—	283	2406	59.54
2002	743	6169	92.4	505	7168	—	—	—	—	201	2392	43.92
2003	733	5808	89.2	809	7944	—	19	255	99.3	106	1368	83.05
2004	—	—	—	—	—	—	88	1165	100	86	1363	79.09
2005	787	5390	96	651	6214	99.5	187	1227	99	103	1379	100
2006	843	5635	98	682	6153	99	124	1740	100	170	1672	98.49
2007	859	5578	99.9	684	6021	99	258	2359	99.7	270	2108	100
2008	1048	5358	98.94	776	5887	99.2	396	2370	99.8	313	2599	99.99
2009	1525	5700	97.4	745	5759	99	481	2855	99.9	380	3014	99.96
2010	2055	5732	99	782	4862	100	591	2955	99.92	437	2345	100
2011	2055	5093	98.5	952	3275	99	774	2145	99.79	531	2423	99.99

资料来源：张伟著《微型金融理论研究》，中国金融出版社，2010；中国社会科学院贫困问题研究中心课题组著《扶贫经济合作社-小额信贷扶贫模式在中国的实践》，社会科学文献出版社，2010；《中国小额信贷联盟年报》（2005～2011）。由于统计资料不完整，部分统计数据欠缺。

社可持续发展面临的最大问题是缺少资金。由于没有政府固定资金投入，缺少民间与国外的捐款、借款等，其服务覆盖面非常有限。2013 年 6 月，这个作为中国最早采用孟加拉格莱珉银行模式，被誉为中国小额信贷试验田的扶贫经济合作社正式被中和农信接管①。

（三）联合国开发计划署小额信贷覆盖面

1994 年，联合国开发计划署开始在中国发展小额信贷。表 3 - 4 是 2001～2011 年联合国开发计划署四个协会小额信贷项目的贷款余额、活跃客户、还贷率基本情况。从所统计的数据来看，它们的贷款余额基本呈上升趋势，还贷率较高。内蒙古自治区赤峰市协会专门针对妇女发放小额贷

表 3 - 4　2001～2011 年联合国开发计划署四个协会小额信贷项目的贷款余额、活跃客户、还贷率基本情况

统计指标 年份	内蒙古自治区赤峰市			贵州省兴仁县			四川省仪陇县			甘肃省定西市		
	贷款余额 （万元）	活跃客户 （户）	还贷率 （%）	贷款余额 （万元）	活跃客户 （户）	还贷率 （%）	贷款余额 （万元）	活跃客户 （户）	还贷率 （%）	贷款余额 （万元）	活跃客户 （户）	还贷率 （%）
2001	192	3108	100	162	1673	100	424	2800	85	237	835	21
2002	295	3268	100	199	2289	100	466	2120	93	52	188	0
2003	345	3517	99.9	177	1723	100	437	2336	93.5	239	1229	92.3
2004	440	3541	99.7	200	1847	99.5	426	878	93.5	249	1108	99.8
2005	521	3335	99.79	231	2098	100	455	1695	99.4	306	1285	100
2006	496	2547	99.96	261	2077	100	—	—	—	360	1499	100
2007	762	3128	99.97	284	1844	81.17	616	2427	97	317	1279	100
2008	826	3331	100	298	1876	98.3	662	3083		431	1415	100
2009	1059	3638	100	327	1856	98.3	801			464	1351	100
2010	1172	3866	100	326	2023	98.8	—			460	1296	100
2011	1431	4574	100	507	2582	98.4	—			655	1584	100

资料来源：张伟著《微型金融理论研究》，中国金融出版社，2010；《中国小额信贷联盟年报》（2005～2011）。由于统计资料不完整，四川省仪陇县协会的有些年份数据欠缺。

---

① 扶贫经济合作社易主中和农信除了资金短缺影响可持续发展这个主要原因以外，还有监管模式松散方面的原因。扶贫经济合作社由中国社科院捐资创建，在当地注册，挂靠当地扶贫办，受当地扶贫办的监管，其在双重监管之下容易出现监管真空。其在易主中和农信后成为中和农信的分支机构，这有利于其进一步明确产权和管理模式。

款，截至 2011 年末，该协会贷款余额为 1431 亿元，活跃客户为 4574 户。2011 年，贵州省兴仁县协会贷款余额 507 万元，活跃客户为 2852 户，其中妇女占贷款户数的 90%，覆盖面较广。从表 3-4 中可以看出四川省仪陇县协会近年来贷款余额、活跃客户和还贷率波动浮动较大。甘肃省定西市协会的活跃客户一直处于较低水平，2011 年，其活跃客户为 1584 户，而当年该县贫困人口数量达到 11 万人，可以看出，该项目的贫困覆盖面广度很窄。总之，这四个协会的操作可持续性较好，贷款质量一直保持在很高水平，还贷率相对较高，总受益人口不断增加，但与我国其他 NGO 小额信贷组织一样，其在覆盖面广度上都处于相对较低水平。

综上所述，国内三大代表性 NGO 小额信贷组织的贷款余额在总体上不断增加，还贷率也保持在较高水平，一些小额信贷组织对妇女的支持率也很高，其在覆盖面深度上表现较好，这表明它们在为穷人服务的信贷"机制"上做出了较多的努力。但相对于我国贫困人口对小额信贷需求来说，这些 NGO 小额信贷组织的覆盖面广度还有很大的拓展空间，目前，其只是在局部地区取得了较好效果。NGO 小额信贷组织的资金困境是如何影响机构覆盖面广度的，二者之间存在什么关系，本书将通过理论模型对其进行研究。

三 NGO 小额信贷的资金状况与覆盖面广度：一个理论模型

（一）基本符号设定

为便于分析，本书先做基本设定。①假设 NGO 小额信贷组织可以同时为穷人和富人提供贷款服务，其在时刻 t 对穷人和富人贷款金额分别为 $S_1(t)$ 和 $S_2(t)$，而且 $S_2(t) > S_1(t)$，对穷人和富人贷款的笔数分别为 $N_1(t)$ 和 $N_2(t)$。NGO 小额信贷组织对富人贷款可以获得相对较多的盈利。从表面上看，这偏离了为低收入人群服务的宗旨，不利于 NGO 小额信贷"社会目标"的实现。但实际上，其对富人贷款获得的收益可以使 NGO 小额信贷组织获得更多的可贷资金，增强其可持续发展能力，这有利于更好地为低收入人群服务，这也符合普惠金融理念的基本要求。因为普惠金融理念倡导小额信贷组织应该在可持续发展原则下为更多的低收入人群服务，小额信贷组织应该努力实施信贷制度和技术创新，在确保扩大低收入人群服务覆盖面的条件下为富人服务，不能单纯为了利润而

"弃穷择富"。②假设小额信贷组织对穷人和富人贷款的单位交易成本分别为 C_1 和 C_2，而且 $C_1 > C_2 > 0$，其在时刻 t 服务穷人的总体交易成本为 $C_t = C_1 N_1(t)$。设定 NGO 小额信贷组织成本函数为线性函数，则 NGO 小额信贷组织面临的总体交易成本 $f(N_1, N_2) = C_1 N_1(t) + C_2 N_2(t)$。

（二）分析过程与结论

NGO 小额信贷组织的主要目标是尽可能扩大服务覆盖面，NGO 小额信贷组织的总体效用应该是为穷人服务的覆盖面的函数。要追求 $N_1(t)$ 的最大化，但 $N_2(t)$ 的增加会降低 $N_1(t)$，对富人贷款会挤占其为穷人贷款的资金，而且 $S_1(t)$ 与 $N_1(t)$ 存在反比关系。若不考虑交易成本，则 $S_1(t)^* = 0$，$N_1(t)^* = +\infty$，即小额信贷组织会主动为穷人贷款但不会偏好单笔大规模贷款，其在满足穷人需要的合理范围内尽可能降低单笔贷款规模 $S_1(t)$，扩大服务覆盖面 $N_1(t)$。但现实中 NGO 小额信贷组织的贷款是存在交易成本的，而且 $f'(N) \geq 0$，即服务覆盖面的扩大将伴随着交易成本增加，交易成本增加将导致机构可贷资金减少。设定 NGO 小额信贷组织效用函数是递增凹函数，引入主观时间贴现因子 β，且 $\beta < 1$，其在时刻 t 可得信息条件下 NGO 小额信贷组织的期望效用，这可以表示为 $U[N_1(1), N_1(2) \cdots \cdots N_1(t)] = \sum_{t=1}^{+\infty} \beta^t U[N_1(t)]$。

整个贷款的动态过程表述如下：在第一个贷款周期中，NGO 小额信贷组织通过分配 $S_1(t)$ 和 $S_2(t)$，分别给穷人和富人发放贷款，以追求效用最大化；贷款到期后获得收益率即贷款利率 δ，其在进行下一个周期贷款时，再次获得外界资金捐赠 K_{t+1}，可贷资金（包括 K_{t+1} 和前面回收的贷款本金和利息），并继续发放贷款 $S_1(t+1)$ 和 $S_2(t+1)$。小额信贷组织的效用函数模型可以表述如下：

$$\underset{S_1(t), S_2(t), N_1(t), N_2(t)}{Max} \{E[\sum_{t=1}^{+\infty} \beta^t U[N_1(t)]]\}$$

$$s.t. K_1 = S_1 N_1(1) + S_2 N_2(1) + C_1 N_1(1) + C_2 N_2(1)$$

$$K_{t+1} + (1+\delta)[S_1 N_1(t) + S_2 N_2(t)] = S_1 N_1(t+1) + S_2 N_2(t+1) + C_1 N_1(t+1) + C_2 N_2(t+1)$$

$$t > 0, S_1(t) \geq 0, S_2(t) \geq \underline{S} \qquad (3-1)$$

对效用函数模型 3-1 做一些变换，前文的分析已经得出 $C_t = C_1 N_1(t)$，C_t 表示为穷人提供贷款 $N_1(t)$ 的成本。设定 $U[N_1(t)] = V[C_t]$，小额信贷组织在时刻 t 贷款后总资产为 $W(t)$，然后获得外界资金捐赠 K_{t+1}，其效用函数模型 3 - 1 变换为：

$$\underset{C_t}{Max}E\sum_{t=1}^{+\infty}\beta^t V[\,C_t\,]$$
$$s.\,t.\,W_{t+1}=(W_t-C_t)(1+r)+K_{t+1},\,t>1$$
$$C_t>0,t>0,\,W_t-C_t>0,t>0 \qquad\qquad (3-2)$$

从效用函数模型 3 - 2 可以看出，NGO 小额信贷组织要扩大为穷人贷款的覆盖面广度，追求效用最大化，这存在两条可供选择的途径。

（1）内源融资渠道。与一般商业性金融机构一样，其尽可能多地开展营利性业务，追求收益率 r 最大化，而提高小额信贷收益率的主要途径是提高贷款利率或者降低运营成本。但对于我国 NGO 小额信贷组织来说，虽然贷款利率可以适当高于一般市场利率水平，但无论从理论角度还是"道义"角度来说，小额信贷组织都不能实施太高的利率。因为经济学理论告诉我们，高利率容易导致信贷市场出现逆向选择问题，其把一些优质客户排挤出市场，这使小额信贷组织面临着高风险客户，降低小额信贷偿还比率，对机构的可持续发展是更加不利的，所以小额信贷组织一般不会实施太高的贷款利率，不会靠这种提高利率的办法去增加可贷资金；另外，高利率也会受到我国社会的"道义谴责"，更何况 NGO 小额信贷组织的"使命"是为低收入人群服务，实施过高利率更加容易受到来自社会舆论的压力，这对整个小额信贷行业的发展是不利的。

NGO 小额信贷组织的贷款利率无论从理论还是现实来说都受到很多限制。因此，NGO 小额信贷组织应该大力开展制度创新和技术创新以降低贷款过程中的运营成本。我国 NGO 小额信贷组织一直在为扶贫的宗旨而坚持着，不但具有为穷人服务的"热心"，有一些乐于奉献的工作人员，而且一直在为穷人服务的机制和业务上进行不断创新。但小额信贷的机制和业务创新是一个长期和复杂的过程，相对来说，我国 NGO 小额信贷组织在信贷机制和业务上具有比较优势，但这种信贷机制和业务仍然需要较高的成本代价，其只能支持较低的覆盖面。

（2）外源融资渠道。依靠获得的更多的外部捐赠资金，以尽可能使 K_{t+1} 最大化。从 20 世纪 90 年代开始，一些国外的 NGO 小额信贷组织在转型为正规金融机构以后，可以通过吸收公众存款等途径拓宽资金来源。但对我国 NGO 小额信贷组织来说，其在短期内不太可能被纳入正规银行业金融机构监管框架，也不可能被允许吸收公众存款，因此 NGO 小额信贷组织要不断拓宽为穷人服务的覆盖面广度，必须依靠获得稳定捐赠资金这条外源融资渠道。当前，我国 NGO 小额信贷组织的资金来源不稳定，这大大约束了 NGO 小额信贷的覆盖面广度。值得注意的是，NGO 小额信贷组织的健康成长除了需要有稳定的资金来源以外，还需要有服务穷人的合适的"机制"，特别是构建合理的委托代理机制十分重要。"机制"不仅包含我们经常讨论的小组联保等信贷机制方面的内容，还具有深层次含义，如机构自身应该具有服务低收入阶层的系统和能够落到实处的规章制度，政府也应该有相应的制度设计，只有这样才能源源不断地将捐赠资金通过良好的小额信贷机制真正输送到穷人手中①。

第三节　小额贷款公司"使命偏移"研究：基于江苏、浙江的数据

由于长期以来 NGO 小额信贷组织资金短缺，这使它的发展陷入困境，我国小额信贷行业的发展需要选择新的出路。2005 年，我国以小额贷款为突破口，引导民间资本合法开展金融活动，允许组建小额贷款公司，面向"三农"提供信贷服务，以弥补农村金融功能缺陷，引导民间借贷规范发展，更好地为社会主义新农村提供资金支持②。这十多年来，我国小额贷款公司的成长很快，那么，我国小额贷款公司的成长是否符合国家政策设立的初衷？我们根据小额信贷发展的国际经验设计出小额贷款公司使命偏移的衡量标准，本书对江苏、浙江两省小额贷款公司的数据进行实证分析，以考察小额贷款公司是否出现使命偏移问题。

一　小额贷款公司使命偏移衡量标准

作为民间资本发起设立的组织机构，追逐利润是小额贷款公司的本

---

① 农村小型金融组织的健康成长需要实现"资金"与"机制"的有效结合；关于这个问题，后文会有详细研究。

② 2005 年，中国人民银行开始试点发展小额贷款公司。一方面，公益性小额信贷越来越萎缩，其不得不寻求新的出路。另一方面，当时我国存在数量庞大的民间资本，国家希望引导民间资本来服务"三农"。关于这个政策初衷问题的研究详见本书的前期研究：周孟亮、李明贤《中国农村金融"双线"改革思路：比较与协调》，《经济社会体制比较》2011 年第 4 期。

性，其在获得良好的经济效益时，不可避免地以牺牲对穷人和低收入群体的服务为代价。为了解决小额贷款公司的使命偏移问题，加强社会绩效管理是必不可少的，其首要任务是借鉴国际经验，设计符合我国实际情况的小额贷款公司使命偏移的衡量标准。

（一）衡量标准设计的基本原则

我们在设计小额贷款公司使命偏移衡量标准时，需要把握好以下几个方面的原则。①指标的关联性。小额贷款公司的服务过程涉及了小额贷款公司的股东、信贷员、农户、个体工商户、企业家等相关经济主体；考虑指标的实用性；在设计指标时，主要考虑其是否将服务"三农"和小微企业作为社会目标。②衡量数据的可得性。当前，小额贷款公司的相关数据全部是由机构自身上报的，因此，一方面，其是地方金融办等官方发布的数据，另一方面，其是通过对小额贷款公司股东、信贷员、农户、小微企业等的访谈，获得的第一手资料。

（二）衡量标准设计的基本思路

借鉴国际小额信贷组织使命偏移的衡量标准，结合我国小额贷款公司发展的实际情况，我们从四个方面设计小额贷款公司使命偏移的衡量标准。①覆盖深度。主要考察小额贷款公司是否将服务"三农"和小微企业作为社会目标，主要用平均贷款规模和信用贷款占比是否达到相应标准两个指标来衡量。②覆盖广度。主要用农业贷款占比、客户中农户和种植户占比情况等指标来衡量。③覆盖质量。主要用小额贷款公司的平均贷款利率、贷款周期、小额贷款占比等指标来衡量。④覆盖范围。主要反映设立机构的地点、金融产品是否满足了农户生产生活的需要等方面的情况。小额贷款公司使命偏移的衡量标准见表3-5。

表 3-5　小额贷款公司使命偏移的衡量标准

方　面	指　标	定　义
覆盖深度	平均贷款规模	尚未清偿贷款总额/贷款笔数
	信用贷款占比	信用贷款客户数/客户总数

续表

方　面	指　标	定　义
覆盖广度	贫困客户占比	初始收入水平低于国家贫困线的客户/客户总数
	客户中农户、种植户占比	农户、种植户贷款人/客户总数
	农业贷款占比	农业贷款/贷款总额
	小微企业贷款占比	小微企业贷款/贷款总额
覆盖质量	平均贷款利率	贷款利率/贷款笔数
	贷款周期	从借款到还款的时间
	小额贷款占比	小额贷款/贷款总额
覆盖范围	设立机构的地点	设立机构是否在乡镇
	金融产品	金融产品是否满足农户生产生活

资料来源：Hishigsuren, G., "Evaluating Mission Drift in Microfinance：Lessons for Programs with Social Mission," *Evaluation Review*, 31（3）：2007, pp. 203 – 260。

（三）小额贷款公司使命偏移的可能表现

1. 贷款非农化、大额化、短期化

从国家和各省关于发展小额贷款公司的管理文件来看，它们一般都限定小额贷款公司面向"三农"发放的贷款不得低于贷款总额的 50%，江苏、浙江两省则规定不得低于 70%[①]。值得注意的是，小额贷款公司是商业性的小额贷款机构，为了追求机构的可持续发展，其不可避免地要追求利润的最大化，往往选择向中小型企业发放贷款，对小微企业和农户贷款兴趣不大。可能的表现为贷款的非农化、大额化、短期化。一些贷款在统计报表上虽然是种植业或者养殖业贷款，但实际上是 3 个月以下的企业流

[①] 江苏省政府办公厅《关于推进农村小额贷款公司又好又快发展的意见》（苏政办发〔2009〕132 号）指出，农村小额贷款公司的"小额贷款（具体标准由各市金融办根据当地经济发展水平确定，报省金融办备案）余额之和占全部贷款余额的比重不低于 70%；"三农"贷款（以中国人民银行统计口径为准）余额之和占全部贷款余额的比重不低于 70%；贷款期限在 3 个月以上的经营性贷款余额之和占全部贷款余额的比重不低于 70%。浙江省政府办公厅《关于深入推进小额贷款公司改革发展的若干意见》（浙政办发〔2011〕119 号）要求严格做到"三不得"即单户 100 万元以下的小额贷款以及种植业、养殖业等纯农业贷款余额占比不得低于 70%，贷款期限在 2 个月以上的经营性贷款余额占比不得低于 70%。

动资金短期贷款，其并没有被真正用于农业发展和农村建设。

2. 选址城市化，贷款利率偏高，信用贷款占比降低

根据范炜（2010）的研究，我国小额贷款公司选址出现了"离农化"的趋势，全国62.5%的小额贷款公司将营业场所注册在城市，只有37.5%的小额贷款公司设立在镇上，目前很少有小额贷款公司将营业场所注册在乡一级。而且小额贷款公司也一般只设立在城市周边的乡镇上，而不是那些基层的乡镇。小额贷款公司远离农村地区，其服务"三农"的宗旨必然受到影响。城镇范围原本是正规商业性金融机构的地盘，在与正规金融机构激烈的市场竞争中，小额贷款公司往往会选择风险较高的企业作为贷款对象，而且其经营的业务产品也一般与正规金融机构相差不大。为了提高收益和降低风险，小额贷款公司往往提高贷款利率，放弃信用贷款，选择抵押和担保贷款。

二 江苏、浙江两省小额贷款公司使命偏移问题的考察

江苏、浙江两省作为我国东部沿海发达省份，民间资本总量大且十分活跃。小额贷款公司的兴起，为民间资本找到了一条出路。尽管江苏、浙江两省的经济发展以工业为主，但是两省的金融办依旧按照《关于小额贷款公司试点的指导意见》规定，将小额贷款公司定位为服务"三农"和小微企业发展。截至2015年3月底，江苏、浙江两省的小额贷款公司数量分别为633家和338家，分别位列全国第1位和第8位，贷款余额分别为1125亿元和883.02亿元，分别位列全国第1位和第2位，贷款余额之和接近全国总量的四分之一。可见，江苏、浙江两省的小额贷款公司走在了全国的前列，但是小额贷款公司在繁荣发展的过程中，也出现了偏离政策预期的地方，这应该引起相关部门的足够重视。本书将根据上文的衡量标准对两省小额贷款公司的使命偏移问题进行考察。

（一）平均贷款规模大，小额贷款不"小额"

根据国际经验，"平均贷款规模"已经被广泛用于衡量小额信贷组织的使命偏移问题，这种观点是基于这样的假说，"富人和一些企业特别是大中型企业一般要求的资金规模较大，如果小额信贷机构平均贷款规模增加表明小额信贷机构向富人或者大中型企业提供服务，那么这就意味着目标偏移的出现"。虽然有观点认为用"平均贷款规模"来判断是否出现目

标偏移不合理，认为该指标不能反映贷款客户的贫困水平，忽视了小额信贷机构其他一些重要定性特征，但由于这些定性特征往往缺乏数据可获得性，因此"平均贷款规模"指标仍然是最普遍使用的指标①。

根据 2008 年出台的《关于小额贷款公司试点的指导意见》，小额贷款公司发放贷款，应坚持"小额、分散"的原则。这里的"小额"概念相对模糊，江苏省政府通过文件将"小额"具体化，江苏省金融办在 2007 年试点之初即确定苏北、苏中和苏南三大区域的小额贷款标准分别为 20 万元、30 万元和 50 万元②。而在实际运行中，江苏省金融办又放松这一标准，改由各地市金融办根据本市实际情况自行确定小额贷款标准，只要报省金融办备案即可。表 3－6 是 2011 年江苏省、浙江省小额贷款公司各市平均贷款额度与国内外标准对照，从表 3－6 中我们可以看出，2011年江苏、浙江两省小额贷款公司的平均贷款额度偏高，浙江全省的平均贷款额度为 122 万元，江苏省的平均贷款额度则更高。江苏省执行的新规是苏南、苏中、苏北地区小额贷款的标准分别为 200 万元、150 万元和 100 万元，其中南京为 300 万元，苏州、无锡为 450 万元。即便如此，常州市的平均贷款规模仍然远高于规定的上限。而按照世界银行或是国际通行做法，小额贷款公司的单笔贷款额度应不高于本国或本地区人均GDP 或 GNI 的 2.5 倍，考虑我国各地区经济发展水平存在巨大差距的现实情况，我们可以放松这一标准，但应以不超过人均 GDP 的 5 倍为限。由表 3－6 可知，江苏、浙江两省单笔小额贷款额度远远超过这一标准，偏离了小额信贷的基本宗旨。严格来讲，其不能被称为小额贷款。平均贷款额度越大，说明小额贷款公司发生使命偏移的程度越高，江苏、浙江两省小额贷款公司如此巨大的平均贷款额度，与"三农"贷款的需要是不相符的，江苏省的数据验证了小额贷款公司存在的使命偏移问题。此外，浙江省小额贷款公司 2009～2011 年平均贷款额度分别为 111 万元、118 万元和 122 万元，呈现逐年上升的趋势，这也表明浙江省的小额贷款公司出现使命偏移趋势。

---

① 当然，我们应该动态地看待这个问题，随着小额信贷的发展和商业化的进一步推进，小额信贷在对穷人和低收入者产生显著影响以后，穷人收入状况的不断改善会使平均贷款规模出现增长，这样的平均贷款规模的扩张并不意味着目标偏移。

② 依据 2007 年江苏省办公厅文件《省政府办公厅关于开展农村小额贷款组织试点工作的意见（试行）》（苏政发〔2007〕142 号）。

表 3-6　2011 年江苏省、浙江省小额贷款公司各市平均贷款额度与国内外标准对照

地区	城 市	平均贷款额度（万元）	人均 GDP（元）*	国际标准（人均 GDP 的 2.5 倍）（元）	国内标准（人均 GDP 的 5 倍）（元）
江苏省苏南地区	南 京	138.80	75785	189462.5	378925
	苏 州	260.96	102378	255945	511890
	无 锡	309.69	106964	267410	534820
	常 州	336.36	77473	193682.5	387365
	镇 江	123.80	73947	184867.5	369735
江苏省苏中地区	南 通	118.90	56005	140012.5	280025
	扬 州	85.91	58950	147375	294750
	泰 州	132.96	52396	130990	261980
江苏省苏北地区	徐 州	99.50	41407	103517.5	207035
	连云港	72.34	32119	80297.5	160595
	淮 安	71.03	35181	87952.5	175905
	盐 城	82.69	38222	95555	191110
	宿 迁	92.08	27501	68752.5	137505
浙江省	杭 州	128	80395	200987.5	401975
	宁 波	163	77983	194957.5	389915
	温 州	107	42278	105695	211390
	绍 兴	165	74892	187230	374460
	嘉 兴	116	59057	147642.5	295285
	湖 州	111	58302	145755	291510
	金 华	114	52317	130792.5	261585
	衢 州	111	35344	88360	176720
	台 州	76	47779	119447.5	238895
	丽 水	81	37044	92610	185220
	舟 山	77	67774	169435	338870

注：*数据来源于各地市 2011 年国民经济统计报告，除温州、绍兴、湖州、衢州按户籍以外，其他地区按常住人口计算。

资料来源：《浙江省小额贷款公司运行及监管报告》（2011）、江苏省金融办。

（二）贷款利率偏高，平均贷款利率涨幅过快

利率是小额贷款公司盈利的根本，利率越低，机构盈利的空间就越

小；利率过高，又会影响贷款需求。根据《关于小额贷款公司试点的指导意见》的规定，小额贷款公司要按照市场化原则进行经营，贷款利率为基准利率的 0.9～4 倍之间。表 3－7 是 2009～2011 年江苏省、浙江省小额贷款公司贷款利率情况，由表 3－7 可以看出，由于监管机构对利率规定的浮动空间较大，江苏、浙江两省各家小额贷款公司的贷款利率水平也存在较大差距。2011 年江苏、浙江两省小额贷款公司的最高贷款利率分别为 26.24% 和 26.23%，最低利率为 5% 和 4.86%；平均贷款利率分别为 17.6% 和 20.39%，而 2010 年两省小额贷款公司的平均贷款利率则为 14.63% 和 17.47%，平均贷款利率涨幅近 3 个百分点。这说明，一方面，小额贷款公司的利率市场化程度较高，其能够根据市场变化和贷款人群适时调整贷款利率，另一方面，这也说明随着小额贷款公司逐步走上正轨，在银根收紧、资金供求矛盾加剧的情况下，贷款利率也水涨船高，紧贴同期基准利率 4 倍的高压线，忽视了"三农"客户的承受压力，因此，小额贷款公司会被误认为是"高利贷公司"。为此，江苏省金融办于 2011 年 8 月专门下发了《关于合理控制农村小额贷款公司贷款利率水平的通知》，要求全省各农村小额贷款公司将贷款平均年化利率水平控制在 15% 以内，对认真执行利率政策的农村小额贷款公司，省金融办将会同有关部门在业务创新、财政补贴、市场准入、监管分类等方面给予支持和倾斜。截至 2012 年 11 月，江苏省农村小额贷款贷款平均年化利率为 16.06%，较 2012 年初下降 1.54 个百分点，这说明江苏省的政策调控效果明显，但仍然没有达到政策调控的目标。而农村普通种养植业的利润率一般不超过 10%，小额贷款公司的利率已经超过了普通农户的可接受程度，支农作用明显受限。

表 3－7　2009～2011 年江苏省、浙江省小额贷款公司贷款利率情况

单位：%

年份 统计指标	江苏省		年份 统计指标	浙江省	
	平均贷款利率	利率区间		平均贷款利率	利率区间
2009	—	—	2009	13.83	[1.46, 21.24]
2010	14.63	—	2010	17.47	[4.38, 25.92]
2011	17.6	[5, 26.24]	2011	20.39	[4.86, 26.23]

资料来源：江苏省金融办、《浙江省小额贷款公司运行及监管报告》(2009～2011)。

(三)贷款结构分布不均,短期贷款占比偏高

作为农村金融改革的重要组成部分,在助动小微企业、着力推动实体经济发展方面,小额贷款公司俨然已经成为一支重要的金融力量。江苏、浙江两省作为东部沿海发达省份,产业结构以第二、三产业为主,第一产业占比较低。因此,随着两省产业结构调整的进一步深入,小额贷款公司的贷款投放与地区产业结构呈正相关,2009~2011年浙江省产业结构与小额贷款公司贷款产业结构情况见表3-8。截至2011年末,江苏省农村小额贷款公司50万元以上贷款占比为93.38%,而根据单筱竹(2012)实地调研的数据,50万元以上的贷款主要用于中小企业贷款。同时她也指出,据不完全统计,江苏省农村小额贷款公司农户、农业专业合作组织、农业龙头企业、其他农业经济组织等的农业贷款占比为51%。由此,我们可以认为江苏省农村小额贷款公司主要服务于中小企业。根据杨小丽、董晓林(2012)的研究数据,截至2011年6月底,江苏省农村小额贷款公司单笔贷款额度在10万元(含)以下的贷款仅占0.80%,信用贷款占比为4.18%,抵质押、保证贷款占比达到95.53%,这说明江苏省农村小额贷款公司的风险程度偏高,其在贷款对象的选择上可能存在逆向选择问题。2011年,浙江省小额贷款公司向个体工商户、小微企业发放贷款692亿元,占全部贷款总量的37.9%;工业贷款占比达到37.6%,服务业贷款占比为19.6%,而农业贷款占比仅为18.8%,贷款主要流向工业和服务业。

表3-8 2009~2011年浙江省产业结构与小额贷款公司贷款产业结构情况

单位:%

项目 年份	产业结构			贷款产业结构		
	第一产业	第二产业	第三产业	农 业	工 业	服务业
2009	5.1	51.8	43.1	16.8	52.6	8.0
2010	4.9	51.6	43.5	21.3	43.2	12.0
2011	4.9	51.2	43.9	18.8	37.6	19.6

资料来源:《浙江统计年鉴(2013)》、《浙江省小额贷款公司运行及监管报告》(2009~2011)。

由于农业生产的特殊性,农业贷款时间较长,因此,贷款周期的长短也是衡量小额贷款公司是否出现使命偏移问题的重要标准。从江苏、浙江两省的数据来看,截至2011年末,江苏省农村小额贷款公司的贷款期限是

3~6个月的贷款占比42.52%，6个月到1年的贷款占比为48.37%，从数据上看，江苏省农村小额贷款公司的贷款期限以3~12个月为主，满足了江苏省"贷款期限在3个月以上的经营性贷款余额之和占全部贷款余额的比重不低于70%"的政策要求。表3-9是2009~2011年浙江省小额贷款公司贷款期限结构情况，从表3-9来看，浙江省小额贷款公司的贷款周期在试点之初偏向于1个月以内的短期贷款；随着业务发展的需要，小额贷款公司的贷款结构开始发生变化，1个月以内的短期贷款持续下降，6个月以上的贷款也呈现下降趋势；截至2011年末，3个月以内的短期贷款的占比仍然较高，达到52.8%。

表3-9　2009~2011年浙江省小额贷款公司贷款期限结构情况

单位：%

年份 \ 贷款期限	1个月以内	1~3个月	3~6个月	6个月以上
2009	42	18	28	12
2010	34	20	35	11
2011	32.7	20.1	36.6	10.5

资料来源：《浙江省小额贷款公司运行及监管报告》（2009~2011）。

通过以上分析，我们可以看出，江苏、浙江两省的小额贷款公司贷款主要投向中小企业，特别是浙江省的小额贷款公司的短期贷款占比偏高，且三年间变化不大，这说明江苏、浙江两省的小额贷款公司的贷款对象存在偏离目标客户的趋势。尽管从贷款期限结构上无法说明江苏省农村小额贷款公司偏离服务"三农"和小微企业的客户定位，但是这并不影响最终的结论。

（四）农户贷款占比较低，"离农"现象较明显

小额贷款公司的市场定位是服务"三农"，但由于三农产业风险高，涉农资金回报率低，其明显与民间资本追逐利润最大化的目标不一致，这使得小额贷款公司出现市场定位难以变成现实的现象。在实际运行中，小额贷款公司贷款额度偏大，覆盖面没有深入贫困农户和微型企业，资金投向"脱农、弃农"等偏离社会目标的现象普遍存在。小额贷款占比是衡量小额贷款公司在农村地区服务深度的重要指标，小额贷款占比越

高，说明小额贷款公司的信贷投放对农户的覆盖越好。根据江苏省的贷款金额，截至 2011 年末，江苏省农村小额贷款公司 20 万元以下的贷款占比为 1.09%，50 万元以上的贷款占比为 93.38%，而 50 万元以上的贷款的主要客户群体则为县域个体工商户和中小企业。这说明江苏省农村小额贷款公司的金融服务覆盖深度不够，与当年农民人均纯收入 10805 元相比，小额贷款公司的贷款额度偏高，农户贷款投向基本倾向于农村地区的富裕人群，贫困人口很少获得贷款。2009 年，浙江省小额贷款公司的农户贷款为 31.70 亿元，占比约为 17.4%；在小额贷款公司服务"三农"、服务中小企业的宗旨要求下，2010 年，小额贷款公司向农户发放贷款金额为 97.76 亿元，占比约为 28.6%。表 3 - 10 是 2009 ~ 2011 年浙江省小额贷款公司支农支小情况，从表 3 - 10 可以看出，在支农支小方面，尽管浙江省小额贷款公司百万元以下贷款占比和农户、个体工商户贷款占比在逐年增加。截至 2012 年 6 月底，浙江省种植养殖业及百万元以下贷款占比为 57.2%，这与浙江省政府文件规定的"小额贷款公司贷款余额的 70% 应用于单户贷款余额 100 万元以下的小额贷款及种植业、养殖业等纯农业贷款"的政策要求还有一定的差距。同时，数据也充分说明浙江省小额贷款公司的贷款深度并没有下移，服务对象仍然以中小企业为主，但开始出现转向微型企业和农户的趋势。

表 3 - 10　2009 ~ 2011 年浙江省小额贷款公司支农支小情况

单位：%

地区	年份	农业贷款占比	百万元以下贷款占比	农户、个体工商户贷款占比
杭州	2009	3.34	48	50
	2010	11	53.82	63
	2011	11	64.94	72
宁波	2009	10.02	34	35
	2010	14	31.22	40
	2011	13	33.52	40
温州	2009	6.19	53	69
	2010	17	64.21	85
	2011	15	62.47	84
绍兴	2009	5.13	32	34
	2010	36	31.73	42
	2011	26	36.26	47

地区	年份	农业贷款占比	百万元以下贷款占比	农户、个体工商户贷款占比
嘉兴	2009	12.85	55	50
	2010	19	59.22	50
	2011	19	52.29	50
湖州	2009	11.94	57	58
	2010	27	59.86	65
	2011	31	53.79	64
金华	2009	5.47	55	67
	2010	12	49.64	79
	2011	12	54.71	79
衢州	2009	1.58	33	17
	2010	15	50.41	16
	2011	17	58.24	34
台州	2009	9.38	72	69
	2010	32	69.77	82
	2011	35	72.16	83
丽水	2009	13.35	56	69
	2010	42	57.37	77
	2011	46	52.26	80
舟山	2009	2.54	68	83
	2010	31	64.49	67
	2011	24	70.22	74
全省	2009	16.8	46	49
	2010	21.3	49.25	63
	2011	18.8	52.93	63.8

资料来源:《浙江省小额贷款公司运行及监管报告》(2009~2011)。

(五) 商业化倾向严重,违规经营时有发生

根据《关于小额贷款公司试点的指导意见》规定,小额贷款公司要按照市场化原则进行经营,贷款利率为基准利率的0.9~4倍。民间资本进入小额信贷领域的动机是获取银行业执业资格,实现"曲线救国",对服务穷人、服务"三农"的社会责任考虑较少,偏离国家政策预期和社会期待甚至违规的现象时有发生。根据我们搜集的资料,已经出现的一些违规情况主要有:用银行贷款入股小额贷款公司(部分股东以其名下的公司向银行贷款用于入

股);向股东或关系人发放贷款,资金回报率低于基准利率下限;办理高利贷,贷款用于"钱炒钱",资金回报率高于同期银行贷款基准利率4倍;通过关联咨询公司或会计师事务所收取咨询费、评估费等巨额费用,签订"阴阳合同",抽取"贷款贴水",通过关联方融入资金,变相开展非法集资等。根据相关报道,浙江省某小额贷款公司的解散或许是小额贷款公司成长的一个特别的标本。为了偿还银行贷款,该公司竟然向个人借高利贷,月息高达6%,其折算成年利率为72%,几乎为同期银行基准利率的12倍,这一行为违反了《浙江省小额贷款公司试点暂行管理办法》中"小额贷款公司不得向内部或外部集资、吸收或变相吸收公众存款"的规定。在全国银根紧缩情况下,该公司股东隐名持股、不按公司经营规律办事,在股东相互间出现隔阂时又采用"包收包贷",这导致"各自为政",使公司变成股东的融资平台,现代公司治理结构的功能不能被有效发挥。股东间的相互猜忌,不仅损害了当地的融资环境,而且导致地方政府"保壳子"的努力"流产",进而使地方政府失去了宝贵的试点牌照。

(六)地区布局不合理,缺乏科学发展规划

从江苏、浙江两省小额贷款公司发展的整体情况来看,经济发达地区投资成立的小额贷款公司保持了较快的增速。尽管两省的小额贷款公司已经实现了县域全覆盖,在一定程度上改善了农村金融环境,但是这些机构一般设在城市,远离乡村,居住在农村地区的贫困者要想获得帮助,首先要克服距离上的障碍。以浙江省为例,截至2011年末,浙江省共有小额贷款公司183家,仅有20余家小额贷款公司位于县(市)区政府所在地以外的乡镇。国家试点小额贷款公司的初衷是扶贫,引导资金流向农村和欠发达地区,改善农村地区金融服务,促进"三农"发展,支持社会主义新农村建设。而江苏省和浙江省绝大部分的贫困人口分别生活在经济发展相对落后的苏北和浙西山区,小额贷款公司的布局应该根据经济发展的特征,引导资金向欠发达地区合理布局,进而推动经济协调发展。我国小额贷款公司审批时间短、审核易通过,带有一定的盲目性,质量良莠不齐。江苏、浙江两省是我国小额贷款公司发展最快的地区,江苏省苏南地区农村小额贷款公司的数量为全省总量半数。通过以上分析可以看出,资金大部分向东部和经济相对发达的地区集聚,这并没有改善欠发达地区农村金融服务和农村金融竞争力不充分的现象,金融结构仍然没有摆脱城乡金融

资源失衡的二元发展模式。

三　小额贷款公司能否承担"小额信贷"重任："社会企业"分析视角

通过前文的分析可以发现，江苏、浙江两省小额贷款公司离农现象比较明显，在较大程度上偏离了政策初衷。全国层面的情况如何呢？由于缺少大面积的田野调查，我们不敢妄加猜测。前文主要是基于江苏、浙江的数据通过定量分析来说明这一问题。由于我国小额信贷整体上进入了商业化时代，小额贷款公司能否承担起服务低收入者和微型企业的重任，关系到我国小额信贷未来的发展方向。按照普惠金融建设的要求，小额信贷组织机构应该在为低收入人群提供低成本金融服务的同时追求自身的可持续发展，这正如孟加拉国格莱珉银行的创始人穆罕默德·尤努斯所提出的方法——建立"社会企业"，用商业化手段解决社会问题，帮助弱势群体。我国小额贷款公司当前的制度设计与"社会企业"的要求是否符合，还存在多大的差距，我们将运用理论逻辑分析方法进行探讨。

（一）"社会企业"的理论基础和属性

传统自由经济学理论认为，人类个体是市场上劳动力的提供者，劳动力接受企业雇佣，劳动者的福利待遇取决于获得的工资，企业家是唯一可以思考、组织和行动的人，企业以利润为唯一驱动因素，企业的投资者也只为个人谋利而进行投资，个人之间的竞争只是财富与金钱的竞争。在该框架内，无论是个体还是企业都被假定为一维角色，他们将其与其他属性——宗教、感情、政治——分离开来。因为长期以来没有人对自由竞争市场产生怀疑，现实中的人类个体和企业也将自己转化为理论中的一维角色，使自己融入自由竞争机制中去。社会企业不同于一般意义上的"市场企业"，它建立在不同于传统经济学理论基础上。"社会企业"理论认为将出现的理论与现实不符的问题归根于"市场失灵"是一种不负责任的态度，问题的根源在于对人类个体和企业的一维角色定位是失当的，个人和企业不应该是一维实体，而应该是多元和多彩的。

基于以上理论分析，我们可以将"社会企业"理解为以社会公共利益为目标的营利性企业，它具有以下属性。①社会企业家不以获取利润为唯一目的，而以实现一系列社会目标为己任。但这也不等于社会企业不获得经济收益,最主要的是,对于社会企业来说,经济收益可以是零,也可以很高,甚至可以比一般市场企业还高,问题的关键是,经济效益在社会企业家心中是次要的因素①。社会企业通过实现某些社会目标来获得利润,实现一系列社会目标是"目标",获得利润是"途径"而不是"最终目的"。②社会企业的资金可以来自外界捐赠,但大部分来自外界投资者。社会企业单位资金产生的效果越好,其市场评价就越好,这里的市场充满着潜在的投资者,这些投资者寻找机会将资金投资于"社会效应"好的企业,这些投资者不以个人利润作为唯一动机。

(二)当前小额贷款公司是否具有社会企业属性——经验证据分析

1. 从资金来源来看

我国小额贷款公司的资金主要源于民间资本,民间资本发起建立小额贷款公司的积极性很高,这与近年来国内国际环境有很大关系。①近几年,国内土地、原材料、劳动力价格上涨,国际上人民币不断升值,这使实业投资特别是中小企业投资面临双重困境。恰逢这几年国家支持小额贷款公司发展,一些原来从事实业投资的民间资本转向"信贷"行业。②近几年,国家"银根"紧缩,中小企业融资难问题更加突出。地方政府寄希望于小额贷款公司,大力支持民间资本组建小额贷款公司。一些大企业集团和个人纷纷投资,甚至越来越多的上市公司开始投资小额贷款行业。据《大众证券报》的不完全统计,从2008年以来,全国有近40家上市公司宣布参股或增资小额贷款公司,其中包括康恩贝、联化科技、深赛格、澳洋顺昌、江南高纤等。2011年,我国就有12家上市公司参股新成立的小额贷款公司,有7家上市公司宣布对已参股的小贷公司增资,有2家公司则直接出资组建小额贷款公司。民间资本对小额贷款公司感兴趣的主要原因是其稳定的净资产收益率,按照国家规定,小额贷款公司借贷利率可以达到中国人民银行基准利率的4倍。目前,贷款利率上限可以处于24.40%~26.24%,扣除成本等因素,小额贷款公司的净资产收益率至少会在12%以上。民间资本源于实体行业,甚至来自地下钱庄。而投资社会企业的资金一般是捐赠资金或者一些发展机构

---

① 一般市场企业也会为社会目标做出贡献,如开展慈善捐赠,投资于某些公共事业,但这只是市场企业在利润最大化以外的行为,这些行为本身并不增加企业利润。

投入的资金，它们具有经济效益和社会效益的双重目的。

2. 从发起动机来看

国家引导民间资本设立小额贷款公司的初衷在于服务"三农"，实现普惠制农村金融目标。但政策往往被"钻了空子"，大多数民间资本进入小额贷款行业的目的是进驻金融行业，获取金融机构的特许权价值，将发起成立小额贷款公司看作业务延伸或业务多元化的一部分，他们希望借助小额信贷公司最终真正拥有自己的银行。因为我国银行类金融机构门槛很高，他们设立商业银行是可望而不可即的梦想，他们认为通过投资小额贷款公司然后再转为村镇银行是获取银行执照的"捷径"，所以大企业集团发起成立小额贷款公司的积极性更高，但自然人只能占有一些零星股份。表3-11是2008年浙江省温州市最初成立的小额贷款公司的相关情况，从表3-11中可以看出，温州市设立的6家小额贷款公司都由当地大型企业发起成立，法人股比重很高，除平阳恒信小额贷款公司以外，其他小额贷款公司的自然人股份非常少甚至没有。

表3-11 2008年浙江省温州市最初成立的小额贷款公司的相关情况

单位：%，笔

小额贷款公司名称	主发起人及股权占比	股权结构		平均贷款规模	
		法人股占比	自然人股占比	50万元以下贷款笔数	所占比例
鹿城捷信小额贷款公司	鹿城开元集团20%	100	0	34	62
瑞安华峰小额贷款公司	华峰集团20%	81.5	18.5	130	84.4
乐清正泰小额贷款公司	正泰集团20%	98	2	280	94
永嘉瑞丰小额贷款公司	奥康集团19%	100	0	139	53
苍南联信小额贷款公司	天信投资集团18%	100	0	233	85
平阳恒信小额贷款公司	温州晨光集团20%	54	46	120	81

资料来源：根据刘玲玲、杨思群、姜朋等著《清华经管学院中国农村金融发展研究报告》中的相关资料整理而成。

3. 从运作机制来看

为低收入者服务不可避免地会产生高昂的交易成本问题，这也是一般商业性金融机构不愿为低收入者服务的原因。国际小额信贷能取得较大成功的主要原因在于开创了新型信贷机制。这种信贷机制能缓解信息不对称，降低交易成本，解决穷人抵押物缺失的问题。国家发展小额信贷的初衷也是希望借助这种有效的信贷制度，探索出一条符合中国农村金融市场而且切实缓解"无担保抵押"困境的有效路径，这就要求小额信贷组织不断开展信贷机制创新。但目前我国小额贷款公司的信贷机制与一般商业银行的信贷机制没有太大的差异，其要求接受贷款者提供担保和抵押，很少发放信用贷款，专门针对低收入者和微型企业的金融产品没有得到有效开发。山西省平遥县日升隆小额贷款有限公司和贵州江口华地小额贷款股份有限公司属于 2005 年国家首批试点的小额贷款公司，它们发放的 70% 以上贷款为担保贷款，而山西省平遥县晋源泰小额贷款有限公司发放的 71%贷款为抵押贷款（陈雨露，2010）。表 3 - 12 表示 2011 年 10 月末全国竞争力百强的小额贷款公司基本情况。

表 3 - 12　2011 年 10 月末全国竞争力百强的小额贷款公司基本情况

地　区	小额贷款公司数量（家）	平均注册资本（万元）	平均贷款规模（万元）	平均贷款笔数（笔）	平均单笔贷款额度（万元）
东　部	52	17158	25745	307	83.9
中　部	13	14531	19309	186	103.8
西　部	35	20952	29324	637	46
全　国	100	18144	26161	406	64.4

资料来源：根据《2011 年中国小额信贷组织竞争力发展报告》相关数据整理。

从表 3 - 12 可以看出，这些小额贷款公司平均单笔贷款额度为 64.4 万元，中部地区小额贷款公司平均单笔贷款额度超过 100 万元，这早已不是国际标准意义上的小额信贷。据《2011 年中国小额信贷组织竞争力发展报告》提供的数据，该 100 强小额贷款公司中有 47 家没有开展任何信用贷款，有 27 家小额贷款公司信用贷款占比低于 10%，信用贷款占比高于 70% 的只有 7 家。缺乏有效信贷机制是我国小额信贷不能取得良好效果的主要原因，我国虽然表面上引入了国际小额信贷机制，但其实际上是"形似而神不是"，或者在实际操作过程中难以真正得到有效实施。

4. 从定价机制来看

收益覆盖成本是放贷机构做到可持续发展的基本定价原则，所以小额信贷组织一般收取较高贷款利率，但国际意义上的小额信贷组织不但不靠收取高利率获取利润，而且还会尽力通过技术创新降低交易成本。目前，我国规定小额贷款公司的贷款利率要在基准利率4倍以内，但为了获取利润，很多小额贷款公司直接将利率"一浮到顶"；还有些小额贷款公司突破国家允许的界限采取变相办法收取高额利息，其名义利率在4倍基准利率以内，但通过"财务咨询费"等其他方式提高实际贷款利率，或者在还贷方式上采取等额本息还贷，实际利率高达40%~50%，有的甚至更高，这种情况在国家银根收紧的时候更常见①。另外，有些小额贷款公司从成立之初开始就不服务"三农"，而是将它作为发放高利贷的一种合法外衣。在2011年上半年发生在浙江温州和内蒙古鄂尔多斯等地方的高利贷链条断裂风波中少数小额贷款公司卷入其中，这使社会公众对小额贷款公司所在的整个行业产生更大的质疑，这对处于成长初期的小额贷款公司非常不利。

从以上的分析可以看出，我国小额贷款公司与社会企业型小额信贷组织存在很大差异，表3-13是我国小额贷款公司与社会企业型小额信贷组织的差异，小额贷款公司全源于民间资本，而民间资本具有很强的逐利动机，主要为中小企业提供服务，贷款利率也往往贴近银行基准利率4倍的上限，甚至通过变相手段突破4倍基准利率上限。我国小额贷款公司虽然冠以"小额贷款"字样，但从严格意义上说，其不能被称为国际标准意义上的小额信贷组织，只能被称为"发放小规模额度贷款的组织"。无论从它的目标导向还是制度设计方面来看，小额贷款公司都不可避免地会出现使命偏移，难以解决低收入阶层和微型企业的资金短缺问题。未来，我国小额贷款公司的健康成长需要政府加强政策引导，以完善制度设计，真正实现"支农支微"的政策初衷，避免再次出现使命偏移现象。

表3-13 我国小额贷款公司与社会企业型小额信贷组织的差异

对比指标	我国小额贷款公司	社会企业型小额信贷组织
主导力量	民间资本	非政府组织
资金来源	注册资金为主，少数外部借入资金	外部捐赠或公众存款
目标定位	中小型企业	穷人、微型企业
贷款利率	名义上在基准利率4倍以内，实际上有可能更高	市场化利率，有时会很高
贷款形式	担保、抵押贷款为主	不需要担保、抵押
业务范围	单一小额贷款服务	信贷、保险、咨询、营养等系列服务

---

① 从理论上说，这么高的利率实际上对"三农"投资产生了挤出效应，因为农业作为弱质产业无法承担这么高的利率，但现实中小额贷款公司主要以中小企业为服务对象，这些企业将借入贷款用来应急周转，而很少用来进行实业投资，所以它们能够承担高利率。

第四节　村镇银行发展及面临的主要问题：
基于湖南的现实考察

2004年，我国中央"一号文件"提出要鼓励民间资本和社会资本进入农村金融领域，发展为"三农"服务的多种所有制农村金融组织。2005年，我国开始在五省（区）试点小额贷款公司，但小额贷款公司"只贷不存"，不属于银行业金融机构，只是中国人民银行的试点，并没有得到国家金融监管当局——银监会的任何正式回应。2006年12月，银监会正式放宽农村地区银行业金融机构准入门槛，决定发展村镇银行。此后，村镇银行在我国成长较快，根据银监会在2013年6月举办的第六届中国村镇银行发展论坛上提供的数据，截至2013年3月底，全国已组建村镇银行903家，其中批准开业836家。中西部地区组建557家，占比约为62%。开业村镇银行资产总额4540亿元，其中各项贷款余额2636亿元，负债总额3855亿元，各项存款余额3164亿元。村镇银行加权平均资本充足率为25%，核心资本充足率为23.6%，不良贷款余额9.7亿元，不良贷款率为0.37%，贷款损失准备充足率为332%，拨备覆盖率为601%，贷款拨备率为2.22%，流动性比例为67.9%，风险总体可控。640家村镇银行实现盈利，占开业机构的约80%；利润总额22.7亿元，同比增加6.5亿元，增幅约为40%；资产利润率和资本利润率分别达1.66%和11.7%。根据银监会提供的数据，截至2014年10月末，全国已组建村镇银行1171家，已开业村镇银行资产总额7279亿元，其中各项贷款4635亿元。2015年5月底，全国村镇银行数量达到1186家。

一　湖南省村镇银行发展现状[①]——基于13家村镇银行的数据

（一）发展规模

2008年以来，湖南省村镇银行从无到有，成长态势良好。截至2015年5月，湖南省村镇银行的数量达到30家。从我们搜集的各种报道来看，当前

[①] 2013年5~10月，我们通过实地调研，搜集了关于湖南省村镇银行发展的总体性数据。我们对湖南省13家村镇银行进行了实地调研，发放了调研问卷，与村镇银行相关负责人进行了面谈。考虑到相关财务数据的保密性需要，我们在用到一些具体的财务数据时隐去了村镇银行的真实名称。另外，一些村镇银行提供的财务数据不够完整，所以我们在此只是列出部分村镇银行的数据。

已经设立的村镇银行很受农民欢迎，大家感受到了更优质、更方便的服务。在已经开业的村镇银行中，其主要发起人有国有银行、股份制商业银行、城市商业银行以及外资银行。2013 年 5 ~ 10 月，我们对湖南省 13 家村镇银行进行了实地调研，表 3 - 14 是湖南省部分村镇银行基本情况。发起人银行性质、规模和各地区经济发展状况存在差别，村镇银行资本金差别大，最多有 2 亿元，最少只有 1000 万元。在 13 家村镇银行中，主发起人独资设立的有 2 家，8 家采取的是"主发起人 + 企业法人"形式，2 家在"主发起人 + 企业法人"的基础上吸纳了一些个人资金，还有 1 家由员工持股。大部分村镇银行按照"法人治理"原则成立了"三会一层"的公司治理架构。这些村镇银行分布于民营经济比较活跃、农业比重高、金融服务相对薄弱的地区，覆盖湖南省的 9 个市（州）的 796.35 万农村人口，所涉及的县域有 1 个国家级贫困县，1 个省级贫困县，3 个全国产粮大县。

表 3 - 14　湖南省部分村镇银行基本情况

序号	所在地区	机　构	主发起行	开业时间	注册资本
1	郴州	资兴浦发村镇银行	浦发银行	2009 年 11 月	5000 万元
2		宜章长行村镇银行	长沙银行	2010 年 12 月	5000 万元
3	湘潭	韶山光大村镇银行	光大银行	2009 年 9 月	5000 万元
4		湘乡市村镇银行	湘潭市商业银行	2008 年 3 月	5000 万元
5	岳阳	汨罗国开村镇银行	国家开发银行	2010 年 12 月	10000 万元
6		平江汇丰村镇银行	汇丰银行	2010 年 12 月	1000 万元
7	湘西	湘西长行村镇银行	长沙银行	2010 年 12 月	20000 万元
8	益阳	桃江建信村镇银行	中国建设银行	2008 年 11 月	5000 万元
9	永州	祁阳村镇银行	长沙银行	2008 年 12 月	4938 万元
10	株洲	株洲县融兴村镇银行	哈尔滨银行	2011 年 5 月	5000 万元
11	邵阳	武冈包商村镇银行	包商银行	2011 年 6 月	5000 万元
12	衡阳	耒阳融兴村镇银行	哈尔滨银行	2011 年 6 月	5000 万元
13		常宁珠江村镇银行	广州农村商业银行	2011 年 7 月	5000 万元

资料来源：根据调研资料统计。

从村镇银行的存贷款总体情况来看，湖南省村镇银行存贷款规模总体呈现增长态势，而且增长速度很快，表 3 - 15 表示 2008 年末 ~ 2012 年末湖南省村镇银行存贷款规模情况。湖南省村镇银行 2008 年末存款规模 4.33 亿元，2012 年末达到 116.76 亿元，增长近 26 倍；2008 年末贷款规模仅1.35亿元，2012年末达到54.73亿元，增长近40倍。根据湖南省银监局提供的数据，村镇银行为湖南省县域经济发展引进资本8.09亿元，村镇银行的平均存贷比超过50%，最高的存贷比达到71.15%。这说明村镇银行带动和促进了农村金融服务水平的提升，较好地发挥了县域"资金蓄水池"等方面的作用，为引导农村资金回流探索创造了新机制和新途径。

表3－15　2008年末～2012年末湖南省村镇银行存贷款规模情况

单位：亿元

指　标	2008年末	2009年末	2010年末	2011年末	2012年末
存款余额	4.33	11.68	23.97	51.53	116.76
贷款余额	1.35	6.02	13.45	28.26	54.73

资料来源：根据调研资料统计。

（二）盈利状况

从我们调研的13家村镇银行来看，湖南省村镇银行当前总体盈利能力良好，A村镇银行、B村镇银行、C村镇银行是湖南省发展历史较长的村镇银行，表3－16是2011年末～2012年末湖南省部分村镇银行盈利状况，这反映出截至2012年末的财务数据，可以看出，它们的资本利润率和资产利润率都较高，总体盈利能力较好。我们调研的13家村镇银行资本充足率全部达到标准，在不良贷款方面，有2家村镇银行存在222.9万元的不良贷款。在这13家村镇银行中，有9家村镇银行实现了盈利，其中，有1家村镇银行在成立当年就实现盈利，有8家村镇银行是在成立第2年实现盈利的。

表3－16　2011年末～2012年末湖南省部分村镇银行盈利状况

单位：万元，%

指　标	A村镇银行 2011年末	A村镇银行 2012年末	B村镇银行 2011年末	B村镇银行 2012年末	C村镇银行 2011年末	C村镇银行 2012年末
各项存款	35529	40794	101161	111399	79191	99422
各项贷款	12031	15866	57765	62881	46340	49061
净利润	436.41	700.02	2803.61	2870.62	2265.39	4752.38
资本利润率	8.73	14.00	56.07	57.41	45.88	96.22
资产利润率	1.06	1.49	2.43	2.26	2.36	3.84

资料来源：根据调研资料统计。

（三）服务农户情况

在我们实地调研的村镇银行中，所有的村镇银行都有较大的意愿为农户提供金融服务，在思想上也认为非常有必要对农户开展金融支持，在目标客户定位中，农户所占的比率平均为 70.5%。而且这些村镇银行都为农户设计了专门的信贷产品，准备了足够的信贷资金和配备了专门的信贷人员。这些村镇银行在服务农户中面临的主要问题是农户抵押品不足，政府没有有力扶持村镇银行支持农户的政策优惠和激励。所以，村镇银行服务"三农"显得"心有余而力不足"，这导致村镇银行不得不另外寻求新的业务渠道。表 3-17 是湖南省部分村镇银行盈利状况，表示截至 2011 年 6 月，部分村镇银行的贷款情况，从中可以看出，村镇银行贷款主要以中小企业贷款为主，农户贷款占比相对偏低。从我们调查统计的情况来看，只有 B、C 村镇银行农户贷款占比约为 66.33% 和 51.21%，超过中小企业贷款占比，但大多数村镇银行农户贷款占比小于中小企业贷款占比，特别是 D 村镇银行和 F 村镇银行，农户贷款占比仅为 2.79% 和 5.54%。

表 3-17　湖南省部分村镇银行盈利状况

机构名　　　　　指标	A 村镇银行	B 村镇银行	C 村镇银行	D 村镇银行	E 村镇银行	F 村镇银行
各项贷款余额（万元）	10164.73	54167.46	38893.48	15716.89	33246.09	47527.74
中小企业贷款（万元）	5200.00	15654.45	13411	7460	14160	31218.90
中小企业贷款占比（%）	51.16	28.90	34.48	47.46	42.59	65.69
农户贷款（万元）	2542.55	35931.92	19916	439	4024.37	2632
农户贷款占比（%）	25.01	66.33	51.21	2.79	12.10	5.54
自成立以来累计发放小企业贷款（笔）	11.00	122.00	152	13	118	349
自成立以来累计发放小企业贷款金额（万元）	7100.00	46955.00	36549	7460	21010	123552.31
自成立以来累计发放农户贷款（笔）	151.00	490.00	1277	12	199	152
自成立以来累计发放农户贷款金额（万元）	3416.20	66855.20	29547.41	439	10062	4605

资料来源：根据调研资料统计。

（四）运营成本情况

湖南属于我国的中部农业大省，大部分属于经济欠发达地区，村镇银行主要面向的客户人群是以从事传统农业为主的农户和一些中小企业，其大多数没有高效益项目支持，盈利空间较小，而且客户所需要的贷款额度往往较小，村镇银行面临着较高的单位成本，缺乏规模效应。表 3-18 表示 2011 年末~2012 年末湖南省三家代表性村镇银行运营成本状况。以 A 村镇银行为例，2011 年末~2012 年末，其利息净收入从 1087.93 万元增长到 1429.83 万元，增长率为 31.43%，但该村镇银行的营业支出从 488.92 万元增长到 921.79 万元，增长率为 88.54%。

表 3-18　2011 年末~2012 年末湖南省三家代表性村镇银行运营成本状况

单位：万元

指标 ＼ 机构名	A 村镇银行 2011 年末	A 村镇银行 2012 年末	B 村镇银行 2011 年末	B 村镇银行 2012 年末	C 村镇银行 2011 年末	C 村镇银行 2012 年末
利息净收入（利息收入 - 利息支出）	1087.93	1429.83	3913.95	5434.65	3771.23	6289.85
营业支出	488.92	921.79	1227.75	1637	1221.77	2255.18
工资及业务管理费	455.02	696.65	1078.06	1431.61	1163.25	2044.67

资料来源：根据调研资料统计。

二　村镇银行发展面临的主要问题

（一）主发起行制度使村镇银行带有浓厚的体制内色彩

根据银监会 2007 年颁布的《村镇银行管理暂行规定》，村镇银行必须由一家符合监管条件，管理规范、经营效益好的银行类金融机构作为主发起人，而且持股比例不能低于 20%。2012 年 5 月，为鼓励民间资本投资村镇银行，银监会颁布《关于鼓励和引导民间资本进入银行业的实施意见》，将村镇银行主发起行的最低持股比例由原来的 20% 降为 15%，这对村镇银行产权结构多元化有一定的促进作用。2014 年 12 月 15 日，银监会发布《关于进一步促进村镇银行健康发展的指导意见》，继续坚持村镇银行的主发起行制度。主发起行制度是村镇银行的基本制度，使我国村镇银行的成长带有非常浓厚的体制内色彩。我国村镇银行是在农村信用社成为垄断性金融机构，商业化趋势明显，农村地区出现基础金融服务空白这样的大环境下出现的，其基本初衷是响应2004年中央"一号文件"关于引导民间资本发起服务"三农"的农村金融组织的指导思想，希望通过村镇银行吸引民间资本进入，同时希望通过村镇银行的出现来加强农村金融市场竞争。主发起行制度说明银监会对村镇银行成长中可能出现的风险做了相当大的防范，这充分吸取了20世纪80～90年代农村合作基金会因为缺乏有效监管出现大面积兑付风险的教训。在主发起行制度下，一旦村镇银行出现资金周转不畅或者其他问题，主发起行作为保障，能够对村镇银行经营风险防范起很大作用，这为增量式农村金融改革留出了很大的"进退"空间，符合我国整体经济"渐进式"改革的基本精神。

但主发起行制度也存在一些不足之处，实际上其将村镇银行的成长空间还是局限在体制内。主发起行制度下的村镇银行引入了部分民间资本，但这并没有实现2004年中央"一号文件"提出的发展"多种所有制"农村金融组织的目的。民间资本被引进并参与发起成立村镇银行，但村镇银行仍然被主发起行控股，属于体制内金融组织。

1. 村镇银行成为主发起行事实上的分支机构

在主发起行制度下，村镇银行的经营机制、管理制度、运作模式和经营理念几乎与主发起行没有多大差异，一些村镇银行的综合网络平台、支付结算系统也挂靠主发起银行，这使村镇银行成为主发起行事实上的分支机构，是母行与分支行的关系。我国决定发展村镇银行的初衷是希望借助村镇银行服务"三农"的目标定位、灵活的经营机制为新农村建设服务，通过村镇银行这种增量式农村金融组织来增强农村金融市场竞争，发挥"鲶鱼效应"。但村镇银行受主发起行行政影响非常大，村镇银行的高层管理人员由主发起行任命。我们在调研中还了解到，一些村镇银行被迫向主发起行拆出资金，特别是在银行业资金紧张时期，一些主发起行将村镇银行作为在农村地区吸收存款的分支机构。主发起行制度下的村镇银行与我国主流商业银行没有太大差异，这没有体现出村镇银行自身的特色，与我国发展村镇银行和进行新一轮农村金融改革的出发点是不完全符合的。

2. 民间资本参与村镇银行的积极性不高

改革开放以来，民间金融尽管没有国家充分透明的阳光政策，但一直发展得很快而且影响力越来越大，民间资本对金融领域也一直具有浓厚的兴趣。另外，我国存在大量的担保公司、典当行等组织机构，它们虽然没有被纳入国家统一金融监管体系，但已在事实上从事金融业务。它们数量众多，对国家金融调控和国民经济发展有不可忽视的影响。我国庞大的民间资本一直想进驻金融领域，以拥有属于自己的银行。改革开放以后，国家很快放宽了对民间资本进驻实体经济领域的限制，但金融业对民间资本一直有相当大的限制，金融业的发展和运作权力都牢牢掌握在政府手中，各种类型的金融组织都具有非常浓厚的行政色彩。在国有商业银行的股份制改革和农村信用社的产权改革中，作为战略投资者，政府引入的也是一些具有政府背景的民间资本。2004 年中央"一号文件"和 2006 年 12 月银监会放宽农村地区银行业金融机构准入门槛的决定，表明我国真正开始了农村金融领域的增量式改革，这也让民间资本看到了真正进入金融领域的希望。但村镇银行的主发起行制度给予民间资本进入金融领域"当头一棒"，民间资本只能"参与"而不能"控股"村镇银行，"真正拥有属于自己的银行"的梦想近在眼前却不能实现。主发起行制度下的村镇银行的管理体制和运营机制与母行一样具有浓厚的体制内色彩，经营决策权掌握在主发起行手中。民间资本感觉自己只是被"招安"，对村镇银行的发展没有充分的"发声"权。我们在调研过程中了解到，一些民间资本感觉到它们的经营理念无法体现在村镇银行的经营决策中，只能被动地等待分红，它们对于参与发起村镇银行已经没有当初的热情。少数地方村镇银行的民间资本股东开始掀起股权转让潮，民间资本撤资村镇银行直接反映出体制内的主发起行与民间资本结合面临的困境，这种表象之下的深层次体现是村镇银行现行主发起行制度的固有缺陷。

（二）村镇银行自身的弱势制约可持续发展

从本意上说，村镇银行是在村、镇办的银行，由于它的准入门槛低，其主要以中、小、微企业和农户为服务对象，它的社会地位和影响力远不及中、农、中、建等大型商业银行，也比不上农村信用社这个老牌的农村金融机构。另外，由于创办时间很短、金融基础设施不足，在与其他商业银行激烈的市场竞争中，村镇银行无法体现优势，这对其可持续发展产生了较大的影响。

1. 村镇银行吸储难

村镇银行作为银行业金融机构，稳定的资金来源对它的可持续发展非常重要。银行业金融机构要真正发挥社会资金融通中介的职能，首先要能够聚集社会上"源源不断"的资金，否则，银行业就成了"无源之水"①。相对于小额贷款公司、农村资金互助社等农村小型金融组织来说，村镇银行最大的特征在于它能够吸收社会公众存款，这是村镇银行发展的最大政策优势。但这种政策优势在实践中遭遇到尴尬。①由于当前我国村镇银行的社会公信力低，这导致它在当地吸储存在很大困难。老百姓心目中的银行应该是"高、大、上"的，他们觉得这种办在村间乡镇的"草根"银行"靠不住"，担心他们的存款在村镇银行得不到保障，更加愿意将钱存在农村信用社或者其他大型商业银行，他们觉得这些金融机构有国家保障，不会存在任何风险因素。在当前我国利率市场化不断推进的环境下，尽管村镇银行可以实施"一浮到顶"，将存款利率浮动区间的上限调整为基准利率的 1.1 倍，但是村镇银行仍然无法因此获得大量的存款，这是因为老百姓需要的不是那"稍多"的存款利息，他们更注重的是存款的安全性。2015 年 4 月，我们走访了湖南省长沙县星沙沪农商村镇银行，该村镇银行成立于 2012 年 7 月，是湖南省长沙县的首家村镇银行，根据该村镇银行2015 年 3 月末的数据显示，该行各项存款余额 88325 万元，其中储蓄存款余额仅有 8149 万元，占比约为 9.2%，对公存款 80176 万元，占比约为90.8%。该村镇银行的主要存款资金源于对公存款，对公存款的客户主要是村镇银行的贷款客户以及当地一些与村镇银行存在各种关系的事业单位，普通老百姓对村镇银行存在较大的"戒备"心理。②村镇银行分支机构少，这导致吸储困难。村镇银行属于一级法人机构，按照国家政策规定，村镇银行设立分支机构除了在手续上要申请中国人民银行和银监会批准之外，还要考虑包括人才是否足够、内控机制是否健全等在内的问题，其在地址的选择上也是一个难点。更重要的是，增设一个分支机构还需要增加近百万的固定成本，众多因素导致村镇银行分支机构很少，这也是导致村镇银行吸储困难的重要原因。另外，我国当前实施的商业银行"存贷比"考核政策也给村镇银行发展造成了很大的困境，村镇银行的资金原本就不能满足社会信贷需求，"存贷比"考核政策更加促使其减少贷款发放。

---

① 从理论上说，银行业金融机构有效发挥职能的第二个条件是其能够通过一个合理有效的运作机制把这些资金低成本、高效率地"传送"到资金短缺的人手中，两个条件同时具备才能真正发挥调剂社会资金余缺的作用。我国村镇银行实施主发起行制度，在很大程度上制约了村镇银行高效信贷机制的建立。

尽管银行很愿意将服务覆盖面进一步扩大，但手中没有足够的资金就会导致它不得不减少贷款发放。由此可见，吸储难成为当前村镇银行可持续发展的重要问题。一些村镇银行为解决资金来源问题"绞尽脑汁"。根据调研我们了解到，在 2015 年 3 月中国人民银行降息以后，湖南省长沙县星沙沪农商村镇银行举办"特别优惠"活动，客户在 3 月 20 日 ~ 6 月 30 日办理 5 年定期存款可享受 5.625% 的年利率，这个数字是当时国内银行存款利率的最高点，当时只有长沙银行、华融湘江银行等较少部分银行的 5 年期存款利率达到 5.225%，而长沙县星沙沪农商村镇银行的同期存款利率可以达到 5.625%，但这种靠优惠利率吸引资金的方式不具有可持续性。

2. 村镇银行主要提供初级服务，支付结算系统不健全

根据我国《村镇银行管理暂行规定》，相比于其他农村小型金融组织，村镇银行除了拥有可以吸收社会公众存款这一政策优势以外，还可以办理国内结算、票据承兑与贴现、同业拆借业务，代理发行政府债券、保险业务和从事银行卡业务等，政策允许村镇银行的业务范围在实际上与一般商业银行没有太大差异。我们在调研过程中了解到，目前大多数村镇银行只是提供简单的存贷款业务，只是使用一个存折，没有网上银行业务，甚至连银行卡都没有。其主要原因在于，村镇银行作为独立法人，发展时间较短，没有雄厚资金实力，无法承担开展银行卡业务和构建支付结算系统的大额固定成本。村镇银行开展银行卡业务必须要达到制卡与设备投入要求，开展网上银行业务要开发一套系统，购置一批设备，需要付出的成本是村镇银行无法接受的。虽然早在 2008 年中国人民银行就提出符合条件的村镇银行可以按规定申请加入中国人民银行支付系统，但其准入标准不明确，这导致村镇银行迄今无法加入中国人民银行支付系统。从理论上说，村镇银行可以作为主发起行的一家分支机构，通过主发起行间接进入银行间支付系统以进行结算，依托主发起行的结算平台进行资金汇划。但村镇银行是独立核算的一级法人，在法律意义上与主发起行是平等关系，而不是主发起行的分支机构，借用主发起行的支付结算系统必须支付相应费用。特别是某些村镇银行的主发起行是政策性银行、外资银行或者由于主发起行本身实力较弱，其在村镇银行所在地没有分支机构，这种与主发起行合作进行资金结算的方式也会遇到很大困难。村镇银行只能提供初级服务，支付结算困难，基本上处于我国农村信用社初创时期的状态。与之形成巨大反差的是，目前我国其他商业银行已经成为金融服务的"百货公司",它们不仅能够提供包括存款、贷款、代理、结算在内的全方面金融服务,还拥有先进的电子支付结算系统,非常具有现代化的"高、大、上"气息。村镇银行与现代商业银行的这种巨大反差,使老百姓与村镇银行之间存在天然的隔阂,这又反过来制约了村镇银行服务"三农"的目标和可持续发展。

第五节　本章小结:农村小型金融组织需要选择新型成长模式

从 20 世纪 70 年代末我国开始改革开放以来,农村金融领域作为改革重点领域之一,在模式选择上采取自上而下的"存量式"改革模式。其改革内容主要体现在三大方面:一是"归正"农村信用社的合作制道路,开展农村信用社的产权改革;二是引导中国农业银行商业化改革;三是对非正规金融坚决取缔。这种改革模式不能有效解决农村金融供需失衡问题,并最终导致农村信用社成为农村地区的垄断性金融机构,我国数千个乡镇成为金融服务的空白区域。2004 年中央"一号文件"首次提出要引导民间资本成立服务"三农"的农村小型金融组织,这标志着我国农村金融改革开始逐渐进入新时期。在随后几年相继出台的中央"一号文件"的统一要求和规划指导下,中国人民银行、银监会等有关部门也相继出台了有关农村小型金融组织的相关"通知"和"指导意见"。2005 年 5 月,我国开始发展小额贷款公司。2006 年 12 月,资金互助组织、村镇银行和贷款公司正式被纳入试点范围。此后,这三种新型的农村金融组织在我国得到了迅速发展。农村小型金融组织的成长得到了国家的大力支持和社会的广泛关注,但是农村小型金融组织在成长过程中暴露出了很多问题。我国小额信贷组织主要有 NGO 小额信贷组织和小额贷款公司,目前,NGO 小额信贷组织成长面临的最大问题是资金短缺,这导致发展日益萎缩。小额贷款公司成长速度很快,但营利性动机太强,存在使命偏移趋势。村镇银行在刚开始时成长很快,商业银行特别是一些城市和农村商业银行发起设立村镇银行的积极性很高,各地政府也很重视村镇银行在本区域的设立,但目前村镇银行的成长速度明显减缓,这与 2009 年银监会确定的规划相差很远。另外,一些村镇银行虽然冠以"村镇"二字,但营业场所都设在城市,服务农村的意识淡薄。农村资金互助社面临政府强大的行政审批制度,成长非常缓慢近乎停滞。总之，近十年来，我国农村小型金融组织的成长逐渐偏离了实现普惠金融的方向，这非常值得我们深思。

迄今为止，我国的农村金融主要在政府的主导下进行，采取外生金融改革模式，这种改革模式在我国具有一定的合理性。在特定的历史时期，其对改革开放的稳步推进发挥了较大的作用。与此同时，农村外生金融改革模式已经不适应市场经济改革继续深化的要求，外生金融改革模式主要通过政府自上而下出台改革政策，其体现的是政府的意愿，这不能体现农村基层内生力量的意志，导致农村金融制度缺乏适应性效率，这种改革模式的弊端日渐凸显。当前我国市场经济进入深化改革时代，其在农村金融领域也进入了增量式改革时期，村镇银行、小额贷款公司等农村小型金融组织将承担我国构建普惠金融体系的重任。要实现普惠金融的目标，外生金融改革模式已经不适应深化改革和普惠金融建设的要求，我国农村小型金融组织需要走一条新的路径。应该注意的是，政府的监管部门和社会强势资本不能代替农村基层力量的主动选择权，要让农村金融政策能够真正适应农村经济的需求，反映农民的创造和选择，只有有效处理好政府与市场的关系，才能真正实现农村小型金融组织成长的初衷，避免"穿新鞋走老路"。

第四章　农村小型金融组织"适应性"成长的理论体系与实践框架

我国农村小型金融组织的成长应该及时总结过去的经验和教训，避免重复过去农村金融改革政府外生主导的改革模式，采取"适应性"成长模式，从农村经济发展的现实和资源禀赋状况的实际出发，以建立适应农村经济发展需求的农村小型金融组织体系。从理论上来看，"适应性"成长的提出源于其对我国改革开放以来实施的存量式农村金融"改革"的反思，从"改革"到"成长"的转变，是从一个全新的视角关注农村小型金融组织的成长。另外，"适应性"成长是在既有"内生"和"外生"金融基础上的深化，但这又不是内生与外生的简单糅合，因此，国家政策对农村小型金融组织成长应该具有动态适应性。从实践层面来看，目前我国农村小型金融组织的发展离"适应性"成长的基本要求还存在较大差距，我国农村小型金融组织"适应性"成长需要完整的实践性框架体系。

第一节　"适应性"成长的提出：基于现实剖析与理论溯源的创新

一　"成长"之于"改革"：现实剖析

"改革"一般指在既有体制内做出的政治、社会、经济等方面的改良和革新，改革可以是局部调整，也可以是根本性变动。从 20 世纪 70 年代末期我国进行改革开放以来，我国一直没有停止对农村金融领域的改革，从总体上来看，农村金融领域经历了体系重构与完备、农行商业化改革、农村信用社产权改革和农村金融组织增量改革四个阶段。其中前三个阶段在理论界和实务界一般被称为存量改革阶段。在农村金融存量改革阶段，每一次改革方案的设计和执行都是在政府"顶层设计"的指导下进行的，市场力量一直受到压抑或者没有引起应有的重视，其在制度变迁上属于外生性制度变迁。通过存量式农村金融改革，我国基本建立了由商业性金融机构、政策性金融机构和合作性金融机构组成的完整的农村金融体系，但其在实际功能上没有得到应有发挥。

（1）农村政策性金融机构——中国农业发展银行的业务范围和功能定位完全由国家行政力量划定，而且几经变迁，缺乏长远有效规划，这使中国农业发展银行疲于应付国家制定的任务，无法真正发挥政策性金融功能。中国农业发展银行在1998年业务范围调整以后，仅仅承担了收购粮食贷款的职责，成为“粮食收购银行”，其原有的农业开发、扶贫等专项贷款业务被划转给国有商业银行，中国农业银行事实上又重新同时经营政策性业务和商业性业务。从制度创新的角度来看，这是我国农村政策性金融与商业性金融改革的一次“倒退”，是农村金融市场化作用机制培育的一个试错过程。

（2）农村合作性金融机构——农村信用社具有先天不足，其在改革开放以后经历了行社脱钩和产权改革，取得了一定的成绩。但农村信用社的改革始终是由政府主导并强制推进的，政府通过负债管理和法定准备金制度等措施，对原本内生于农村的农村信用社保持着强大的行政控制力，它们必须服从政府的宏观调控政策，对农民的金融需求考虑不多，缺乏农民参与的合作基础，也不能有效地培育农村合作金融机制，始终未能恢复其合作金融的基本属性，这造成我国事实上的合作金融残缺。

（3）中国农业银行在商业化改革以后大规模撤离农村，但与此同时，其并没有培育其他金融组织来弥补撤离后的金融服务空白。改革开放以来，从体制内内生出来的民间金融发展很快，但其一直没有进入政府顶层设计的视野，始终游离于农村金融体系之外。民间金融是适应客观经济需要而存在和发展的，具有很大的合理性，但这股市场化金融力量一直遭到政府力量的打压。政府不去设法完善相关监管制度和风险防范措施，单纯的政府打压反而放大了这股市场化金融力量隐含的风险。在整个存量式农村金融改革阶段，由于政府力量过于强大，农村金融改革主要是在政府主导和严格控制下“自上而下”进行的，其基于市场经济条件下的自发创新很少，农村金融领域的市场化力量不能发挥作用，没有把农村经济主体有效纳入农村金融体系建设的过程之中，金融市场化程度严重滞后于我国实体经济的市场化程度。但我国实体经济在改革开放三十多年的经验证明，凡是成功的改革案例（如农村经济体制改革，乡企改革发展等）均遵循了"基层发明—上层肯定—试验推广"等"自下而上"的制度创新模式。

以 2004 年中央"一号文件"为开端，我国开始了新一轮农村金融改革。在此轮增量式农村金融改革中，政府开始引导民间资本进入农村金融领域，这是一种时代的进步，表明市场化力量开始在农村小型金融组织发展中发挥作用。但我们细心分析可以发现，整个农村小型金融组织发展思路和具体细则的制定全部来自政府的"顶层设计"，村镇银行实施主发起行制度，小额贷款公司法律地位缺失，农村资金互助社和小额贷款公司实施严格的行政审批制度。村镇银行、小额贷款公司和农村资金互助社虽被纳入政府统一审慎性监管体系，但缺乏分类监管指导。实践证明小额贷款公司和农村资金互助社不适用审慎性监管规则，小额贷款公司也适用非审慎性监管规则，它们的确没有被纳入监管体系。这表明政府主要是从自身利益的角度设计农村小型金融组织的"游戏规则"，而不是从农村的金融需求和农村小型金融组织发展的需要设计相关细则。这种基于政府利益考虑的外部植入性"游戏规则"是对农村金融市场化力量的一种破坏①。我国农村小型金融组织是原有体制内金融力量的扩张，在扩张过程中对民间资本等市场化金融力量实施种种限制，其只是让它"参与"新型农村金融发展，这在某种程度上强化了原有的政府主导的存量金融体系，不利于我国增量式金融力量的发展。从 2004 年开始，我国历年的中央"一号文件"的主题都是关于农业和农村的经济发展，这其中都有关于农村小型金融组织成长的内容。但我们在仔细分析以后可以发现，2004~2014 年的中央"一号文件"对于农村小型金融组织的发展更多侧重于"鼓励"、"支持"和"号召"阶段，政府在新一轮农村金融改革中的控制力量并没有较明显

① 根据相关报道，吉林梨树县闫家村百信农村资金互助社成立于 2004 年，2007 年 3 月成为全国第一家经银监会批准挂牌营业的村级农村资金互助社，但其挂牌以来运营状况不尽如人意。其正式挂牌前的 3 年处于自发的发展状态，经营状况一直不错，从 2004 年 7 月成立至 2007 年 1 月，其吸收社员入股资金 6.93 万元，投放贷款 63 笔，累计金额 20 万元，挂牌之前 3 年的净利润分别为 365.36 元、1249.1 元和 4289.4 元（人民日报，2007）。但其挂牌后经营状况反而下降了。是政府不应该干预农村资金互助社的经营，还是政府的某些规定约束了农村资金互助社的发展呢？这不得不引起我们的深刻思考。百信农村资金互助社目前基本处于"冬眠状态"，其在规模上没有成长，业务基本停滞，问题的症结在于监管抑制方面。

的放松。

在未来我国农村金融改革过程中,一方面,我们应该搞好存量农村金融体系,同时加大增量式农村金融体系发展力度,以转变农村小型金融组织的发展思路。原来我们将重点集中在"改革"上,而且其是政府主导的外生性改革,改革思路和具体细则来自政府思维。未来促进我国农村小型金融组织发展,应该转变思路,变"改革"为"成长"。"成长"意味着从无到有,从小到大的过程。将农村小型金融组织的发展看作一个金融组织的"成长"过程,农村小型金融组织成长需要的是来自政府提供的充分"营养"和良好的外部环境,而不是单纯的政府主导下的改造。政府改变原来"居庙堂之高",为市场化金融力量设计规则,基于农村小型金融组织成长"躬身践行",注重引导组织成长和规范组织发展环境。

二 从"外生"与"内生"到"适应性效率":理论溯源

本书"适应性"成长的提出得益于"外生"与"内生"的基本思想,"适应性"与"外生"和"内生"是一脉相承的理论思想体系,诺斯在后期提出的制度"适应性效率"概念为本书的研究提供了有益的启发。

1. 经济增长理论中的外生与内生

外生经济增长起源于新古典经济增长理论,以索罗经济增长模型为代表。①外生经济增长理论认为在社会劳动力数量既定和科技水平既定的情况下,经济增长不能持续进行,其会在某一个点上停止,政府和市场政策在提高长期经济增长问题上是无能为力的。新古典经济增长模型不能回答现实中发达国家和发展中国家经济增长率的差异问题。如果技术进步是外生的而且对每个人具有同样的可获得性,那么发展中国家资本短缺,具有更高的资本边际生产率,资本应该大量流向发展中国家,直到发展中国家与发达国家达到同等生活水平。然而,当时的事实并非如此,因此,新古典经济增长模型受到很大的现实挑战。②20世纪80年代出现的内生经济增长理论突破新古典经济增长模型束缚,将技术进步视为内生变量。按照内生经济增长理论的观点,一个国家或地区的金融成长,应是该区域内生性因素的作用结果,而不是外部力量推动的结果,金融市场的演化应顺应产业、技术结构发展的需要,不断地把资本配置到特定发展阶段——最符合比较优势的生产活动之中,一个国家的金融结构应该内生于本国的要素禀赋结构和经济发展水平。

经济增长理论的外生与内生之分主要是对技术进步存在不同的看法。早期的经济增长理论将技术进步视为经济增长函数的外生变量，其是不能由一个国家社会经济内生决定的因素，所以这些具有新古典经济学思想的经济增长理论也被称为外生经济增长理论。内生经济增长理论将技术进步视为经济增长函数的内生变量，其在很大程度上可以由一个国家自己来掌控。经济增长函数中的"技术进步"变量从外生变量到内生变量的变化促使经济增长理论从"外生"到"内生"。

2. 金融发展理论中的外生与内生

外生经济增长理论和内生经济增长理论集中关注一个国家经济总量是如何"增长"的问题。随着金融业的快速发展，金融服务实体经济的作用在理论界也引起了很大关注，金融发展理论开始出现。金融发展包含金融机构"量"的增加和金融服务实体经济"质"的提升两个方面内容，"量"的增加主要与金融要素的投入总量和金融机构数量规模有关，"质"的提升离不开政府对金融业的有效干预与调节。①早期的金融业主要依附于经济增长，并没有显示出"独立性"作用，萌芽时期的金融发展理论主要关注金融与经济的关系，没有系统的金融发展理论体系，更没有涉及金融发展中的外生与内生性问题。②20 世纪 40 年代末期，发展经济学开始出现并重点关注众多发展中国家如何实现工业化、摆脱贫困落后局面的问题。金融业在发展中国家经济增长中的作用受到广泛关注，发展中国家开始形成系统的金融发展理论。③罗纳德·麦金农和 E.S. 肖在批判发展中国家金融抑制的基础上，主张实施金融自由化，放弃政府对金融的干预，这体现出完全的内生金融发展模式。但金融自由化在解除金融抑制的同时，从一个极端走进了另一个极端，从政府失灵走进了市场失灵。④斯蒂格利茨、赫尔曼等人对发展中国家的政府与市场行为进行深入分析，认为发展中国家应该采取政府间接控制机制，实施金融约束政策。但金融约束政策的实施需要苛刻的前提条件，要以金融市场较高的成熟度为基础，这离不开自我约束风险的金融机构、企业等微观经济主体，其对政府行为的"适度性"难以把握，现实中的金融约束政策容易因为其不具备苛刻的"适用性"条件而陷入金融抑制状态。

金融抑制和金融深化围绕金融发展中的政府行为展开，是对当时众多发展中国家经济和金融发展中的"强权"政府的批判，虽然没有明确提出外生金融发展模式与内生金融发展模式，但其已经体现出金融发展的外生和内生思想。金融抑制下市场力量受到抑制，政府完全主导金融发展，属于完全的外生金融发展模式。金融深化下市场的自我调节作用被过分依赖，政府的作用没有得到应有的重视，属于完全的内生金融发展模式。金融约束是处于金融抑制和金融深化之间的"折中"，但其在实践中难以把握政府与市场行为的作用边界。

3. 农村金融理论中的外生与内生

金融发展理论重点关注的是如何发挥金融业在发展中国家经济增长中的作用。这些发展中国家中有很大一部分属于传统农业国家，因此，农村金融理论与金融发展理论基本同步。农村金融理论经历了农业信贷补贴理论、农村金融市场论和不完全竞争市场论三个阶段，其基本思想与金融发展理论中的金融抑制、金融深化和金融约束是相对应的。①农业信贷补贴论在 20 世纪 80 年代以前是农村金融理论界的主流，认为农村不具备金融市场力量自动发挥作用的条件，依靠市场的金融为农村实体经济服务是不可能的，农村经济增长所需要的资金条件只能由政府来提供。其主张依靠政府干预，由国家专门建立服务农村的非营利性金融机构，以为农村经济增长提供资金，这是一种外生金融发展模式。由于过多地依赖政府行为，忽视农村金融市场机制的培育，这种模式在发展中国家实践中效率低下，没有获得成功。这种政府行为的过度介入被麦金农和肖称为金融抑制，其产生的不良后果受到众多批评。②农村金融市场论反对政府干预，完全依赖市场机制的作用，主张实施金融自由化。其认为政府对农村金融的干预扭曲了金融市场化的发展，强调利率市场化对农村金融发展的自发调控作用。农村金融市场论与金融深化的思想是一致的，是一种完全内生化的农村金融发展模式，其在实践中产生的功效远远没有理论预期的那么好。③新凯恩斯经济学、信息经济学的出现给农村金融理论发展提供了新的空间，农村金融发展中更为严重的信息不对称不适用于完全市场化的金融模式，这需要政府的介入。不完全竞争市场论为政府介入农村金融市场提供了理论支撑，但这种政府干预不同于农业信贷补贴论下的政府直接管制性干预。政府应该重点排除不利于农村金融发展的机制性障碍，提高政府优惠贷款的使用效率，同时使农村金融机构的收益可以覆盖成本，培训农村金融机构管理和监督人员，建立完善的会计、审计和管理信息系统。

4. 诺斯的"适应性效率"

内生经济增长理论重视政府行为在一个国家技术进步和经济增长中的重要性，但内生经济增长理论中政府行为的假设仍然是新古典经济学中的政府行为假设，政府被视为一个非常完美的理性的经济主体，整个市场环境和市场结构也是非常完善的。所以，内生经济增长理论在强调知识、技术和人力资本的同时，忽略了制度等因素，视经济制度为外生变量。事实上，现实中政府行为并非理论假设中的如此"规范"，特别是由于经济发展指导思想的差异，发展中国家的政府行为与发达国家的政府行为存在很大的差距，与理论上的政府行为假设差距更大，不同的政府行为会形成不同的"制度"。诺斯重视制度因素的分析，把制度看作经济增长的内生变量，基于产权视角研究制度变迁与经济增长的关系，认为制度是决定经济增长的关键因素。新制度经济学在内生经济增长理论的基础上前进了一步，将制度作为一个内生变量引入经济发展分析之中。在理论研究后期，诺斯在关注一国长期经济增长绩效时提出了"适应性效率"思想，这与新古典经济学关注市场的资源配置的静态效率不同，诺斯认为要实现一个国家长期的良好经济绩效，国家制度应该为适应长期经济增长而进行调整，"适应性效率"是长期经济增长的关键，一个国家灵活的制度结构能够经受住长期经济增长的震荡和变革。

第二节　农村小型金融组织"适应性"
成长模式的核心思想

一　金融成长机理：基于历史逻辑分析视角

从一般意义上来说，金融的出现是社会分工和市场交易不断深化的合乎逻辑的结果，遵循的是一条内生金融成长的道路。在这一过程中，企业部门和个人的自主作用是主要的，金融成长主要基于微观经济主体的参与和贡献。图4-1表示一般意义上的金融产生和成长过程，早期的社会分工和市场交易的出现促成了商品经济产生，但货币出现之前的商品经济是简单的物物交换，货币的出现使"买卖行为"分离，大大节约了市场交易成本，进一步促进商品经济发展和市场交易范围的扩展。尽管货币是金融成长的原动力，但单纯的货币不能促使真正意义上的金融出现。真正意义上的金融必须建立在信用的基础上，信用的出现使经济主体解开了自有资金束缚，同时避免了富余资金的沉淀浪费，从全社会角度来说，其提高了资源的利用效率。因此，货币运动和信用的出现被联系在一起时，"金融"就出现了。最初的金融活动是分散和简单的，随着社会进步和经济发展的要求，专门从事金融活动的商人或金融组织（包括金融中介机构和金融市场）的出现节约了金融交易成本，有效缓解了金融活动中的信息不对称，其通过疏通、引导资源的流动，促进了资源的优化配置，简单形态的金融逐渐成长为真正意义上的金融。进入现代社会以后，随着电子、通信技术的迅速发展，以金融创新为核心的金融革命出现了，高速发达的金融获得了长足进展，高度发达的金融时代到来了。

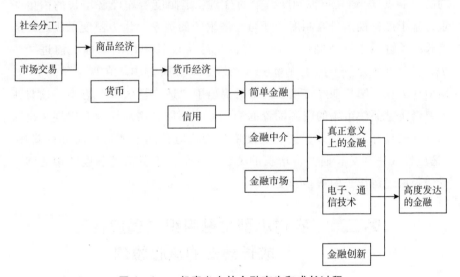

图 4 - 1　一般意义上的金融产生和成长过程

金融首先成长于人口聚集、贸易发达和商业繁荣的地区，这些地方逐渐变成了城市，社会分工是金融成长的起点，金融成长范围的扩张都是从一定的"区域"开始的。依据著名的斯密定理论断，分工取决于市场范围的大小，而市场范围的大小则取决于运输的条件，这对金融成长的动态分析有重要的参考意义，这表明金融成长是区域内经济活动规模的函数，金融组织的产生与变迁不是随意的，而是由基本经济因素决定的。金融成长是制度环境和条件、经济发展规模、经济结构、微观主体的金融努力程度的函数，可以用公式表示为：

$$F = f(I,D,S,E) \tag{4-1}$$

其中，F 表示金融成长，I 表示制度环境和条件，D 表示经济发展规模，S 表示经济结构，E 表示微观主体的金融努力程度。

市场范围或经济规模、结构等因素在各区域的差异会导致金融成长的非均衡，在经济发达地区，经济规模的大大发展将为交易方式的演进和交易成本的节约提供广阔的空间，这对金融服务提出了更大和更复杂的要求。相反，在经济欠发达地区，由于人均收入和人均财富很低，人们无力支付固定的进入费用和固定的交易成本，即使他们有能力也会因为交易量太小而导致交易所负担的单位成本很高，这导致分工发展和市场范围的扩张十分有限，人们缺乏激励去利用金融中介和金融市场，其金融努力程度低下，对金融发展参与积极性不高。由于缺乏对金融服务的需求，金融服务供给也无法产生，金融中介和金融市场也缺乏存在的基础，它们最多只能支撑一些初级金融业务和金融组织的存在。

在金融成长"量"和"质"的背后，还有一个影响金融成长的重要因素——金融成长"模式"，金融成长模式主要是指金融成长过程中政府作用与市场行为的相互关系问题。从前文论述的一般意义上的金融成长来看，其主要体现在以下两个方面。①在分散和简单的金融出现前的很长时期内，企业、居民的自主作用是主要的，金融成长过程更多的是基于微观经济主体的自主创新和金融努力的逐渐形成。同时，微观经济主体的自主创新和金融努力过程也是一个不断"试错"的过程，他们在不断"试错"中构建不断"完美"的交易秩序和规则，金融成长的过程和结果依靠当时政府的意愿和刻意的安排是无力达到的，这个过程体现为内生金融成长模式。②在分散和简单的金融出现以后，金融成长进一步深化，货币的交易范围不断扩大，货币功能进一步多元化，特别是在规范意义上的金融中介和金融市场出现以后，创新性的金融工具进一步出现，金融市场交易规模迅速增加，金融业开始体现出虚拟性甚至逐渐脱离实体经济的价值而单独运动，此时金融成长的外部性逐渐体现出来，这需要一种能够超脱于原有金融成长过程的市场内部约束的力量来规范市场行为，这种力量便来自政府。政府主要通过有效的监管和规制措施来影响金融成长，通过金融市场准入和退出机制设计、信息披露制度和相关法律法规保护市场参与者利益。从理论上来说，政府这种外部力量的介入对金融成长应该以不破坏原有金融成长的内生基础为前提，监管和规制的目的不在于压制微观经济主体的金融创新和努力，而只是在企业和个人自主活动的基础上介入金融成长，为金融创新和努力提供良好的空间和环境，以保护和进一步稳固蕴涵于金融成长内部的内生机制。

二 农村金融"适应性"成长模式的内涵

如果把金融成长的内涵和逻辑扩展到农村金融成长，那么农村金融是一般意义上的金融成长过程中出现的具有特殊形态和性质的"区域性金融"，它是城市金融成长范围和势力不断扩张的结果。但由于"农业"和"农村"属于比较特殊的产业和区域，往往与"落后"和"贫困"联系在一起，这导致农村金融又有其独特的内涵。

第一，从理论上说，农村金融并不仅仅意味着农村地区的金融这一地域的概念，农村也有富人和穷人之分，商业性金融可以满足农村地区富人的金融需求，但往往不能满足穷人的金融需求。从更广义角度来看，农村商业性金融也属于农村金融的范围，但是农村商业性金融与一般意义上的城市金融没有本质区别，因此我们一般在谈到农村金融时，其都是指具有扶贫和开发性质的金融，它在某种程度上具有政策性金融的含义。在真正有效的农村金融体制下，农村金融组织要具有充分的"信息筛选"能力，以能够有效辨别出富人和穷人这两类金融需求者，特别是能够了解穷人金融需求的特征，以设计恰当的金融服务合同，开发对应的产品满足他们的需求。农村金融组织应该具有准确的服务目标定位，通过界定农村金融服务边界，从而真正适应农村的实际需求。

第二，目前，我们一般认为金融改革模式主要有内生和外生两种，内生和外生金融改革模式都具有自身的优势，但这两种模式要求的条件和环境存在差异。已有理论研究和我国改革实践告诉我们，"自上而下"的外生式农村金融改革难以反映不断变化的现实甚至脱离实际，这导致效率低下，而内生金融的成长需要一个漫长而不断"试错"的过程，这种改革模式又不完全符合我国作为一个转型发展中国家的国情。我国新一轮农村金融改革应该跳出单纯的内生和外生金融改革模式选择的束缚，但问题的关键在于，我们选择的金融改革模式是否适应我国国情特别是农村地区实际情况，而不是简单的复制传统金融业务和市场，也不能照搬国外金融改革模式。这种新型改革模式应该能够使农村小型金融组织在成长过程中有效控制不利因素，发挥有利因素的积极作用，这有助于诱发农村小型金融组织不断开展创新，更好地服务"三农"，"适应性"成长模式是一种可行的选择。

基于前文的理论分析总结,我们可以发现,农村小型金融组织"适应性"成长源于"适应性"和"成长"两方面思想的融合,"适应性"成长与"内生金融发展"、"金融内生成长"和"适应性效率"的思想是存在关联的,但其又是以上三方面思想的超越。

(1)内生金融发展思想是在内生经济增长理论出现以后才出现的,其主要关注的是内生经济增长中的金融的作用,将金融要素作为内生变量嵌入内生经济增长理论分析模型中,讨论包括金融中介和金融市场在内的金融体系是如何内生出来并在经济增长中发挥作用的。

(2)金融内生成长思想基于历史和逻辑分析视角,纵观金融业出现的整个过程,研究金融中介和金融市场是如何一步一步成长壮大,及其从无到有,从简单到复杂,从低级到高级的整个过程,同时关注金融成长过程中的政府与市场行为。根据政府与市场的不同定位,其可以分为外生和内生两种不同的模式。

(3)"适应性效率"重点关注国家的宏观制度能否适应本国优势和国情变化,是一种动态的效率。根据诺斯的观点,一个国家良好的宏观制度应该能够对越来越复杂的交易提供有效支撑,激励微观经济主体的市场行为,其在必要时可以以交易费用的增加作为代价,是对既往新制度经济学的超越。但诺斯的"适应性效率"过于依赖一个超越现实的理想政府出台的各项制度,忽视微观经济主体的金融努力和市场机制的培育,这容易陷入"国家悖论"的困境。其更多的将研究视野放在获取长期经济增长绩效层面,对于如何加强在短期内的操作性方面研究不够,他只能告诉我们"理想性方向",但不能说出如何在短期内构建具有"适应性效率"的制度。

在未来金融改革过程中,我们应该跳出理论中的内生和外生发展模式的既有思维。检验外生模式和内生模式的标准是农村金融组织能否在该模式下具有"适应性",金融组织能否在该模式下产生感应、行动、成长、学习、创新等行为,能否与其生存环境形成相互和谐、协调的局面,对周围环境变化能够形成正确反应能力。本书提出的"适应性"成长模式以诺斯的"适应性效率"作为努力方向,重点构建实际操作层面的提高"适应性效率"的制度结构,注重务实性操作。"适应性"成长模式不是简单的外生与内生的结合,更加侧重对市场力量的规范和引导,注重营造良好的市场环境，以塑造市场化的微观经济主体，让微观经济主体在良好的市场环境下自我规范和约束，不断开展创新，培育市场化的作用机制。"适应性"成长模式不是政府与市场力量的简单融合，传统的政府与市场融合的理论是基于静态视角的研究，体现的是一种均衡且无人愿意改变的静态效率。但从理论上说，政府与市场的作用边界问题是难以明确界定的，体现静态效率的帕累托最优状态难以形成。"适应性"成长模式以"适应性效率"作为检验标准，这是一种动态效率，其反映的是该模式下的金融发展，体现的是从低层次均衡状态向高层次均衡状态转变的过程和结果。

三 农村小型金融组织"适应性"成长模式的优势

1. 有利于加速内生性市场经济主体的形成

从理论上说，金融组织的出现经历了一个漫长的过程，它是在经济增长到一定水平以后，内生于市场经济进一步发展的需要而逐渐出现的，这是一个自发的完全内生的过程，其主要依靠金融组织自身的力量克服各种外界的约束和影响因素。其中，最重要的是，金融组织的出现存在"门槛效应"。金融组织产生的门槛值模型如图 4-2 所示，B 是分摊到每一个利用金融组织的当事人身上的固定成本，当人均收入低于 B 时，人们没有激励去利用金融组织，金融组织也不会出现；只有当人均收入增长到高于 B 时，即达到门槛值 C 时，金融组织才会产生，因此 A 点是金融组织产生的临界点。

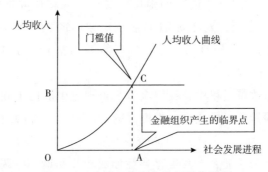

图 4-2 金融组织产生的门槛值模型

在以上的内生金融成长过程中，政府基本处于"无为"角色，没有对金融组织的出现进行过多的干预。我国农村小型金融组织的成长不能再重复这个缓慢的过程，因为这需要经历漫长的过程，交易成本高昂。

这个从无序到有序的过程对我国农村金融发展来说是一个"痛苦过程"，它会出现我国农村大量资金外流，城乡差距越来越大，"马太效应"非常明显。在当前我国整体经济的渐进转轨的大环境下，政府色彩非常明显，让政府在农村小型金融组织成长过程中扮演"无为"角色也是不太现实的。"适应性"成长模式在规范政府行为的前提下，利用政府的权威性作用，以避免出现完全内生性成长模式下的阶段性无序状态。政府可以通过补贴和税收优惠等政策降低农村小型金融组织的成长门槛，加速农村小型金融组织成长，这有利于有效克服农村小型金融组织成长时间长、成本高的问题。

2. 增强"顶层设计"方案的适用性

"适应性"成长模式以"适应性"为核心，诱导农村小型金融组织开展创新。①政府作为政策设计方，基于农村小型金融组织和农村经济发展的实际情况，完善和制定农村金融政策，构建农村金融组织创新的激励机制。②农村小型金融组织采取何种组织结构形式，其服务对象和功能定位是由其自身的比较优势决定的，而不由政府外生性决定。③提高农村小型金融组织的金融努力程度，根据区域产业特色、服务对象的实际需求等开展业务创新、技术创新。总之，"适应性"成长模式注重在农村金融市场的微观、中观和宏观层面与农村实体经济相互适应，从而形成经济优势，这种经济优势有利于形成良好的市场化作用机制，诱导农村小型金融组织进一步开展创新，以真正有效满足农村经济发展的金融需求，其对农村经济发展的促进作用将进一步促进和引导农村小型金融组织的"适应性"成长，从而形成农村小型金融组织成长与服务农村经济的良性循环局面。

3. 有利于培育良好的农村金融市场机制

我国较长时期的存量式农村金融改革是在政府的主导下进行的，在农村金融的市场化作用机制没有建立起来时，价格机制、竞争机制、供需机制和风险机制没有有效发挥作用，这将出现农村信用社基本垄断农村金融市场的局面，农村金融市场缺乏市场化定价机制，金融有效供给严重不足。农村金融机构也缺乏信贷和技术创新动力，其金融努力程度低下。国家开展增量式农村金融改革的初衷是要进一步加强农村金融市场竞争，增加农村金融有效供给主体。由此可以看出，新一轮农村金融改革要真正避免"穿新鞋走老路"，就应该在农村小型金融组织成长过程中注重农村金融市场机制的培育。市场机制是促进资源有效配置的核心，没有良好的农村金融市场机制，我国农村金融改革将无法深化，只能停留在政府主导的外生层面。但我国农村金融市场机制的培育需要一个较长的过程，而且不能完全依靠市场力量来完成。"适应性"成长模式注重政府与市场行为的有效协调，能够突出政策与市场实际需求的适应性，这有利于培育良好的农村金融市场机制。

四　农村小型金融组织"适应性"成长模式的基本要求

在"适应性"成长模式下，农村金融改革应该与农村经济相互适应，只有适应农村经济实际情况的制度改革才能形成"经济优势"，这种"经济优势"才能诱导农村小型金融组织产生。农村小型金融组织"适应性"成长模式采取"自下而上"的方式设立农村小型金融组织，真正规范政府行为，培育农村金融市场化作用机制，真正促进农村经济发展，而这种经济发展将继续引导下一轮农村金融改革并使之具有更好的"适应性"，农村小型金融组织"适应性"成长模式的基本内涵如图4-3所示。"适应性"成长模式应该具备以下几方面基本要求。①逐步放开高度管制的农村金融市场，加快农村金融市场机制的培育并重视其作用的发挥。②不忽视政府的作用，政府主要是制定各项农村金融制度规则，为农村金融发展创造良好的外围环境。③制度规则应该具有动态适应性，能够适应随时间变化的农村金融实际，而不是为解决某一时刻问题的权宜之计，要能够诱发

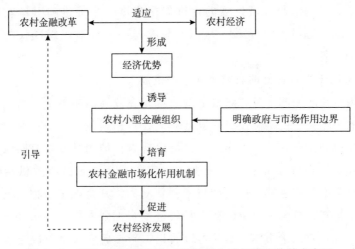

图4-3　农村小型金融组织"适应性"成长模式的基本内涵

这些社会微观经济组织去不断学习、创新，并使其承担创造性的风险。而且，制度和规则调整应该以微观经济组织的适应性调整为前提，否则，制度规则和微观经济组织就会出现排异现象而影响改革效果。④微观经济组织具有"适应性"，因为"适应性"是微观经济组织应该具备的基本功能，它在一定程度上决定了组织存在的范围和条件，影响组织的生命力。

总之，"适应性"成长模式要同时发挥政府和微观经济组织的作用，但这不是政府与市场的简单叠加，它跳出了传统的内生与外生金融改革模式的争论，抓住农村金融改革的"适应性"这个关键点，明确政府与市场的作用边界，以处理好政府机制与市场机制的关系，这让它们在各自的范围内为农村金融改革服务。

第三节　"适应性"成长模式的关键："政府"与"市场"有效协调

党的十八大报告指出处理好政府和市场的关系是经济体制改革的核心问题，党的十八届三中全会再次提升了政府与市场的理论关系，这是对我国三十多年改革开放的经验总结，也对未来农村金融改革提出了新的要求。农村小型金融组织成长需要充分的"营养"和良好的外部环境，需要政府与市场行为的有效协调，这是关系到整个农村小型金融组织成长前景的核心问题。

一　"适应性"成长需要"政府"与"市场"有效协调

从理论上说，政府行为与市场行为有不同的组合方式，每一种组合方式将产生不同的资源配置效果。由于当前政府在参与社会经济活动时要同时面临政府行为和市场行为的选择和组合，几乎没有哪个国家单纯采取政府干预或者完全依靠市场行为来开展经济活动，农村金融成长需要政府与市场行为的协调配合。

图 4 - 4 是政府与市场行为组合方式选择，其中，横坐标表示经济活动中的政府行为，纵坐标表示经济活动中的市场行为，曲线 I_1 表示一般意义上的制度可行性曲线。制度可行性曲线一般为往外凸的自上而下的曲线，因为如果更多地依靠政府行为来干预社会经济活动，那么其必然以损害市场机制的作用为代价，而要充分发挥市场机制的资源配置作用，

我们必须尽可能减少政府干预。因为经典经济学理论告诉我们，过分偏向于政府干预容易产生"寻租"和腐败行为，这会出现政府无序和资源配置失灵状况，同时过分依赖市场行为也会出现市场失灵情况。制度可行性曲线 I_1 一般情况下不会与横坐标或者纵坐标相交于一点。AB 线为斜45 度线，a 点为曲线 I_1 与 AB 线的切点，而且是 AB 线的中点，该点是政府与市场行为"不偏不倚"的结合点。一方面，其充分尊重市场行为的作用，另一方面，政府对市场进行有效干预，避免市场失灵的出现。但现实生活不可能如曲线 I_1 那样在政府与市场行为结合方面表现得如此"中性化"，不同国家的政府或者不同经济发展时期应该有不同的政府与市场行为组合，a 点不一定是最佳组合方式。曲线 I_2 表示更多地偏重于依靠市场行为来进行，b 点表示曲线 I_2 与 AB 线的切点，政府会采取市场化手段来干预经济。曲线 I_3 表示更多地偏重于依靠政府行为来进行，c 点表示曲线 I_3 与 AB 线的切点。c 点再往右下方移动则意味着政府将通过过多的行政管制来发展农村小型金融组织，b 点再往左上方移动意味着完全市场化甚至自由化思路的出现。在农村小型金融组织成长中，政府与市场行为的有效组合点的范围应该在 b 点和 c 点之间，由 c 点到 b 点体现为适应性成长过程，政府行为逐渐减弱，市场力量逐渐增强，这充分发挥了农村金融市场的自我调控性。政府行为重点放在有效监管、构建税收和相关政策优惠制度机制等方面。

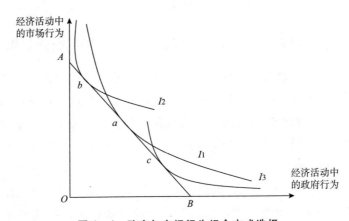

图 4-4　政府与市场行为组合方式选择

为更加清晰地说明本书的观点，我们设定 B_G 表示政府行为，B_M 表示市场行为，农村金融成长产出 Q 是 B_G 和 B_M 的函数，Q 可以用公式表示为：

$$Q = f(B_M, B_G)$$

$$= B_M f(1, \frac{B_G}{B_M})$$

$$\frac{Q}{B_M} = f(\frac{B_G}{B_M})$$

$$Q = B_M f(\frac{B_G}{B_M}) = B_M f(b) \qquad (4-2)$$

其中，$b = \frac{B_G}{B_M}$，我们分别对 B_M 和 B_G 取导数可以得到：

$$Q'_{B_M} = f(b) - Bf'(b) \qquad (4-3)$$
$$Q'_{B_G} = f'(b) \qquad (4-4)$$

当 $f'(b) > 0$ 时，表示农村金融成长产出随着政府行为的加强而增加；当 $f'(b) = \infty$ 时，表示当农村金融成长过程中政府行为大幅度低于市场行为时，政府行为的边际产出很大；当 $f'(b) = 0$ 时，表示在农村金融成长过程中政府行为大幅度高于市场行为，政府行为的边际产出很小。上述函数进一步变换可以得到：

$$\frac{Q'}{Q} - \frac{B_M'}{B_M} = \lambda(b) \left[\frac{B_G'}{B_G} - \frac{B_M'}{B_M} \right] \qquad (4-5)$$

其中，$\lambda(b) = \frac{bf'(b)}{f(b)}$，表示农村金融成长中政府行为的产出弹性。

令 $n = \frac{B_M'}{B_M}$，其表示农村金融成长中市场行为增长率，公式 4-5 变为：

$$\frac{Q'}{Q} - n = \lambda(b) \left[\frac{B_G'}{B_G} - n \right] \qquad (4-6)$$

令 $B_G' = aQ$，可得到：

$$b' = b \left[\frac{aQ}{B_G} - n \right] = a(\frac{Q}{B_G})(\frac{B_G}{B_M}) - nb = af(b) - nb \qquad (4-7)$$

从公式 4-6 和公式 4-7 可以知道，当 $b' = 0$ 或者处于一定的合适比例时，整个农村金融成长将处于稳步状态，偏离这个合适比例的政府行为与市场行为的组合将对农村金融成长产生不利影响，因此，农村小型金融组织适应性成长的关键在于合理协调政府和市场的行为。

二 农村小型金融组织"适应性"成长需要政府间接支持

前文的理论分析告诉我们，农村小型金融组织"适应性"成长需要有效处理好政府与市场的关系，以规范政府行为。与一般金融机构一样，农村小型金融组织在发放贷款时同样面临着信息不对称问题，为研究农村小型金融组织"适应性"成长模式下的政府行为，我们进行进一步理论分析。

1. 基本假设

假设农户面临着现在和未来的跨时期选择，定义 $t = 1,2$，其中，t 表示时间，第 1 期和第 2 期的消费分别定义为 c_1 和 c_2，为便于研究，我们设定时间贴现率为 0，则农户的效用函数可以表示为：$U = U(c_1) + U(c_2)$，其中，$U' > 0$，$U'' < 0$。

假设农户在第 1 期和第 2 期可以获得的收入为 y_t，它由不变的基础收入 $\bar{y}$ 和可变的临时收入 e_t 两部分组成。而且 $e_1 = -e_2$，即当前收入的增加，会在未来时期减少同样的收入。现在农户在受到某些因素的影响发生收入变化时，其会在未来某时期受到相反的影响，这导致收入发生反方向变化，从而完全抵消现在受到的影响和冲击。在不考虑时间贴现因子影响时，我们可以认定农户有一半的冲击和影响会出现在现在，另外一半的冲击和影响会出现在未来某时期，这种冲击和影响服从 [0,1] 分布。当不存在农村小型金融组织时，农户就会缺乏储蓄和借款渠道，农户的效用函数为：

$$U_e = U(\bar{y} + e) + U(\bar{y} - e) \tag{4-8}$$

假设农村小型金融组织为农户提供信贷服务存在，第 1 期中存在正向影响的农户将增加的收入存入农村小型金融组织，受到负向影响的农户从农村小型金融组织获得贷款支持。农村小型金融对农户收取固定的服务费 f 来弥补经营过程中的固定成本。农户会根据受到的影响 e 的大小和服务费 f 的高低做出相应的抉择，在第 1 期减少消费 s，在第 2 期增加消费 s。农户效用函数变为：

$$U = U(\bar{y} + e - s - f) + U(\bar{y} - e + s - f) \tag{4-9}$$

2. 研究过程与结论

由公式 4-9 可知，当 s 能够完全抵消 e 时，其是单个农户的最优选择，这样，整个参与金融系统的农户的整体效用函数为：$U = 2U(\bar{y} - f)$。

只有当农户观察到他可能受到较大影响和冲击时，其才会选择承担固定成本，否则他会选择不参与资金借贷来避免承担服务费。所以，当固定的服务费 f 一定时，其存在一个影响和冲击的临界点 e^*，只有受到的影响和冲击大于临界点 e^* 的农户才会选择参与资金借贷，其可以表示为：

$$U(\bar{y} + e^*) + U(\bar{y} - e^*) = 2U(\bar{y} - f) \qquad (4-10)$$

另外，总体效用函数为：

$$W = \int_0^{e^*} (U(\bar{y} + e) + U(\bar{y} - e))de + \int_{e^*}^1 2U(\bar{y} - f)de$$

$$= \int_0^{e^*} (U(\bar{y} + e) + U(\bar{y} - e))de + 2(1 - e^*)U(\bar{y} - f) \qquad (4-11)$$

对于农村小型金融组织来说，它必须通过分布于 $1 \sim e^*$ 的资金借贷交易的手续费来弥补总体固定成本 F，其可以表示为：

$$F = (1 - e^*)f \qquad (4-12)$$

（1）政府不对农村金融机构进行支持，而对农户采取直接财政资金支持形式，从而增加农户的基础收入 $\bar{y}$。政府一般不了解农户的具体情况，难以将资金发放给最需要资金支持的农户手中。其对农户基础收入 $\bar{y}$ 增加产生的总体影响可以表示为：

$$\frac{dW}{d\bar{y}} = \int_0^{e^*} (U'(\bar{y} + e) + U'(\bar{y} - e))de + 2(1 - e^*)U'(\bar{y} - f) +$$

$$(U(\bar{y} + e^*) + U(\bar{y} - e^*) - 2U(\bar{y} - f))\frac{\partial e^*}{\partial \bar{y}} \qquad (4-13)$$

由公式 4-10 可知 $U(\bar{y} + e^*) + U(\bar{y} - e^*) - 2U(\bar{y} - f) = 0$，因此，不考虑农村金融机构存在时的总体效用函数可以表示为：

$$\frac{dW}{d\bar{y}} = \int_0^{e^*} (U'(\bar{y} + e) + U'(\bar{y} - e))de + 2(1 - e^*)U'(\bar{y} - f) \qquad (4-14)$$

（2）政府通过财政补贴、税收优惠等多种方式对农村小型金融组织进行支持，这样能够弥补农村小型金融组织的部分固定成本，以降低运营过程中的交易成本。其对农村小型金融组织固定成本 F 产生的影响可以表示为：

$$-\frac{dW}{dF} = 2(1-e^*)U'(\bar{y}-f)\frac{\partial f}{\partial F} - (U(\bar{y}+e^*) + U(\bar{y}-e^*) - 2U(\bar{y}-f))\frac{\partial e^*}{\partial F}$$

$$= 2U'(\bar{y}-f)\left(1 + \frac{F}{(1-e^*)^2}\frac{\partial e^*}{\partial F}\right) \qquad (4-15)$$

为了比较以上两种不同政府支持形式产生的影响差异,我们用公式 4-15 减公式 4-14,得到:

$$-\frac{dW}{dF} - \frac{dW}{d\bar{y}} = 2U'(\bar{y}-f)\left(1 + \frac{F}{(1-e^*)^2}\frac{\partial e^*}{\partial F}\right) - \int_0^{e^*} (U'(\bar{y}+e) +$$

$$U'(\bar{y}-e))de - 2(1-e^*)U'(\bar{y}-f)$$

$$= 2e^*U'(\bar{y}-f) - [U(\bar{y}+e) + U(\bar{y}-e)]_0^{e^*} +$$

$$\frac{2U'(\bar{y}-f)F}{(1-e^*)^2}\frac{\partial e^*}{\partial F} > 0 \qquad (4-16)$$

由此可见,由于现实生活中信贷市场存在的信息不对称和交易成本的存在,政府不能准确知道农户在何时受到多大的外界冲击影响,因此对农户采取直接资金支持的方式往往不能达到改善农户跨期消费和生产的效果。因此,农村小型金融组织"适应性"成长模式下政府应该对农村小型金融组织进行间接支持。政府通过政策激励和引导,完善财政补贴和税收优惠政策,着重降低农村小型金融组织因为信息不对称而带来的高昂交易成本,这促使农村小型金融组织更好地为农户和小微企业提供金融服务。

第四节 我国农村小型金融组织成长的现实测度: 兼谈与"适应性"成长的差距

从前文的理论研究可知,农村金融成长反映了农村地域范围内的金融机构、金融业务、金融理念是如何逐步从无到有、从简单到复杂的具体过程,这个成长过程一方面体现为金融数量和规模的扩张,另一方面也体现为结构和质量的提升、金融创新意识的加强,金融成长是"量"与"质"有机结合过程。我们要从理念上转变思路,将十多年来农村小型金融组织的发展视为一个"成长"的过程,注重农村小型金融组织自身和农村基层内生性力量的作用,不再将这个过程视为一个政府主导的"改革"过程。因此,本书对农村小型金融组织的成长从"量"和"质"两个层面进行分析,其中,"量"的层面主要分析农村小型金融组织的成长规模,"质"的层面主要分析农村小型金融组织成长过程中政府与市场行为的关系，从而发现当前我国农村小型金融组织成长现况与"适应性"成长之间的差距。

一　农村小型金融组织成长的规章制度

（一）来自中央层面的关于农村小型金融组织成长的顶层设计

2004 年中央"一号文件"指出，要在有条件的地方，在严格监管、有效防范金融风险的前提下，通过吸引社会资本和外资，积极兴办直接为"三农"服务的多种所有制的金融组织，这拉开了我国增量式农村金融改革的序幕，增量式农村金融改革的主要任务是发展农村小型金融组织。自此以后，我国历年中央"一号文件"的主题都是关于农业和农村经济发展，除 2011 年的中央"一号文件"以外，其他每年的中央"一号文件"中都有关于农村金融制度改革的指导性意见，村镇银行、小额贷款公司等农村小型金融组织的成长也是重点关注的内容，这些内容成为我国十多年来农村小型金融组织成长的指导思想，2004～2015 年中央"一号文件"关于农村小型金融组织成长的指导性意见见表 4-1，这表明我国在顶层设计层面一直很重视农村小型金融组织的成长。

表 4-1　2004～2015 年中央"一号文件"关于农村小型金融组织成长的指导性意见

发布年份	"一号文件"相关指导性意见	关键词
2004	鼓励有条件的地方，在严格监管、有效防范金融风险的前提下，通过吸引社会资本和外资，积极兴办直接为"三农"服务的多种所有制的金融组织	鼓励
2005	培育竞争性的农村金融市场，有关部门要抓紧制定农村新办多种所有制金融机构的准入条件和监管办法，在有效防范金融风险的前提下，尽快启动试点工作。有条件的地方，可以探索建立更加贴近农民和农村需要、由自然人或企业发起的小额信贷组织	抓紧制定
2006	在保证资本金充足、严格金融监管和建立合理有效的退出机制的前提下，鼓励在县域内设立多种所有制的社区金融机构，允许私有资本、外资等参股。大力培育由自然人、企业法人或社团法人发起的小额贷款组织，有关部门要抓紧制定管理办法。引导农户发展资金互助组织	抓紧制定
2007	加快制定农村金融整体改革方案，努力形成商业金融、合作金融、政策性金融和小额贷款组织互为补充、功能齐备的农村金融体系，探索建立多种形式的担保机制，引导金融机构增加对"三农"的信贷投放	加快制定

发布年份	"一号文件"相关指导性意见	关键词
2008	加快推进调整放宽农村地区银行业金融机构准入政策试点工作。积极培育小额信贷组织,鼓励发展信用贷款和联保贷款。通过批发或转贷等方式,解决农村小型金融组织资金来源不足的问题	加快推进
2009	在加强监管、防范风险的前提下,加快发展多种形式新型农村金融组织和以服务农村为主的地区性中小银行。鼓励和支持金融机构创新农村金融产品和金融服务,大力发展小额信贷和微型金融服务,农村微小型金融组织可通过多种方式从金融机构融入资金	加快发展
2010	积极推广农村小额信用贷款。加快培育村镇银行、贷款公司、农村资金互助社,有序发展小额贷款组织,引导社会资金投资设立适应"三农"需要的各类新型金融组织。抓紧制定对偏远地区新设农村金融机构费用补贴等办法,确保3年内消除基础金融服务空白乡镇	加快培育、抓紧制定
2012	发展多元化农村金融机构,鼓励民间资本进入农村金融服务领域,支持商业银行到中西部地区县域设立村镇银行。有序发展农村资金互助组织	鼓励、支持
2013	加强财税杠杆与金融政策的有效配合,落实县域金融机构涉农贷款增量奖励、农村金融机构定向费用补贴、农户贷款税收优惠、小额担保贷款贴息等政策。支持社会资本参与设立新型农村金融机构	落实、支持
2014	积极发展村镇银行,逐步实现县市全覆盖,符合条件的适当调整主发起行与其他股东的持股比例。支持由社会资本发起设立服务"三农"的县域中小型银行和金融租赁公司。对小额贷款公司,要拓宽融资渠道,完善管理政策,加快接入征信系统,发挥支农支小作用	支持、加快
2015	提高村镇银行在农村的覆盖面	提高

注:2011年中央"一号文件"——《中共中央、国务院关于加快水利改革发展的决定》没有明确涉及农村金融领域的指导思想。

另外,农村小型金融组织的成长是在我国提出发展普惠金融的大背景下进行的,2013年党的十八届三中全会将"发展普惠金融"写进了党的决议,2015年的中央"一号文件"提出"强化普惠金融",2015年"两会"的政府工作报告明确指出"大力发展普惠金融,让所有市场主体都能够分享金融服务的雨露甘霖"。中央关于普惠金融的态度从"发展"到"强化"再到"大力发展",这表明中央对构建我国普惠金融体系的坚定决心和态度。这是党和国家践行科学发展观,实现中华民族伟大复兴"中国梦",为实现我国全面小康而提出的切合实际的改革思路和目标。普惠金融已成为我国农村金融改革的新思路,为我们提供了新的视野。

(二)农村小型金融组织成长的部门规章制度

除了来自中央层面的顶层设计思想以外,关于农村小型金融组织的成长还有一些具体的执行意见和配套实施政策,以具体指导我国农村小型金融组织成长。我国关于农村小型金融组织成长的具体相关执行意见和配套政策主要来自银监会、中国人民银行和财政部出台的部门规章制度,这些部门规章制度主要涉及农村小型金融组织市场准入和退出制度、监督管理和业务范围等方面,对十多年来我国农村小型金融组织的成长发挥了重要作用,农村小型金融组织成长中主要的相关法律法规见表4-2。

表4-2 农村小型金融组织成长中主要的相关法律法规

编号	时 间	法律法规	文 号	颁发部门	主要内容
1	2006.12	《中国银行业监督管理委员会关于调整放宽农村地区银行业金融机构准入政策 更好支持社会主义新农村建设的若干意见》	银监发〔2006〕90号	银监会	放宽农村地区金融机构准入门槛
2	2008.4	《中国人民银行 中国银行业监督管理委员会关于村镇银行、贷款公司、农村资金互助社、小额贷款公司有关政策的通知》	银发〔2008〕137号	中国人民银行、银监会	对农村小型金融组织进行相互规范认可
3	2008.5	《关于小额贷款公司试点的指导意见》	银监发〔2008〕23号	银监会、中国人民银行	银监会开始试点发展小额贷款公司
4	2009.4	《财政部关于印发〈财政县域金融机构涉农贷款增量奖励资金管理暂行办法〉的通知》	财金〔2009〕30号	财政部	试点对县域金融机构涉农贷款余额的超增的部分给予一定比例的奖励
5	2009.6	《中国银监会关于印发〈小额贷款公司改制设立村镇银行暂行规定〉的通知》	银监发〔2009〕48号	银监会办公厅	小额贷款公司转制为村镇银行的门槛规定
6	2009.7	《中国银监会关于做好〈新型农村金融机构2009年-2011年总体工作安排〉有关事项的通知》	银监发〔2009〕72号	银监会	增量式农村金融机构发展规模规划

续表

编号	时 间	法律法规	文 号	颁发部门	主要内容
7	2010.4	《中国银行业监督管理委员会关于加快发展新型农村金融机构有关事宜的通知》	银监发〔2010〕27号	银监会	加快发展增量式农村金融机构
8	2010.5	《中央财政农村金融机构定向费用补贴资金管理暂行办法》	财金〔2010〕42号	财政部	对增量式农村金融机构实施"三农"贷款补贴
9	2010.5	《关于农村金融有关税收政策的通知》	财税〔2010〕4号	财政部、国家税务总局	对增量式农村金融机构实施税收优惠
10	2010.9	《财政部关于印发〈财政县域金融机构涉农贷款增量奖励资金管理办法〉的通知》	财金〔2010〕116号	财政部	全面开展对县域金融机构涉农贷款余额的超增部分给予一定比例的奖励
11	2012.6	《关于开展小额贷款公司涉农贷款增量奖励试点的通知》	财金〔2012〕56号	财政部	对小额贷款公司首次考虑实施贷款奖励
12	2014.3	《关于印发〈农村金融机构定向费用补贴资金管理办法〉的通知》	财金〔2014〕12号	财政部	巩固和扩大农村金融机构定向费用补贴政策效果
13	2014.12	《中国银监会关于进一步促进村镇银行健康发展的指导意见》	银监发〔2014〕46号	银监会	维护村镇银行独立法人地位，完善监管框架

注：2014年3月，财政部在出台《农村金融机构定向费用补贴资金管理办法》以后，财政部2010年印发的《中央财政农村金融机构定向费用补贴资金管理暂行办法》同时废止。

二 农村小型金融组织成长"量"的测度：两极分化严重

(一) 小额贷款公司成长非常迅速

我国从2005年开始试点发展小额贷款公司，2008年银监会23号文件出台以后，小额贷款公司开始在全国范围内迅速成长，贷款余额不断增加，截至2015年3月底，全国共有小额贷款公司8922家，贷款余额9454亿元。2008~2015年，我国小额贷款公司数量增长很快，2008年以来小额贷款公司发展数量和贷款余额如表4－3所示。

表4－3　2008年以来小额贷款公司发展数量和贷款余额

单位：家，亿元

截止时间	数量	贷款余额
2008年12月31日	230	77.03
2009年12月31日	1334	766.41
2010年12月31日	2614	1975
2011年12月31日	4282	3915
2012年12月31日	6080	5921
2013年12月31日	7839	8191
2014年12月31日	8791	9420
2015年3月31日	8922	9454

资料来源：根据中国人民银行公布数据整理。

表4－4是我国小额贷款公司地区分布，其反映出截至2015年3月31日我国小额贷款公司的地区分布情况。可以看出，我国小额贷款公司在江苏、辽宁、河北等省份成长最快，在西藏、青海等地区成长缓慢。

表4－4　我国小额贷款公司地区分布

（截止时间：2015年3月31日）

地区	机构数量（家）	从业人员数（人）	实收资本（亿元）	贷款余额（亿元）
全国	8922	113118	8392.05	9453.7
北京市	71	867	104.48	117.41
天津市	110	1445	132.77	141.86
河北省	478	5502	270.82	288.42
山西省	338	3643	213.21	208.73
内蒙古自治区	467	4689	336.79	344.97
辽宁省	605	5657	381.89	342.46
吉林省	440	3681	113.67	85.23
黑龙江省	263	2644	131.74	120.72
上海市	116	1610	165.7	201.01
江苏省	633	6301	928.28	1125
浙江省	338	4126	700.2	883.02

续表

地　区	机构数量（家）	从业人员数（人）	实收资本（亿元）	贷款余额（亿元）
安徽省	461	5722	359.48	428.83
福建省	113	1798	254.31	294.64
江西省	223	2921	242.88	280.4
山东省	332	4089	411.36	470.12
河南省	323	4932	221.57	242.88
河北省	272	4029	309.55	325.83
湖南省	127	1587	98.27	105.61
广东省	416	9767	591.83	635.78
广西壮族自治区	318	4603	258.06	375.91
海南省	43	475	39.3	42.38
重庆市	253	5988	574.54	771.26
四川省	354	8295	587.03	660.46
贵州省	287	3301	88.77	86.43
云南省	415	4035	197.75	204.11
西藏自治区	12	115	8.03	5.21
陕西省	258	2706	221.45	222.12
甘肃省	350	3493	144.86	121
青海省	72	838	49.63	49.72
宁夏回族自治区	169	2142	84.14	80.97
新疆维吾尔自治区	265	2117	169.7	191.21

资料来源：中国人民银行公布的数据。

（二）村镇银行成长较快但与预期有差距

从 2006 年 12 月银监会放宽农村地区银行业金融机构准入门槛以来，村镇银行成长较快，其在填补农村基础金融服务空白，强化农村金融市场竞争环境等方面起了一定的积极作用。根据 2013 年《中国村镇银行发展报告》提供的数据显示，2007 年银监会批准设立的村镇银行为 18 家，2008 年为 78 家，2009 年为 91 家，2010 年为 277 家，2011 年这个数字为 455 家，2012 年批准设立的村镇银行数量达到了 515 家，2013 年（到 2 月 7 日为止）经批准设立的村镇银行数量新增 69 家。2007 年以来村镇银行扩张态势见图 4 - 5。

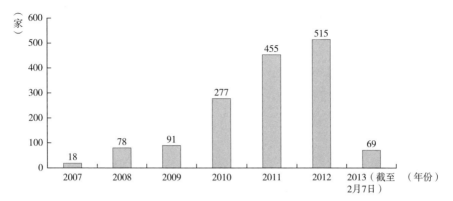

图 4 - 5　2007 年以来村镇银行扩张态势

资料来源：银监会网站，以及《中国村镇银行发展报告》（2013 年）。

另外，根据银监会提供的数据，截至 2014 年 10 月末，全国已组建村镇银行 1171 家，已开业村镇银行资产总额 7279 亿元，其中各项贷款 4635 亿元。根据银监会网站提供的数据显示，截至 2015 年 5 月 31 日，全国村镇银行数量达到 1186 家，我国村镇银行地区分布，见表 4 - 5。我国村镇银行总体上成长较快，但这与 2009 年银监会的整体预期仍然存在差距。按照银监会 2009 年的预期，到 2011 年末，我国要试点村镇银行 1027 家，但到 2011 年末，我国仅有 455 家村镇银行，直到 2015 年 5 月，村镇银行数量才达到 1186 家。

表 4 - 5　我国村镇银行地区分布

（截止时间：2015 年 5 月 31 日）

单位：家

省　份	村镇银行数量	省　份	村镇银行数量
安徽省	63	江西省	36
北京市	10	辽宁省	60
福建省	47	内蒙古自治区	66
甘肃省	18	宁夏回族自治区	9
广东省	52	青海省	1
广西壮族自治区	36	山东省	88
贵州省	43	山西省	49
海南省	14	陕西省	13
河北省	64	上海市	10

省　份	村镇银行数量	省　份	村镇银行数量
河南省	65	四川省	48
黑龙江省	22	天津市	13
湖北省	48	西藏自治区	1
湖南省	30	新疆维吾尔自治区	21
吉林省	40	云南省	44
江苏省	72	浙江省	72
重庆市	31		

资料来源：根据银监会网站数据整理。

（三）农村资金互助社和贷款公司成长缓慢，近乎停滞

2006年，我国决定发展农村资金互助社，这主要是基于以下背景和事实，我国的农村信用社从理论上应该属于合作金融性质，是农村弱势群体的互助组织，其经过几十年的发展逐渐偏离了合作金融的道路，国家花了很大精力对它进行改革，希望将其带回合作金融的轨道，但实践证明农村信用社难以实现发展合作金融的初衷。从2003年以来，我国对农村信用社进行了新一轮改革，确定了农村信用社市场化的改革方向。因此，在我国合作金融缺位的情况下，政府希望通过"另起炉灶"，借助农村资金互助社填补我国合作金融空白。2014年，中央"一号文件"正式提出"发展新型农村合作金融组织"，这再次印证了政府希望发展我国真正意义上的合作金融这一事实。但几年来，农村资金互助社的成长十分缓慢。据统计，截至2015年5月，我国批准设立的农村资金互助社仅为49家，这些资金互助社分布在全国16个省区，其中，浙江省经批准成立的有8家，为全国最多，很多省区没有1家被批准设立的农村资金互助社，我国农村资金互助社具体情况见表4－6。从2012年下半年开始，我国不再审批农村资金互助社，这种正规化的农村资金互助社成立的大门被关闭了。

表4－6　我国农村资金互助社具体情况
（截止时间：2015年5月31日）

序　号	名　　称	批准日期	所在省份
1	梨树县闫家村百信农村资金互助社	2007.3.2	吉林省

续表

序 号	名 称	批准日期	所在省份
2	乐都县雨润镇兴乐农村资金互助社	2007.3.2	青海省
3	岷县洮珠村岷鑫农村资金互助社	2007.3.20	甘肃省
4	景泰县龙湾村石林农村资金互助社	2007.3.20	甘肃省
5	通辽市辽河镇融达农村资金互助社	2007.5.9	内蒙古自治区
6	锡林浩特市白音锡勒农牧场诚信农村资金互助社	2007.5.18	内蒙古自治区
7	苍溪县益民农村资金互助社	2007.7.2	四川省
8	称多县清水河镇富民农村资金互助社	2007.8.16	青海省
9	沂水县姚店子镇聚福源农村资金互助社	2008.3.12	山东省
10	晋州市周家庄农村资金互助社	2008.9.16	河北省
11	田东县祥周镇鸿祥农村资金互助社	2009.3.26	广西壮族自治区
12	桦南县桦南镇鸿源农村资金互助社	2009.9.14	黑龙江省
13	临海市涌泉镇忘不了农村资金互助社	2009.11.13	浙江省
14	田东县思林镇竹海农村资金互助社	2009.12.25	广西壮族自治区
15	安阳县黄口村惠民农村资金互助社	2009.12.29	河南省
16	荔浦县修仁镇永铖农村资金互助社	2009.12.30	广西壮族自治区
17	诸城市相州镇泰丰农村资金互助社	2010.1.29	山东省
18	缙云县五云镇欣禾农村资金互助社	2010.2.1	浙江省
19	温岭市箬横镇玉麟农村资金互助社	2010.2.9	浙江省
20	绥棱县四海店镇海鑫农村资金互助社	2010.3.19	黑龙江省
21	德清县乾元镇德农农村资金互助社	2010.3.19	浙江省
22	安阳县柏庄镇四方农村资金互助社	2010.4.21	河南省
23	宁安市江南朝鲜族满族乡隆泰农村资金互助社	2010.5.18	黑龙江省
24	三亚市崖城镇众树农村资金互助社	2010.6.25	海南省
25	万宁市和乐镇和港农村资金互助社	2010.6.28	海南省
26	海口市甲子镇龙谭农村资金互助社	2010.6.29	海南省
27	太湖县小池镇银燕农村资金互助社	2010.7.12	安徽省
28	梨树县十家堡镇盛源农村资金互助社	2010.7.29	吉林省
29	梨树县小城子镇利信农村资金互助社	2010.7.29	吉林省
30	梨树县小宽镇普惠农村资金互助社	2010.7.29	吉林省
31	汾西县勃香镇众鑫农村资金互助社	2010.9.10	山西省
32	庆阳市西峰区彭原乡泰信农村资金互助社	2010.9.25	甘肃省
33	宕昌县计子川农村资金互助社	2010.9.29	甘肃省

续表

序 号	名 称	批准日期	所在省份
34	重庆市黔江区城东诚信农村资金互助社	2010. 10. 20	重庆市
35	林甸县宏伟乡誉兴农村资金互助社	2010. 11. 8	黑龙江省
36	万荣县高村乡惠民农村资金互助社	2010. 12. 23	山西省
37	重庆市江津区白沙镇明显农村资金互助社	2010. 12. 30	重庆市
38	建德市大同镇桑盈农村资金互助社	2010. 12. 31	浙江省
39	瑞安市马屿镇汇民农村资金互助社	2011. 2. 21	浙江省
40	昌吉市榆树沟镇民心农村资金互助社	2011. 3. 9	新疆维吾尔自治区
41	平湖市当湖街道新当湖农村资金互助社	2011. 3. 25	浙江省
42	浑源县永安镇恒源鑫农村资金互助社	2011. 4. 7	山西省
43	肇州县二井镇兴隆农村资金互助社	2011. 7. 1	黑龙江省
44	民权县城关镇聚鑫农村资金互助社	2011. 9. 14	河南省
45	慈溪市龙山镇西门外村伏龙农村资金互助社	2011. 9. 30	浙江省
46	兴县蔚汾镇全民农村资金互助社	2011. 10. 26	山西省
47	五台县东冶镇源通农村资金互助社	2012. 3. 27	山西省
48	稷山县稷峰镇益民农村资金互助社	2012. 5. 23	山西省
49	讷河市新农合农村资金互助社	2012. 5. 15	黑龙江省

资料来源：根据任长青《新型农村金融机构——村镇银行、贷款公司和农村资金互助社》提供的数据和银监会网站提供的数据整理。

目前，国家政策规定贷款公司必须由商业银行等银行业金融机构全资控股，国家希望通过商业银行的体制内资金去服务"三农"。但换个角度，对于商业银行来说，由于贷款公司不能吸收存款，政府也未给予其更多的政策支持，从成本收益的角度来看，商业银行是不愿意设立贷款公司的，而宁愿设立可以吸收存款的银行业分支机构，特别是在商业银行重视"吸储"的大背景下，情况更是如此。2015 年 5 月，全国仅有 14 家贷款公司（见表 4 - 7），这与 2009 年银监会规划的 106 家的目标相差很远，这导致贷款公司的发展几乎处于停滞状态。

表 4 - 7　我国获批的贷款公司基本情况

（截止时间：2015 年 5 月 31 日）

序号	贷款公司名称	出资银行	批准日期
1	四川仪陇惠民贷款有限责任公司	南充市商业银行	2007. 2. 8

续表

序号	贷款公司名称	出资银行	批准日期
2	内蒙达尔罕茂明安联合旗包商惠农贷款有限责任公司	包商银行	2007.3.1
3	吉林德惠长银贷款有限责任公司	吉林银行	2007.5.22
4	四川平武富民贷款有限责任公司	绵阳市商业银行	2007.6.21
5	天津静海兴农贷款有限责任公司	天津农村合作银行	2008.6.17
6	湖北荆州公安花旗贷款有限责任公司	花旗银行	2008.11.18
7	湖北咸宁赤壁花旗贷款有限责任公司	花旗银行	2009.10.18
8	大连瓦房店花旗贷款有限责任公司	花旗银行	2009.9.9
9	浙江开化通济贷款有限责任公司	宁波余姚农村合作银行	2010.10.29
10	重庆北碚花旗贷款有限责任公司	花旗银行	2011.9.8
11	天津宁河县兴农贷款有限责任公司	天津农村商业银行	2012.12.31
12	天津宝坻区兴农贷款有限责任公司	天津农村商业银行	2012.12.31
13	天津蓟县兴农贷款有限责任公司	天津农村商业银行	2012.12.31
14	天津武清区兴农贷款有限责任公司	天津农村商业银行	2012.12.31

资料来源：根据任长青《新型农村金融机构——村镇银行、贷款公司和农村资金互助社》提供的数据和银监会网站提供的数据整理。

（四）NGO小额信贷组织成长非常艰难

从20世纪90年代初期开始，我国开始了NGO公益性小额信贷发展，2003年左右，以NGO形态存在的小额信贷组织数量大约有300家，其在我国的试点地区取得了较好的效果，但这没有从根本上改变我国农户融资难的局面。而且在2000年以后，随着国际小额信贷出现商业化潮流，国家援助机构开始退出NGO小额信贷组织。我国在2005年小额贷款公司开始出现以后，商业性民间资本开始主导小额信贷组织发展，对NGO小额信贷的成长产生很大的"挤压"，只有少数NGO小额信贷组织在商业化大环境中能够艰难成长。与我国蓬勃发展的小额贷款公司形成鲜明的对比反差的是，NGO小额信贷组织的成长非常艰难。目前，我国NGO小额信贷组织没有完整的统计资料，中国小额信贷联盟提供的数据显示，我国目前大约有100家左右的NGO小额信贷组织，但真正能够有效运转的不超过50家，总贷款余额不足20

亿元①。当前我国有效运转的 NGO 小额信贷组织如表 4 - 8 所示。它们主要在农村为农户和微型企业提供以贷款为主的金融服务，虽然它们已经不是小额信贷发展的"大流"，但它们仍然有着强烈的以扶贫为目的的社会责任感。

表 4 - 8　当前我国有效运转的 NGO 小额信贷组织

序　号	NGO 小额信贷组织名称	所在省份
1	中国扶贫基金会小额信贷项目部（中和农信）②	北京市
2	内蒙古赤峰市昭乌达妇女可持续发展协会	内蒙古自治区
3	开县民丰互助合作会	重庆市
4	北京市通州区富平职业学校技能培训学校	北京市
5	盐池县妇女发展协会	宁夏回族自治区
6	四川省贫困乡村经济发展促进会	四川省
7	西乡妇女创业服务中心	陕西省
8	单县利民资金互助合作社	山东省
9	甘肃省景泰县城乡发展协会	甘肃省
10	河北省河间市三农农业专业合作社	河北省
11	虞城县扶贫经济合作社	河南省
12	江苏省阜宁县城乡发展经济合作社	江苏省
13	河南濮阳市农村贷款互助合作社	河南省
14	信阳市浉河区浉河港茶叶协会	河南省
15	顺平县盛源玉米专业合作社	河北省
16	丹寨民富农村可持续发展中心	贵州省
17	兰考县南马庄生态农产品专业合作社	河南省
18	隆林各族自治县扶贫开发办公室 UNDP 办公室	广西壮族自治区
19	广西壮族自治区都安县 UNDP 项目办公室	广西壮族自治区

---

① 中国小额信贷联盟成立于 2010 年 9 月，其前身是成立于 2005 年 11 月的中国小额信贷发展促进网络，该联盟会员主要是公益性质的扶贫小额信贷组织，致力于为贫困和低收入人群提供普惠金融服务，促进和谐社会建设。该联盟会员包括了目前比较活跃的 NGO 小额信贷组织，其提供的 NGO 小额信贷组织数据具有较大的权威性。

② 中和农信的前身是中国扶贫基金会小额信贷项目部，目前，其已经转为专业性小额信贷组织，实现了由 NGO 组织向公司的转变。严格来说，中和农信现在已经不是 NGO 小额信贷组织了。但由于它的客户群体依然是贫困弱势全体，其经营理念也与 NGO 小额信贷组织类似，实际上其是介于公益性和商业性之间的小额信贷组织，所以，在本书研究中，我们仍将中和农信看作 NGO 小额信贷组织。

续表

序　号	NGO 小额信贷组织名称	所在省份
20	甘肃省武山县城乡发展协会	甘肃省
21	甘肃省定西市安定区民富鑫荣小额信贷服务中心	甘肃省
22	关岭布依族苗族自治县 UNDP 项目	贵州省
23	同仁县 UNDP 援助项目办公室	青海省
24	甘肃省和政县乡村发展协会	甘肃省
25	贵州省兴仁县农村发展协会	贵州省
26	贵州省紫云县农村发展协会	贵州省
27	贵德县 UNDP 援助项目办公室	青海省
28	青海湟源 UNDP 援助项目办公室	青海省
29	青海省尖扎县 LPAC 项目办公室	青海省
30	天津市妇女创业发展促进会	天津市
31	山西省晋中市乡村扶贫发展协会	山西省
32	陕西省蒲城县妇女可持续发展协会	陕西省
33	陕西省淳化县妇女发展协会	陕西省
34	云南昆明市妇女促进就业中心	云南省
35	云南省保山市龙陵县人民政府 SPPA 项目办	云南省
36	云南省金平苗族瑶族傣族自治县农村合作发展促进会	云南省
37	云南省麻栗坡县乡村经济发展协会	云南省
38	湖南湘西州民富鑫荣小额信贷服务中心	湖南省
39	湖南省湘西州乡村发展协会	湖南省
40	甘肃省积石山县乡村发展协会	甘肃省
41	中国妇女发展基金会	北京市
42	内蒙古乌审旗贫困地区社会发展小额信贷管理中心	内蒙古自治区
43	青海省大通县 LPAC 项目办	青海省
44	青海省海南州贵南县 LPAC 项目办	青海省

资料来源：根据中国小额信贷联盟提供的数据整理。

　　通过以上分析可以发现，我国农村小型金融组织在数量上呈现出两极分化的成长态势。在地方政府的推动下，民间资本通过小额贷款公司看到了"拥有属于自己的银行"的希望，对发起成立小额贷款公司的积极性很高。但与此形成明显反差的是，村镇银行的成长比较缓慢，特别是农村资金互助社和贷款公司已经处于停滞状态，NGO 小额信贷组织成长非常艰难，增量式农村金融改革在实施上处于部分性"夭折"状态。

三　农村小型金融组织"质"的测度：政府与市场行为错位

（一）政府行政管制色彩浓厚，市场力量被压抑

政府在农村小型金融组织准入门槛政策上打上了明显的行政烙印，偏重于行政管制，市场力量受到压抑而无从发挥。①村镇银行和贷款公司的主发起行制度彰显了政府威力。其规定村镇银行和贷款公司必须由银行业金融机构控股成立，而银行业金融机构一般都具有政府背景，这实际上是在原有体制内进行改革，使村镇银行和贷款公司依附于银行业金融机构，其成长空间被局限于体制内的金融空间。虽然目前其已将村镇银行主发起行最低持股比例由原来的 20% 降至 15%，但这并没有从根本上改变主发起行制度，不利于发展真正的"增量式"农村金融组织。2011 年末，全国仅仅有 10 家贷款公司，这与 2009 年银监会规划的 106 家的目标相差很远，导致贷款公司发展几乎处于停滞状态。②农村资金互助社发展中政府色彩浓厚，从理论上说，农村资金互助社属于真正意义的内生型金融组织，政府本应该放宽民间资本运作，发挥农户和农村企业的积极性和主动性，以解决它们自身的资金短缺问题。但银监会对农村资金互助社实施审慎监管，监管标准非常严格，这是接近银行类金融机构的监管标准，其大大增加了运作成本。资金互助社的旺盛需求遭遇政府的行政审批制，这不利于发展我国内生于农村的真正意义上的合作金融，因而农村资金互助社发展非常缓慢。值得一提的是，我国还存在着上万家自发成立的农民资金互助社，这对解决当地贷款难的问题起了积极作用，但它们一直得不到政策和法律认可。一种内生于农村的社区型金融组织被国家金融管制制度排斥。③小额贷款公司虽然从事信贷业务，但其"金融机构"法律地位一直不被承认，小额贷款公司欲转制为村镇银行就必须放弃民间资本的控股权，实行银行业金融机构控股，这实际上直接扑灭了小额贷款公司升级为村镇银行的希望，也使民间资本受到打击。

（二）政策设计和思想定位不够完善

我国设立农村小型金融组织的出发点在于增强农村金融市场的竞争力，打破农村金融市场的垄断局面，消除基础金融服务空白，其被赋予

服务"三农"的使命，具有浓厚的"政策性"。①村镇银行实际上承担着"准公共物品"的供给任务，但从关于村镇银行的制度设计可以看出，它是按照商业银行来设计的，监管设计也是按照一般商业性金融来进行的。国内外的理论研究和实践发展都证明，商业性金融机构缺乏服务"三农"的积极性，商业性金融制度设计在农村金融市场存在市场失灵。②顶层设计和政策导向不够明确，在2009年7月出台的农村小型金融组织发展规划中，国家积极推动村镇银行发展，特别希望一些大型商业银行能够积极发起设立村镇银行，但在实际执行过程中，大型银行的积极性不如小型银行的积极性高。为避免良好的政策初衷被一些"动机不正"的机构利用，2011年7月，银监会发布《关于调整村镇银行组建核准有关事项的通知》，村镇银行步入"批量生产"时期，同时这也意味着设立村镇银行的门槛和难度进一步提高，在政策执行上，其更加倾向大型银行，中小银行发起成立村镇银行更加困难，民间资本参股村镇银行门槛更高，这打击了民间资本进入农村金融领域的积极性。③对小额贷款公司缺乏规范引导，这导致其发展出现偏差。我国最初的小额信贷是由民间机构发起的，具有很大的"草根性"，后来，政府将小额信贷与政府扶贫联系在一起，开始使用"小额贷款"这个词语，"小额贷款"在我国实践中被慢慢等同于"小额信贷"，更多强调它的"小额"而忽视"扶贫"性质，这使我国小额信贷的发展在概念上就出现了偏差。对于小额贷款公司，政府冠之以"小额贷款"名义，期望其能够达到两个目标。其一希望其引导民间资本服务农村，其二规范当时发展迅速但又处于灰色地带的民间借贷。但这两个目标孰重孰轻，政府一直没有明确表态，这种制度设计存在奇妙之处，也体现政策设计和思想定位不够明确，这为后来小额贷款公司的发展偏差留下了隐患①，这给了一些以逐利为目的民间资本"借船出海"的机会，一些民间资本借助国家"和谐社会""普惠金融"的政策春风，打着"小额贷款"的旗号从事原来还必须遮遮掩掩才能开展的放贷业务。实际上，小额贷款公司大都在从事中小企业贷款，是名副其实的"贷款公司"。

---

① "小额贷款"源于国际20世纪70年代以来开始的"小额信贷"，小额信贷在国际上有专门的含义，是指为低收入人群提供的一种不需要传统担保和抵押的小规模贷款，小额信贷的关键不在于"小额"，而在于服务对象是低收入人群及信用贷款。

（三）中央和地方在农村小型金融组织成长上的"着力点"存在较大差异

村镇银行、贷款公司和农村资金互助社在总体法律层面上已经上升为"金融机构"，由银监会具体负责对这三类增量式农村"金融机构"进行规划发展和管理。政府金融管理部门主要是与想成立村镇银行和贷款公司的银行业金融机构打交道，但由于制度设计存在不够科学之处和相关激励约束措施的不完善，政府发展农村金融的良好愿望会被一些商业银行"钻空子"。另外，出于对整体风险防范的考虑，政府金融管理部门对这三类增量式农村"金融机构"的管理"行政管制有余，有效监管不足"。对于小额贷款公司，中央在总体上允许其发展，但在法律地位上只承认它是"公司"，不将其纳入国家统一监管体系，其主要由地方负责。中央的这种放权刚好满足了地方政府对利益的追逐，各地方把小额贷款公司当作获取金融资源的新型手段，把小额贷款公司当成解决当地企业融资难、激活地方经济发展的有效方式。地方政府一般在中央的"统一基调"前提下尽可能追求自身效用最大化，其在一些地方甚至模糊处理中央基调，在关于小额贷款公司的很多具体问题上"创新性"设计。

（四）国家的改革初衷与政策的"异化"激励

良好的政策设计能够激励微观经济主体不断进行"金融努力"，以形成有效的风险收益激励约束机制，引导各类经济主体在金融成长中有所作为，不断开展金融创新。相反，政策失当容易导致经济主体出现"金融努力衰竭"，这使整个金融成长过程没有活力，或者出现"金融努力异化"，使金融成长态势表面上显得非常好，但实际上偏离预期目标。①村镇银行的主发起行制度被政策制定者认为是保证村镇银行健康发展的重要举措，但大型国有商业银行发起设立村镇银行积极性不高，城市商业银行、外资银行对村镇银行兴趣较大，但它们发起设立村镇银行的主要动机在于借助村镇银行实现跨省区扩张，这容易出现偏离支农轨道，限制村镇银行服务"三农"作用的发挥。②按照一直以来实施的"渐进式"改革逻辑，中央并没有将小额贷款公司纳入国家统一规划发展和金融监管体系，而主要交给地方政府负责审批、监管和发展，这正好满足了地方获取金融资源的需要。因为从"放权让利"改革以来，地方政府为获取金融资源，一直通过干预国有银行、控制农村信用社、成立城市商业银行、发展地方金融来达到目的。其把小额贷款公司的发展权利交给地方政府，这给地方政府又一个通过金融努力获取金融资源的机会，符合地方政府效用最大化的目标，所以地方政府都会支持小额贷款公司发展，但由于缺乏应有的顶层设计，各地方的金融努力难以与中央形成合力，实现增量式农村金融改革目标。③对于民间资本来说，小额贷款公司的制度设计让它们看到了走出灰色乃至黑色金融的阴影，虽然其仍不被允许吸收公众存款，但这至少让它们的法律地位大大提高。民间资本希望借助小额贷款公司的政策春风在有朝一日拥有真正属于自己的银行。特别是近几年来国际国内经济形势不佳，实体经济行业利润率下降，社会对资金的需求非常强烈，金融借贷行业利润率较高，再加上金融业在我国属于垄断行业，这些民间资本都想成为"第一个吃螃蟹的人"，拿到金融机构牌照，获取较高的金融特殊权价值，但其对于政府寄予小额贷款公司服务农村的使命考虑甚少。

从前文的分析可知，我国开始农村金融增量式改革以来，在指导思想上非常重视农村小型金融组织成长，银监会、中国人民银行等有关部门也提出和出台了不少相关的规划性指导思路和具体的规章制度。十多年来，小额贷款公司发展很快，但依然没有获得银监会赋予的银行业金融机构"营业执照"，村镇银行、贷款公司和农村资金互助社发展也很不平衡，并没有按照2009年银监会制定的规划成长。更主要的是，农村小型金融组织成长中政府与市场的关系没有得到有效处理，政府色彩非常浓厚。新一轮农村金融改革虽然属于增量式改革，但这种改革依然是在政府主导下进行的，基于政府规划来设计农村小型金融组织区域布局，基于政府利益角度来设计监管规则，一些关于农村小型金融组织成长的政策规定也不能真正"接地气"，缺乏适应性。农村小型金融组织的成长环境缺乏"开放性"，民间资本不能实质性进入农村金融领域，微观基层主体的创新不能得到足够重视和有效引导，不利于培育具有"适应性"的微观经济主体。总之，我国农村小型金融组织的成长现状与"适应性"成长的目标要求存在较大差距，未来农村小型金融组织的成长任重道远。

第五节　我国农村小型金融组织"适应性"成长的实践框架

从国家已经出台的众多农村金融改革文件可以看出，我国农村金融的增量式改革的初衷在于从农村基层出发培育农村小型金融组织，其出发点是好的，但问题的关键是它要在"培育"上下功夫，从金融改革内在机制等深层次角度进行改革，而不能只"换汤不换药"。从理论上说，"适应性"成长模式既符合我国农村金融市场需求，又能实现农村小型金融组织可持续发展。未来，我们应该将农村小型金融组织"适应性"成长落到实处，需要有明确的总体性指导目标，有清晰可行的思路，这是当前理论和实务界都非常期待的问题。

一　我国农村小型金融组织"适应性"成长的长远目标

2015 年的中央"一号文件"提出"强化普惠金融"，2015 年"两会"的政府工作报告中明确指出"大力发展普惠金融，让所有市场主体都能够分享金融服务的雨露甘霖"，这表明我国普惠金融发展进入新时期。另外，我国正在为实现全面小康、国家富强、民主、文明、和谐的"中国梦"而努力奋斗，普惠金融"中国梦"是我国今后几十年要实现的伟大目标。农村小型金融组织虽然起源于农村，服务于"三农"，具有一定的弱质性和草根性，但普惠金融"中国梦"的实现是一个很大的系统性和综合性工程，需要动员各方力量。金融领域的改革，既要发挥资本市场的作用，又要发挥金融机构的作用，既离不开大型商业性金融机构的作用，又离不开农村小型金融组织的作用，只有这样才能真正为社会不同层次的客户提供全方位多层次的金融服务。

我国农村小型金融组织"适应性"成长要在实现普惠金融"中国梦"的总体框架下进行，实现普惠金融"中国梦"是农村小型金融组织"适应性"成长的长远目标。这个长远目标的实现要求农村小型金融组织和政府各尽其责。农村小型金融组织要充分发挥自身的功能，为贫困弱势群体提供金融服务，使贫困弱势群体在金融服务上不再被"边缘化"，将贫困弱势群体纳入国家金融体系，使他们能够非常便捷的享受到金融服务。另外，农村小型金融组织要做到稳健经营，就必须具有完善的内控机制、财务可持续发展能力，以能够长期提供低成本金融服务，实现社会绩效与财务绩效的协调发展。"适应性"成长模式下的政府要对农村小型金融组织开展有效的政策激励、引导和监管，使市场力量得到充分发挥。

二　我国农村小型金融组织"适应性"成长的基本原则

为更好地服务于我国普惠金融"中国梦"的长远目标，农村小型金融组织"适应性"成长应该坚持以下基本原则。

1. 创新性原则

"创新"是金融成长的"灵魂"和关键，创新不仅有利于让客户享受多元化金融服务，而且有利于降低金融机构服务成本、拓展金融服务的广度和深度。这与实现普惠金融"中国梦"的长远目标是一致的。党的十八届三中全会报告中明确提出发展普惠金融，同时也指出要鼓励金融创新，丰富金融市场层次和产品。由此可见，我国农村小型金融组织的成长应该与创新联系在一起，坚持以创新推动农村小型金融组织成长。只有不断创新才能推动农村小型金融组织的"适应性"成长，离开创新，农村小型金融组织的成长将是"穿新鞋走老路"。

2. 公平性原则

发展普惠金融是要让各层次的金融需求者能够便捷地获得可持续性金融服务，我国现有金融体系已经能让一些富裕人群和大中型企业比较方便地获得金融服务，但农户和小微企业获取金融服务依然存在难度大、成本高的问题。我国农村小型金融组织"适应性"成长应该以此为目标，坚持向社会各阶层特别是贫困弱势群体提供公平化的金融服务，实现金融资源和金融服务向农村下沉，向"三农"和小微企业倾斜，实现稀缺金融资源在社会各阶层的优化合理配置，在整个社会营造平等享受金融服务的环境，推动和谐社会的实现。

3. 可持续性原则

农村小型金融组织"适应性"成长应该按照科学发展观的基本要求，坚持成长与风险防控相结合。一方面，要在遵循金融发展规律的基础上，通过开展金融创新，探索多元化的普惠金融业务经营模式，降低农村小型金融组织的服务成本。另一方面，要注重风险防范，完善金融基础设施，营造良好的外部环境，坚持练好内功，注重增强农村小型金融组织和服务对象的"造血"功能，确保普惠金融安全稳健发展，实现金融与经济发展的良性循环。

三　我国农村小型金融组织"适应性"成长的基本思路

我国农村小型金融组织选择"适应性"成长模式，有利于更好地促进普惠金融"中国梦"的实现，为此，我们建议遵循以下发展思路。

1. 三个方面的出发点

（1）明确整体规划，加强战略部署

我们通过前期研究发现，目前我国农村小型金融组织的成长是由银监会和中国人民银行共同负责的，虽然二者都隶属于国务院，但在制度变迁上存在职能分工，中国人民银行主要负责农村信用社以外的整个农村金融改革方案的设计和制订，银监会主要负责农村信用社的改革，对我国银行业金融机构进行监管。农村小型金融组织成长实际存在"两条腿"，一方面，中国人民银行长期以来着力推动小额贷款公司成长，希望借此发展普惠金融。另一方面，银监会在严格防范金融风险的基本前提下，通过放宽准入门槛，发展村镇银行、贷款公司和农村资金互助社，希望借此强化农村金融市场竞争，以消除农村基础金融服务空白的状况。虽然"双线"改革的最终目标是一致的，都在于解决农村资金不足和农户融资难的问题，但由于缺乏全国层面的总体规划，"双线"改革存在不协调的地方（周孟亮、李明贤，2012）。未来，我国农村小型金融组织的"适应性"成长要上升到国家整体金融改革的高度，要尽快改变当前我国农村金融"双线"改革的思路，将这两部门的试点改革统一到实现普惠金融"中国梦"这一长远目标中来。

（2）加强农村小型金融组织的能力建设

"适应性"成长模式注重发挥微观经济主体的作用，农村小型金融组织自身的"努力"和能力建设是"适应性"成长的基础。从总体上看，要进一步放宽民间资本进入农村小型金融组织领域的限制，改变现有农村小型金融组织"官办"色彩严重的局面，给予农村小型金融组织更广阔的成长空间。农村小型金融组织也应该把握我国普惠金融"中国梦"的整体方向和趋势，顺应潮流，给自己进行明确的定位，充分发挥自身的比较优势，这样才能找到自身的发展方向。农村小型金融组织要真正有效地为弱势群体提供金融服务。为实现普惠金融"中国梦"服务，一方面，这需要有稳定的资金来源，另一方面，其还需要有良好的信贷机制，以加强农村小型金融组织服务弱势群体的能力。

（3）构建良好的政策激励和引导环境

良好的政策激励和引导为农村小型金融组织"适应性"成长提供重要保障，有效的政府行为是农村小型金融组织"适应性"成长的关键。我国农村小型金融组织种类比较分散，数量众多，而且处在成长初期，这需要对其进行有效监管。政府应该从财政补贴、税收优惠方面来降低农村小型金融组织较高的运营成本。另外，政府还应该为农村小型金融组织成长创造良好的政策环境，在发展普惠金融"中国梦"的长远目标下，对农村小型金融组织成长中的"支农支微"责任和目标做出明确的要求；在制度、规则上加大创新力度，从存量改革和增量创新两方面开展农村小型金融组织创新，注重风险防范，特别是有效处理好农村小型金融组织成长中的地方和中央的风险处理责任。

2. 基本要求

通过战略部署、机构保障和政策环境三个方面的建设，我国农村小型金融组织"适应性"成长应实现以下基本要求。①构建农村金融竞争机制。农村小型金融组织"适应性"成长要打破管制，加强竞争，改变过去政府管制过多的状况，不断加强市场竞争，通过构建有效的风险控制机制，处理好农村小型金融组织"适应性"成长中的"发展"和"风险"的关系。②降低农村小型金融组织交易成本。从理论上说，要获得财务上的可持续发展，农村小型金融组织可以采取提高贷款利率的办法，但过高的利率不仅在法律政策上不被允许，而且会导致严重的逆向选择和道德风险问题，这反而不利于农村小型金融组织获得财务可持续性，侵蚀贫困弱势群体的福利①。因此，降低交易成本是普惠金融"中国梦"目标下农村小型金融组织"适应性"成长的关键。③优化信贷机制。农村小型金融组织要实现"资金"与"机制"的有效结合，在确保稳定资金来源的基础上，设计适应客户特点和需要的金融服务产品，构建合理的激励约束机制和贷款定价机制，实施信贷机制创新。④构建良好的社会责任机制。要确保农村小型金融组织成长过程中不发生服务目标偏移，应该对其开展社会责任管理，引导和激励它们树立普惠金融理念，构建良好的社会责任

---

① 我们在本书的前期研究中发现，小额信贷机构为避免出现使命偏移，真正有效地"支农支微"，同时获得自身可持续发展，从理论上说，其可以有两个办法，第一是提高贷款利率，第二是降低机构自身的预期效用、自有资金机会成本和整个机构运营过程中的交易成本。但提高贷款利率会受到很多因素的制约，它的现实操作性不强，而降低机构自身的预期效用、自有资金机会成本需要一个长期过程，特别是我国小额贷款公司由民间资本发起设立，其盈利动机是较强的。因此，通过加大业务和技术创新力度，降低机构运营过程中的交易成本是实现可持续发展的关键性环节。关于这个问题的详细研究见周孟亮、李明贤《小额信贷商业化、目标偏移与交易成本控制研究》，《经济学动态》2010年第12期，第12页。

机制。

3. 目标实现

通过明确整体规划、加强战略部署，加强农村小型金融组织的能力建设，构建良好的政策激励和引导环境，实现农村金融竞争机制，降低农村小型金融组织交易成本，优化农村小型金融组织信贷机制，构建良好的社会责任机制，实现我国农村小型金融组织社会绩效与财务绩效的协调发展，真正为低收入人群提供可持续性低成本的金融服务，促进我国农业和农村经济的健康发展，为构建我国社会主义和谐社会和实现普惠金融"中国梦"做出应有的贡献。

综上所述，普惠金融"中国梦"目标下农村小型金融组织"适应性"成长思路如图4-6所示。

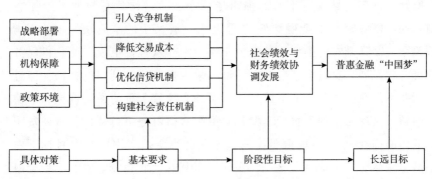

图4-6 普惠金融"中国梦"目标下农村小型金融组织"适应性"成长思路

第五章　农村小型金融组织"适应性"成长的目标研究

在前文的研究中，我们从目标、原则和思路等方面出发，构建了农村小型金融组织"适应性"成长的实践框架，这个框架对我国农村金融改革具有指导性作用，是未来我国农村小型金融组织健康成长的纲领。本章以及第六章、第七章的内容，主要是围绕农村小型金融组织"适应性"成长的实践框架进行的，将实践框架的一些基本要求和具体对策进行"落实"。本章主要研究农村小型金融组织"适应性"成长的长远目标和阶段性目标，第六章和第七章主要基于农村小型金融组织自身和政府两个方面研究我国农村小型金融组织的"适应性"成长。

农村小型金融组织的健康成长是我国金融体制改革的重要内容，"适应性"成长模式下的农村小型金融组织应该为发展我国普惠金融和实现中华民族伟大复兴的"中国梦"服务，这是农村小型金融组织"适应性"成长的长远目标。但这个长远目标的实现是建立在阶段性目标的基础上的，"适应性"成长模式下的农村小型金融组织要实现社会绩效与财务绩效的协调发展。本章主要研究农村小型金融组织"适应性"成长的长远目标和阶段性目标，由于发展普惠金融和实现"中国梦"更多的是为农村小型金融组织成长提供一个方向性指导，社会绩效与财务绩效的协调发展才是农村小型金融组织"适应性"成长面临的一个具体操作性问题，因此，本章将对农村小型金融组织"适应性"成长的社会绩效与财务绩效协调发展问题进行重点介绍。

第一节　农村小型金融组织"适应性"成长与普惠金融"中国梦"

我国农村小型金融组织数量多、规模小，而且具有很大的"草根性",但农村小型金融组织内生于农村,直接面向农村,在服务农村经济方面具有天然的优势,与我国亿万农户和小微企业等密切相关,农村小型金融组织的成长也越来越受到党和政府的重视。农村小型金融组织"适应性"成长将塑造具有"自适应性"的微观经济主体,逐渐打破政府的金融管制,营造与农村小型金融组织成长相适应的政策体系作为当前我国农村金融领域的重大和关键性问题。因为只有这样才能真正实现我国农村金融服务"三农"的功能。从更高层次的角度来看,农村小型金融组织"适应性"成长也是我国金融改革的重要问题,十多年来,每年的中央"一号文件"都有直接与农村小型金融组织成长有关的指导性思想,农村小型金融组织的"适应性"成长与整个市场经济体制改革和国民经济发展密切相关。当前,我国金融领域和整个国民经济体制改革发展领域有两个非常重要的关键词,即普惠金融与"中国梦",这是我国金融未来发展的方向和目标。因此,农村小型金融组织的"适应性"成长应该被置于发展普惠金融和实现"中国梦"的浪潮中,农村小型金融组织的"适应性"成长应该为发展普惠金融和实现"中国梦"服务。

一 普惠金融与"中国梦"的现实关联

普惠金融已成为我国农村金融改革的新思路,为我们提供了新的视野。我国提出的"发展普惠金融",一方面是对我国长期以来农村金融改革进行深刻反思的结果,另一方面是我国构建社会主义和谐社会,贯彻科学发展观的实际需求。在我国发展普惠金融的新时期,正确认识我国农村金融改革,发展普惠金融与实现"中国梦"在内在逻辑上具有一致性,这对指导我国普惠金融发展具有重大指导意义。

(一) 我国农村金融改革从功能缺失到"新政"出台

我国现有的金融体系由商业性金融、政策性金融和合作性金融共同组成,该金融体系是以大银行特别是国有大银行为主导的金融体系,其服务对象主要是富裕人群和大中型企业。低收入人群和小微企业等弱势群体的金融服务需求得不到满足的现象仍然普遍存在,特别是我国一些偏远农村甚至还存在金融服务空白状况。在经历了中国农业银行和农村信用社的商业化改革以后,这两大传统农村金融机构事实上已逐渐远离了农村弱势群体。从理论来说，合作金融最有利于解决弱势群体资金需求，因为它是联合弱势群体开展自我互助的组织形式。随着农村信用社商业化改革道路的推进，我国农村合作金融出现了事实上的缺失。2004 年 9 月，党的十六届四中全会提出要构建社会主义和谐社会，农村金融发展越来越滞后的局面引起了党和政府的高度关注。改革开放以来我国经济快速发展，但农户、小微企业等无法平等地享有金融服务的机会，无法分享经济增长的成果，这有失社会公平与公正，与构建社会主义和谐社会的目标相悖。我国急需通过加大改革与创新力度，构建能为社会各阶层提供有效、全方位服务的金融体系，实现包容性增长，促进社会和谐与科学发展。随着政府和社会各界对"三农"问题的重视，我国从 2006 年开始实施"增量式"农村金融改革。一方面，继续深化存量式农村金融机构改革，另一方面，注重发展新型农村金融机构，"弯腰"为弱势群体提供金融服务。

（二）农村金融改革"新政"恰逢国际"普惠金融"理念提出

在我国实施农村金融改革"新政"的前后，普惠金融理念开始在国际社会流行。普惠金融的目标是以低成本来全方位地为社会各阶层提供金融服务，特别是满足弱势群体的金融服务需求，不断提高金融服务的可获得性。普惠金融理念的形成是以理论界对金融的结构与功能、金融机构形式、弱势群体特别是农户金融服务需求特点，来满足弱势群体金融服务需求。其是在对一国经济社会发展重要性不断认识的基础上逐渐形成的，这一认识过程先后经历了农业信贷补贴论、农村金融市场论、小额信贷理论、微型金融理论、普惠金融理论等。从农业信贷补贴论到金融市场论，金融发展先后经历了政府失灵和市场失灵，弱势群体因为无法获得传统正规金融机构的信贷资金而常常陷入"贫困恶性循环"。20 世纪 70～80 年代微型金融在缓解贫困方面发挥的显著作用引起了人们的广泛关注，微型金融被视为一种新型的制度和机构创新模式，普惠金融理念就是在此基础上产生的。微型金融的实践发展为普惠金融理念的深化和理论的形成提供了很好的素材，普惠金融理念也进一步推动了微型金融的深入发展，普惠金融与小额信贷和微型金融是一脉相承的。我国农村金融改革"新政"的背景与国际普惠金融理念形成的背景具有很大的相似性，其根本目的都是解决困扰已久的贫困弱势群体融资难问题。因此，国际普惠金融理念在正式提出后不久就被引入中国，对我国新一轮农村金融改革产生了深远的影响。

(三) 发展普惠金融成为我国农村金融改革的新思路

我国从 20 世纪 90 年代初期就开始出现小额信贷，但其只在局部地区产生了影响，并没有引起人们足够的重视，小额信贷的发展主要依靠民间组织的倡导和推动，没有对农村金融改革思路产生明显的影响。另外，长期以来，我国依靠投资和出口拉动保持了较快的经济增长速度，但这也带来了资源枯竭、环境污染、产能过剩、收入差距拉大等问题和矛盾，迫切需要我们转方式、调结构、惠民生。小微企业贴近民生，在增加就业、促进科技进步等方面发挥着非常重要的作用，是我国经济平稳健康发展的基础。2008 年以来，受美国"次贷"危机引发的影响，小微企业融资问题受到了越来越多的关注，政府也深刻认识到了这一点，小微企业的融资问题也成为我国金融改革的内容之一，整个金融领域开始越来越重视为贫困弱势群体服务。2013 年 11 月，党的十八届三中全会正式提出"发展普惠金融"，普惠金融已进入了"顶层设计"视野。当前我国正处于实现全面实现小康社会和"中国梦"目标的新时期，发展普惠金融是党和政府为贯彻落实科学发展观，提出的切合实际的改革思路和目标。未来，发展普惠金融将成为我国农村金融改革的新思路，农村金融要以实现普惠金融为目标，在具体措施上要按照普惠金融理念来进行改革。

(四) 发展普惠金融是实现"中国梦"的重要途径

"中国梦"是党的十八大以来习近平总书记提出的重要指导思想和重要执政理念。2012 年 11 月 29 日，"中国梦"正式提出，其核心目标是"两个一百年"的目标，到 2021 年和 2049 年逐步并最终顺利实现中华民族的伟大复兴。"中国梦"从总体上说是要实现全面小康、国家富强、民主、文明、和谐，"中国梦"是我国社会主义现代化建设的长远目标，该目标的实现需要以实现政治、经济、制度、生态等多方面的阶段性目标为基础。但不管是哪个方面，"中国梦"目标的实现都离不开机会、社会资源分配规则等方面的公平、公正。只有这样，我们才能保证让人民与改革同步，真正分享到改革开放和社会主义现代化建设的成果。在当前我国金融体系格局下，大中型企业和富裕阶层已经能够获得相应的金融服务，但数量众多的农户和小微企业仍然无法平等享受金融服务，也不能真正分享改革开放和经济增长的成果，这有失社会公平与公正，与构建社会主义和谐社会和实现"中国梦"的

目标相悖。目前，我国提出转方式、调结构、惠民生的基本战略方针，重视
发展小微企业，进一步贴近民生。普惠金融倡导人人享有平等的融资权，着
重解决贫困弱势群体的融资难问题，对提高我国贫困弱势群体的收入水平、
缩小贫富差距、促进社会和谐具有重要意义，是我国金融领域的"中国梦"。
发展普惠金融是实现"中国梦"的重要途径。

　　基于前文的研究可以发现，发展普惠金融的顶层设计是国内农村金融
改革的现实需求和国际理念两方面的结合，"中国梦"的提出推动普惠金
融发展进入新时期，普惠金融与社会主义和谐社会、科学发展观和"中国
梦"在理论逻辑上是一脉相承的，发展普惠金融与"中国梦"的思想联结
可以用图 5 - 1 归纳总结。

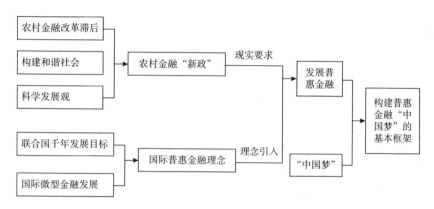

图 5 - 1　发展普惠金融与"中国梦"的思想联结

二　实现普惠金融"中国梦"面临的关键难题

　　基于前文的研究可以发现，普惠金融与社会主义和谐社会、科学发展
观和"中国梦"在理论逻辑上是一脉相承的，"中国梦"的提出对普惠金
融发展提出了新的目标要求。为实现普惠金融"中国梦"，我们需要正确
认识该目标的实现在当前面临的一些关键性问题。

（一）国外普惠金融理论和方法不完全适用于中国实际

　　普惠金融理念源于国外，它被移植到我国以后，我国在对普惠金融的理
解上发生了偏差，而且由于国外普惠金融的实践模式不能被直接照搬到我
国，我国还有许多具体的实际问题需要落实解决。①我国对普惠金融的理解

存在片面化。目前我国一般将普惠金融理解为"实惠、福利和全方位的金融覆盖",认为普惠金融就是要让每一个人都能享受金融服务,这更多地体现为对贫困弱势群体的人文关怀和福利秉性。这种理解往往容易忽视普惠金融的深层次含义,普惠金融是要让每一个有金融需求的人能够获得可持续的低成本的金融服务,并非简单意义上的"扶贫"和"福利"。首先,普惠金融着重创造一个平等享受金融服务的机会,加强金融服务的可得性,充分发挥贫困弱势群体的金融努力水平。其次,普惠金融也不是要让贫困弱势群体享受所有的金融服务,它强调的是一些存款、贷款、结算、汇兑等基本性金融服务。最后,普惠金融强调贫困弱势群体获取金融服务成本的可负担性和需求有效性,如果贫困弱势群体获取金融服务的成本太高,那么其必然会降低这种金融服务需求的有效性,这就要求金融机构注重开展金融创新,降低金融服务成本。②普惠金融的实践局限于微型金融领域,不适用于我国实际。由于国际普惠金融理论主要是依托微型金融理论构建起来的,其在普惠金融实践上也被局限于微型金融层面。从前文的研究可知,我国关于发展普惠金融的理论研究也主要集中在微型金融研究上,即局限在对村镇银行、小额信贷组织等农村金融机构的研究层面。这种将普惠金融发展过多地依赖微型金融发展的思路需要纠正。只有这样,我们才能进一步明确我国发展普惠金融的责任主体。我国的普惠金融应该是商业性金融、合作性金融还是政策性金融,或者是这三者的合一?这是一个非常关键的问题,因为如果将普惠金融定位为政策性金融,那么政府就应该是最终的责任和运行主体。如果将其定位为商业性金融和合作性金融,那么其主要依靠市场化自发力量,发挥金融机构的作用。我国发展普惠金融的责任主体问题涉及普惠金融发展中的政府与市场关系问题,我国普惠金融发展应该依托现有金融体系,微型金融发展不是我国普惠金融发展的全部,大型商业性金融、合作性金融业应该充分发挥自己的优势以为实现普惠金融的"中国梦"贡献力量。③国外普惠金融实践模式不能被简单地移植到国内。国际普惠金融发展有很多国际做法可以参考,但其主要是在亚、非、拉地区的一些贫困国家实行,不能完全适用于我国经济转轨时期的特殊国情。而且我国普惠金融发展是在工业化、城市化和农业现代化水平不断提高,整体经济发展水平不断提升的大环境下进行的。国际贫困国家的经验不一定适用于我国,国外成功的微型金融模式和经验可能在我国行不通。要实现普惠金融的"中国梦",我们面临的一个基础性问题是结合我国的特殊国情,深入地剖析国际普惠金融理论在我国的适用条件，以构建我国特色的普惠金融理论体系。

（二）现有金融组织体系与普惠金融"中国梦"的要求存在差距

构建与发展普惠金融相适应的金融组织体系是发展普惠金融的基础，金融组织是普惠金融服务的供给方，其服务产品和质量直接关系普惠金融目标的实现。①体制内金融组织体系健全，但功能不足。传统商业性金融机构与弱势群体之间存在天然"隔阂"，严重的信息不对称使传统商业性金融机构服务贫困弱势群体的成本升高，缺乏规模效应，这导致传统商业性金融机构服务目标"上移"，缺乏服务贫困弱势群体的积极性。我国政策性金融主要以政府"指挥棒"为基准，在体制上缺乏为贫困弱势群体服务的积极性。我国的合作性金融只在名义上存在，在事实上是残缺的。农村信用社已经走上商业化道路；农村资金互助社等合作性组织受政府管制太多，无法承担合作金融的重任。②体制外金融组织与发展普惠金融的要求也存在较大的差距。我国还存在数量众多的准金融机构或者非正规金融组织，其包括相对比较"正规"的小额贷款公司，也包括数量众多的农民资金互助社、P2P金融组织和一些隐性的民间金融组织，它们大多数是体制外金融组织，从法律意义上说，它们不属于正规金融机构，但这些体制外金融组织又在从事金融业务，特别是它们的服务对象是被正规金融机构所排斥的贫困弱势群体，它们在客户选择、服务思想等方面与普惠金融理念是一致的，具有普惠金融发展所需要的理念、客户、技术基础。但我国并没有把这些非正规金融组织纳入国家主流金融体系，缺乏有效的政策引导，整个行业发展比较混乱，金融组织缺乏明确的普惠金融目标定位。它们打着普惠金融的旗号，对外宣传普惠金融的目标定位，享受国家相应的政策优惠，但其实际行为与普惠金融要求相去甚远。

（三）政府在发展普惠金融中的角色定位不清

在我国普惠金融发展中，政府色彩非常浓厚，我国对村镇银行的发起设立实施主发起行制度，这实际上将增量式农村金融改革局限于原有金融体制内部，不是严格意义上的增量式改革。小额贷款公司发展很快，社会经济发展也有强烈的需求，但其一直得不到真正意义上的金融机构法律地位，我国在股权结构、资源来源等方面也实施了诸多限制性政策规定。农村资金互助社原本是富有生命力的合作金融组织，政府却将它强制纳入正规监管体系，这实际上不利于这种内生金融的发展。发展普惠金融与我国金融创新的改革方向相一致,有效协调我国普惠金融发展中的政府与市场行为,成为普惠金融发展前景的核心问题。从党的十八届三中全会关于政府与市场关系的会议精神以及我国市场经济改革的方向来看,政府对经济改革的直接参与度将逐渐降低,将不断发挥市场的力量。但政府与市场之间这种角色的转换将是一个长期的过程,特别是在我国"渐进式"经济转轨的大环境下,农村金融改革本身充满着风险,普惠金融发展中"市场替代政府"在短期内会使农村金融风险凸显,其对风险的容忍度又直接关系政府与市场角色转换速度和深度。因此,政府在发展普惠金融中的角色定位很微妙,政府与市场的作用边界划分是我国普惠金融发展的难点。

(四)社会绩效与财务绩效协调发展成为需要攻坚的难题

农村小型金融组织的基本特征是盈利,如果没有盈利,那么其无法获得可持续发展。但我国农村小型金融组织从成立之初开始,就被赋予为那些难于从传统金融组织获得金融服务的农户及小微企业提供服务的"使命"。所以,农村小型金融组织的成长不能一味地追求经济利益而忽视甚至偏离其服务"三农"的本质,农村小型金融组织在为弱势群体提供金融服务时,其面临的一个不可回避的难题就是实现社会绩效与财务绩效的有效协调,其在帮助弱势群体脱贫的同时,要实现自身可持续发展。从理论上说,服务弱势群体和追求盈利是存在较大冲突的,农村小型金融组织实际上面临着一个两难选择。这个难题只能依靠金融机构大力开展业务和技术创新,降低信贷过程中的交易成本来解决。但目前我国金融机构普遍面临着金融业务产品的客户与信贷技术"不适应"问题,这种缺乏差异化的信贷业务和技术不能满足弱势群体的客观需要。另外,如何客观地评价普惠金融机构的社会绩效,如何对普惠金融机构进行社会绩效管理,这些问题在我国一直没有解决。社会绩效理念和发展还处于刚刚起步阶段,追求社会绩效基本是金融机构的自发觉悟性行为,政府缺乏有效的引导,也没有通过明确的激励和优惠政策来对那些社会绩效优良的金融机构给予相应的补偿。如何做到社会绩效与财务绩效协调发展成为农村小型金融组织"适应性"成长的关键,这也是实现普惠金融"中国梦"的基本要求,这是农村小型金融组织在实现正确的目标定位以后,在实现普惠金融的长远目标之前应该达到的阶段性目标。

第二节 社会绩效发展动态：基于小额信贷领域的研究①

一直以来，我们对金融机构绩效的关注主要集中在财务绩效方面，例如贷款资产的质量、贷款偿还率、贷款收益等方面。对小额信贷组织来说，良好的财务绩效是小额信贷成功的重要标准，只有当利润超过成本时，其才具有可持续发展性。但事实上，绝大多数小额信贷组织都具有双重性目标，它们既要追求财务可持续，又要为穷人提供服务。特别是在国际小额信贷发展由福利学派过渡到制度学派时，普惠金融理念开始在全球流行。小额信贷组织在服务对象、地域、资金来源等方面出现扩张，一些NGO小额信贷组织开始转型为正规金融机构，开始吸收社会公众存款，商业化趋势越来越明显，如何使小额信贷组织在扩张和转型的同时不出现使命偏移已经引起了人们的很大关注。因此，小额信贷不能只是追求财务绩效，还要追求社会绩效。

一 社会绩效提出的起源和背景

（一）不同小额信贷发展学派蕴含的社会绩效思想

国际小额信贷发展经历了从福利学派到制度学派的转变过程，福利学派和制度学派的社会目标相同，都是为贫困人群提供金融服务以实现脱贫目标，但发展模式不同。福利学派注重为穷人提供金融服务，其目标客户一般是收入很低的穷人，将小额信贷作为穷人脱贫的重要工具；小额信贷将目标定位于改善穷人生活状况、社会地位，该类组织主要依靠社会约束发挥作用。福利学派注重扶贫，这使得小额信贷偿还率较低，同时产生高昂的操作成本，使小额信贷组织对财政产生了严重依赖，其面临着可持续发展问题。由于福利学派受到了很多批评，小额信贷发展

---

① 本书所指的"社会绩效"源于国际小额信贷发展过程中的一个词组"Social Performance"，它不同于一般的公司或企业的"社会责任"，社会绩效是小额信贷领域的独特理念。由于我国村镇银行、小额贷款公司等农村小型金融组织成长的初衷是服务"三农"，其与小额信贷的"支农支微"使命存在很大的一致性，可以将社会绩效应用到与小额信贷组织一样具有"支农支微"使命的其他金融组织。因此，在本书研究中，我们将社会绩效扩展到了农村小型金融组织领域。

进入制度学派阶段。制度学派认为使穷人获得金融服务的最好办法是将小额信贷融入一国正规金融体系中，小额信贷组织自身应该追求财务可持续性，以尽可能提高自身效率，做到财务方面的独立，它强调小额信贷组织资金的自我满足性，其不能过分依赖于外部资金捐赠，最有效的获得资金的办法是寻求私人部门资金，如吸收个人储蓄，从商业银行或者股票市场获得资金。制度学派重视商业合同作用的发挥，注重从机构自身而不从农户这一客户层面进行业绩评价，认为坚持财务上的自主独立是小额信贷组织实现扶贫等社会目标的保障。综上所述，福利学派和制度学派的区别如表 5 - 1 所示，福利学派注重帮助农村扶贫，而制度学派注重通过追求可持续发展来实现扶贫目标①。

表 5 - 1　福利学派和制度学派的区别

指　标	福利学派	制度学派
方法	从客户角度出发进行业绩评价 评价的两个方面：服务覆盖面，影响评估	从机构自身角度进行业绩评价 评价的两个方面：服务广度，发展的可持续性
目标客户	收入很低的穷人	处于贫困线的小微企业
组织类型	社会约束	商业合同约束
资金来源	主要依赖外部捐赠性资金和补贴	求助于其他私人部门资金，获得资金自我满足
批评	缺乏可持续发展性，操作成本高，资金偿还率低	客户选择存在偏见，贷款利率高
目标	帮助农村扶贫	通过追求可持续发展来实现扶贫

（二）小额信贷商业化与社会绩效的提出

对于小额信贷社会绩效的关注是与小额信贷的商业化联系在一起的，国际小额信贷发展从 20 世纪 90 年代以来出现了商业化趋势，特别是拉丁美洲的小额信贷商业化趋势明显。表 5 - 2 体现的是国际小额信贷的商业化形式，在这四种小额信贷商业化形式中，第一种方式——NGO 小额信贷组织转型为商业银行或者非银行金融机构受到更多关注。

---

① 由于制度学派获得了世界银行、联合国等国际组织的支持，所以它成为 20 世纪 80 ~ 90 年代的主流思想。

表 5 - 2　国际小额信贷的商业化形式

序号	商业化形式	代表性机构
1	NGO 小额信贷组织转型为商业银行或者非银行金融机构	玻利维亚的 BancoSol、肯尼亚的 K - Rep、菲律宾的 CARD 银行、秘鲁的 Mibanco、洪都拉斯的 Finsol、墨西哥的 Compartamos
2	商业银行、农村信用社等正规金融机构进入小额信贷市场	海地的 Sogebank、厄瓜多尔的 Banco Pichincha
3	新建商业性小额信贷组织	委内瑞拉的 Bangente，大多数国家都有这种机构
4	商业银行和一个或者多个小额信贷组织之间的合并	尼加拉瓜的 CONFIE 与危地马拉的 Genesis 合并成的商业银行 蒙古的 XAC 和 Gobi Ehlel 合并为正规小额信贷组织

资料来源：根据世界银行扶贫协商小组网站（www. cgap. org）和小额信贷门户网（www. microfinancegateway. org）的相关资料整理而成。

　　大部分小额信贷组织通过商业化增加了股权资本，改善了公司治理结构。但焦虑和担心也随之而来，在"营利性"目标引导下的小额信贷组织容易放弃穷人和低收入者而青睐富人，因为富有的客户一般有较大额度的贷款需求，对小额信贷组织来说，这具有规模效应。小额信贷组织在发展过程中为了实现投资者利润最大化的目标，富人在新客户中所占的比例越来越大，甚至改变了为穷人服务的初始目标，其将服务对象转向富裕人群，瞄准对象由原来的穷人转向富人，这就出现了使命偏移（Cull，Demirguc - Kunt，2006）。因此，如何在商业化背景下使小额信贷组织在扩张和转型的同时不出现使命偏移，不再只是追求财务绩效，还追求社会绩效，这是一个非常重要的问题。特别是 2010 年印度小额信贷危机的出现使小额信贷商业化问题受到更多的关注，小额信贷社会绩效成为全球关注的焦点。

二　社会绩效的内涵和内容体现

（一）社会绩效的定义

　　目前，我们一般将小额信贷社会绩效定义为小额信贷组织的社会目标转化为社会实践的程度，小额信贷组织为实现自己当初确定的社会目标采取的那些措施要与广泛接受的社会价值观相符。社会绩效不仅反映财务状况，而且反映在获得这种财务状况过程中形成的小额信贷组织与客户、资金捐赠者、员工和所在的社区等相关利益方之间的一种关系。小额信贷组织的社会目标是为穷人和被排斥在正规金融服务以外的人特别是妇女提供长期的、具有可获得性的金融和非金融服务，以提高他们的收入水平和社会地位。小额信贷组织良好的社会绩效应体现在以下四个方面：①尽可能为更多的穷人和被排除于正规金融服务以外的人提供金融服务；②了解客户的实际需求，与客户建立相互信任；③减少客户的机会主义行为，降低交易风险；④增强小额信贷组织的社会责任感，了解当地的文化和风俗习惯，采取合适的人力资源政策，认真考虑组织内部员工和客户之间的利益。

（二）社会绩效不同于社会影响

社会绩效涉及组织与客户、股东之间的关系，并不等同于社会影响。根据产业组织理论的 S－C－P 分析范式，组织产生的社会影响由该组织的结构、行为和绩效决定，并且受到外部环境的影响。社会绩效评估应该调查组织的结构（如该组织的目标、所有权、管理原则、与员工的关系等）、行为（如生产的产品、提供的服务、市场行为、与客户和股东之间的关系等）。小额信贷传统的评价方法注重其产生的最终社会影响，由于其对小额信贷社会影响的评估很复杂，小额信贷服务涉及很多原因和结果之间的相互关系和相互作用，小额信贷在不同层面产生社会影响，有直接影响也有间接影响。对小额信贷社会影响的评估包括经济、政治和社会等方面，而且选择包含经济、政治和社会等多方面的社会影响的指标很困难。由于评价方法的选择是一件具有挑战性的事情，所以，小额信贷社会绩效逐渐受到广泛关注，社会绩效评价不再局限于最终社会影响的评估，更加重视最终社会影响产生的过程。

（三）社会绩效的内容体现

社会绩效的主要内容体现在目标设计、政策行为、产出、结果和影响五个方面，小额信贷组织社会绩效研究框架见图 5－2。①"目标设计"是指小额信贷组织的社会目标是什么，是否清晰；②"政策行为"是指小额信贷组织是否采取实际行动来实现目标，是否出台相应的政策、运用一定的技术来实现自己制定的目标。例如，通过教育帮助员工树立实现社会目标的信念，通过适当的激励实现社会目标，通过开发新的产品和服务实现社会目标；③"产出"是指小额信贷组织目标客户金融需求的满足程度，它体现了小额信贷组织为实现社会绩效的努力所产生的效果，这反映了小额信贷组织的服务深度和广度，是否具有可持续发展性等问题；④"结果"是指小额信贷组织的目标客户在接受金融服务以后，经济和社会地位是否有所改善；⑤"影响"是指目标客户的经济和社会条件的改善在多大程度上归功于小额信贷组织提供的服务。

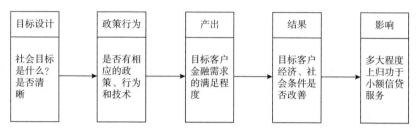

图 5 - 2 小额信贷组织社会绩效研究框架

三 社会绩效管理与评价

（一）社会绩效管理的定义

小额信贷社会绩效管理（Social Performance Management，SPM）是源于行业发展内在规律的一个制度化过程，它是小额信贷组织为实现自身社会目标，通过设定相关战略和指标，开展经营管理，产生社会绩效的过程。可以看出，小额信贷社会绩效管理是从广义上对社会绩效进行的跟踪，它关注的不是事后的结果，而是结果产生的具体过程。小额信贷组织实施社会绩效管理应该明确以下几个核心问题。①社会绩效的目标是什么？如何实现该目标？②充分了解自己的客户，哪些客户在接受自己提供的服务？③客户基于何种原因退出小额信贷项目？④小额信贷服务对客户的经济状况、社会地位产生了哪些影响？⑤如何利用收集到的关于社会绩效的信息改善自身服务？小额信贷社会绩效管理与财务绩效管理、人力资源管理等共同构成小额信贷组织的管理体系，社会绩效管理重视国家目标和机构的社会责任目标，关注目标的实现过程，认为成本应与潜在收益符合，更加重视机构内部控制。财务绩效管理目标在于实现机构自身收益最大化，重视会计层面的成本收益核算，重视通过产品开发来提高收益。社会绩效管理与财务绩效管理比较如表 5 - 3 所示。

表 5 - 3 社会绩效管理与财务绩效管理比较

指 标	社会绩效管理	财务绩效管理
最终目标	实现国家的目标、机构自身的社会责任目标,如扶贫、提高妇女地位	实现机构自身收益最大化
绩效评估办法	通过关注社会目标实现过程、客户收入、地位改善情况来评估社会绩效	通过系统的书面记录和会计核算进行评估
直接目的	服务于金融机构产品开发、服务定价,通过提供更多的非金融服务来提高金融机构的社会绩效	服务于金融机构产品开发、服务定价
成本核算	成本应该与潜在收益相符合	是总体业务成本的一部分
有效性监管	通过内部质量控制和定期的外部检查确保有效性	通过内部和外部监管确保有效性

目前,对小额信贷社会绩效管理的著名机构是 Imp - Act Consortium,它是由福特基金资助建立的,其目的在于提高小额信贷组织的服务和使农户脱贫,它联合全球一些小额信贷合作者开发了小额信贷社会绩效管理体系,支持小额信贷组织从事社会绩效管理,认为社会绩效管理使小额信贷组织更加清楚自己的社会目标,加强组织自身的信息系统建设,加强对自身行为的监控,使自身的服务朝着实现社会目标而努力。除此以外,还有一些国际小额信贷组织也十分重视建立社会绩效管理系统,比较著名的有南非的 SEF、南斯拉夫的 Prizma、洪都拉斯的 Covelo、玻利维亚的 Finrural、印度的 PRADAN 和马达加斯加的 Vola Mahasoa。

(二) 社会绩效管理的作用

小额信贷社会绩效管理系统的作用可以从以下三个方面进行分析。①对小额信贷管理者来说,建立小额信贷社会绩效管理系统可以让他们更好地协调财务效益与社会绩效之间的关系,以进一步强化管理者社会责任意识,从而把小额信贷事业当成一种信仰来做,其在小额信贷社会绩效管理过程中收集各方面信息,及早发现和解决问题。②对小额信贷组织的客户来说,小额信贷组织的社会绩效管理可以让他们根据自身需要,在金融产品和金融服务范围方面有更大的选择,在小额信贷服务中有更大话语权。③对小额信贷组织来说,通过小额信贷社会绩效管理提高服务广度,提供更好和更多的产品和服务;通过监测客户对所提供的产品和服务的使用情况,及时调整以提供更好的服务,提高客户的忠诚度,降低客户退出率;通过"标榜效应"吸引更多的潜在客户,促进自身发展,降低操作成本，提高资源使用效率和投资者资金回报率，以吸引更多外部资金。

（三）社会绩效管理的关键：社会绩效评价

社会绩效评价（Social Performance Assessment，SPA）主要评价小额信贷组织实现社会目标的程度，由于小额信贷社会绩效针对的是从目标设计、政策行为，一直到社会影响产生的这一个过程，社会绩效评价一般是针对整个社会绩效实现过程中的一个或某几个环节进行，而这些不同的环节对应不同的问题，主要有以下几个。①小额信贷组织是否有合适的工具来实现其社会目标？②小额信贷组织的客户主要是哪些人？③客户如何使用小额信贷组织提供的一些金融产品和服务？④客户对小额信贷组织提供的金融产品和服务感到满意吗？⑤客户与小额信贷组织及其提供的金融服务存在一种什么样的关系？⑥客户在社会、经济条件方面的改善情况如何？⑦小额信贷金融服务如何适应当地经济？通过对以上问题的回答，我们可以知道小额信贷产生的社会影响及产生这种影响的过程。当然，要准确回答以上的问题，我们需要设计问题评价的方法和工具。目前，国际上已经形成对这些问题进行评价的方法和工具，国外小额信贷社会绩效评价方法和工具见表5-4。不同的评价方法或工具的侧重点不一样，有的侧重关注小额信贷组织的社会目标和实现目标的措施，有的侧重关注客户，有的对以上多个方面问题进行关注。

表5-4　国外小额信贷社会绩效评价方法和工具

问　题	方法或工具名称	方法或工具简介	资料来源
小额信贷组织是否有合适的工具来实现其社会目标	CGAP Poverty Audit	了解小额信贷组织的具体行为在多大程度上反映扶贫和其为穷人服务的目标和理想	对管理者进行调查
	CERISE Social Performance Indicator Tool	了解小额信贷组织是否有办法实现社会目标	对员工和管理者调查
小额信贷组织的客户主要是哪些人	PWR、Cashpor Housing Index	了解小额信贷组织所在区域的居住条件	当地调查
	CGAP Poverty Assessment Tool（PAT）	了解所在区域农户的贫困程度	对农户实际情况的调查
	ACCION Evaluation Tool	了解小额信贷组织所在区域农户的贫困程度，并与其他区域的收入水平进行比较	当地和外地实际调查

续表

问 题	方法或工具名称	方法或工具简介	资料来源
客户如何使用小额信贷组织提供的一些金融产品和服务	AIMS/SEEP Loan Use, Savings Strategies	了解每一笔贷款是如何被使用以及小额信贷服务对农户和小微企业产生的影响	对客户实地深入调查
	Evaluation of Household Budgets	了解家庭收入总数及其具体来源、开支情况,以便开发适合家庭需要的金融产品	对客户实地深入调查
客户对小额信贷组织提供的金融产品和服务感到满意吗	AIMS/SEEP Client Satisfaction Tool	了解客户对现有金融产品和服务的喜欢或者不喜欢情况,期待在哪些方面进行改善	对客户实地深入调查
	AIMS/SEEP:Client Exit	了解客户为什么决定退出该项服务,现有金融服务存在哪些不足之处	对客户实地深入调查
	QUIP	让小额信贷组织了解为什么有人接受而有人不接受小额信贷服务,让接受调查者具体讲述他们接受服务的情况及其产生的影响	深入定性调查
	Impact – Knowledge – Market(IKM)	提供关于小额信贷客户的一些信息,了解客户对服务的满意程度及不满意的原因,评估客户对服务的需求状况	定性和定量的调查、统计分析
客户与小额信贷组织及其提供的金融服务存在一种什么样的关系	Socio – anthropological Approach	了解小额信贷组织和客户的关系,小额信贷组织如何将服务融入当地环境,以提高社会可持续性	当地定性调查
客户在社会、经济条件方面的改善情况如何	AIMS/SEEP Impact Study	了解客户在住房、收入、健康、食品卫生等方面的改善情况	当地定量、定性调查
	Internal Learing System(ILS)	允许客户有不同的看法甚至争论,了解客户在各方面的改善情况	对客户定性调查
	AIMS/SEEP Empowerment Tool	了解客户接受了哪些小额信贷服务及这些服务给他们在经济、社会等方面带来了什么好处,妇女的社会地位和自尊心是否提高了	对客户实地调查
小额信贷金融服务如何适应当地经济	Approach to Link between Financial Services, Other Services	小额信贷组织如何配合运用金融服务和非金融服务来扩大服务覆盖面,对经济、社会可持续性进行评价	定性和定量的机构调查

四　社会绩效与财务绩效协调发展研究

商业化背景下如何做到小额信贷组织社会绩效和财务绩效的协调发展是一个重要问题，从理论上说，社会绩效与财务绩效是相互作用的，但这种相互作用可以体现为"正面"的相互作用，也可以体现为"反面"的相互作用，即相互补充或者相互冲突。关于小额信贷社会绩效和财务绩效关系的研究主要体现在以下三个方面。（1）利用横截面数据研究。Paxon（2002）研究了位于非洲和拉美的 18 家小额信贷组织，研究发现，社会绩效与财务绩效存在冲突。Gutiérrez – Nieto，Serrano – Cinca（2005，2007）对非洲、亚洲、拉美、东欧的一些小额信贷组织进行研究，发现社会绩效与财务绩效存在冲突和互补。Cornée（2007）对秘鲁 18 家小额信贷组织进行研究，发现社会绩效与财务绩效存在冲突和互补。（2）利用时间序列数据研究。Navajas 1998 年利用玻利维亚的 BancoSol 1987～1995 年的数据进行研究，发现社会绩效与财务绩效存在冲突，追求商业性盈利目标就不可避免地会出现使命偏移。（3）利用面板数据研究。Woller 和 Schreiner 2002 年对拉美 13 家合作制小额信贷组织 1997～1999 年的数据进行研究，发现社会绩效与财务绩效存在冲突。Olivares – Polanco（2005）利用拉美 28 家 NGO 和金融机构性质小额信贷组织 1999～2001 年数据进行研究，发现社会绩效与财务绩效存在冲突。Cull，Demirguc – Kunt（2006）对亚洲、非洲 124 家小额信贷组织 1999～2002 年的数据研究发现社会绩效与财务绩效存在冲突。Luzzi，Weber（2006）对亚、非、拉、东欧 45 家小额信贷组织 1999～2003 年的数据研究发现社会绩效与财务绩效存在冲突和补充。小额信贷社会绩效与财务绩效关系研究如表 5 – 5 所示。

实证研究结论告诉我们，社会绩效与财务绩效存在相互协调的可能性，但这是以一定的条件为基础的。小额信贷组织在注重社会绩效同时应该通过加强内部管理，实施制度和技术创新去改善财务绩效，这样前一轮的财务绩效好转会体现为下一轮更多的截留利润的重新投入，同时这有利于吸引外部资金流入[①]。相

[①]　关于农村小型金融组织社会绩效与财务绩效能否协调发展的问题，在本书的前期研究中，我们以小额信贷机构为例，研究小额信贷机构的扶贫使命与财务可持续性之间的矛盾，从理论上分析了小额信贷机构追求扶贫与财务可持续性协调发展的可能性和条件，关于这个问题的具体研究详见周孟亮、李明贤《我国小额信贷扶贫与财务可持续：作用机制及其协调发展研究》，《上海经济研究》2009 年第 9 期。

表 5-5　小额信贷社会绩效与财务绩效关系研究

单位：家

指　标	横截面数据				时间序列数据	面板数据			
作者（时间）	Paxon（2002）	Gutiérrez-Nieto（2005）	Gutiérrez-Nieto（2007）	Cornée（2007）	Navajas（1998）	Woller & Schreiner（2002）	Olivares（2005）	Luzzi & Weber（2006）	Cull（2006）
研究区域	非洲、拉美	拉美	亚、非、拉、东欧	秘鲁	玻利维亚	拉美	拉美	亚、非、拉、东欧	亚洲、非洲
样本数	18	30	89	18	1	13	28	45	124
研究时间	1995年	2003年	2003年	1年数据	1987~1995年	1997~1999年	1999~2001年	1999~2003年	1999~2002年
方法	对比分析法	DEA、因素分析法	DEA	DEA、因素分析法	对比分析法	回归分析法	回归分析法	因素分析法	回归分析法
社会绩效衡量指标	客户消费与总体收入的差距	小额贷款规模、人数	妇女贷款比例、贫困指数	妇女接受贷款比例	新借款人数、未偿还贷款数	服务广度深度、平均贷款规模	贷款规模、客户类型和数量	妇女贷款比例、贷款规模	贷款规模
财务绩效衡量指标	补贴依赖指数	操作成本、边际收益	总资产、操作成本、员工人数、ROA	员工人数、总资产、ROA	不同财务指标	FSS、OSS、管理成本、财务收益	ROA	OSS	ROA、FSS、OSS
结论	冲突	冲突、互补	冲突、互补	冲突、互补	冲突	冲突	冲突	冲突、互补	冲突

反，如果其在因为社会绩效管理导致运营成本增加时，为了改善财务绩效而实施高利率，以为富裕人群、大中企业提供服务，那么这将不利于下一轮社会绩效管理。

第三节　我国农村小型金融组织社会绩效评价的实证研究——以小额信贷组织为例

社会绩效主要反映金融组织是否有服务低收入人群的目标定位，其更加重视金融组织的目标定位是如何转化为"实践行动"的,采取了哪些相应的技术和制度来保证目标的实现。社会绩效不仅在乎金融组织是怎么"说"的,而且在乎金融组织是怎么"做"的。国外对社会绩效的研究已经有较长的时间,我国当前对社会绩效的关注较少,特别是理论界缺乏对社会绩效的系统研究。小额信贷社会绩效在我国属于新理念。①我国关于小额信贷社会绩效的研究很少。周孟亮(2011)在我国小额信贷社会绩效指标设计方面做了初步探索。杜晓山、孙同全于2011年在比较社会责任和社会绩效基础上对我国公益性和商业性小额信贷社会绩效管理现状进行比较,研究表明小额信贷社会绩效管理总体还处于起步阶段。张世春(2012)基于福利经济视角研究小额信贷社会绩效与财务绩效的矛盾根源在于公平与效率的矛盾。②我国在小额信贷社会绩效的实践方面也刚刚起步,我国小额信贷行业协会组织——中国小额信贷联盟联合一些国际性小额信贷组织在国内举办过一系列小额信贷社会绩效管理的相关培训,其一直在积极倡导社会绩效管理在我国的推广。从前文的研究可知,当前我国村镇银行带有浓厚的体制内色彩,其在目标定位上也存在偏差,村镇银行的社会绩效管理与评价是实现农村小型金融组织"适应性"成长和发展普惠金融的重要内容。但由于村镇银行发展时间相对较晚,相关统计数据不健全,而我国小额信贷组织特别是具有代表性的中和农信,不仅发展时间较早,而且具有相对完整的统计数据资料。所以,本书的研究主要以我国小额信贷组织为例,对中和农信和具有代表性的小额贷款公司进行社会绩效评价,通过发现其中的问题,以对包括村镇银行在内的农村小型金融组织的成长提供有益的借鉴。

一 基于层次分析法的模型建立

(一)评价指标设计的基本原则

为保证社会绩效评价的科学性,我们必须建立合理的指标体系,评价指标设计应坚持以下基本原则。①全面性和关联性原则。社会绩效指标涉及面很广,各指标权重也不一致,我们必须遵循全面性和关联性原则,以使整个指标体系全面反映有关要素,并且各指标之间相对独立,能保证全面评价小额信贷组织的社会绩效。②数据可靠性原则。本书研究中使用的中和农信和具有代表性的小额贷款公司的定性和定量数据的来源主要是官网、小额信贷组织的内部掌握和通过对其工作人员的交流调研。在指标选择过程中，我们充分考虑数据的可得性和可靠性。③可操作性原则。我国的小额信贷社会绩效指标体系在 2013 年 4 月才初步建立，而且其只是试行阶段，综合评价系统并不完善。因此本书借鉴了国外的 M - CRIL、Microfinanza Rating、Planet Rating 三大评级机构的数据以及 MIX 指标体系，以获得及时准确的数据，本书通过调研来获取社会绩效数据和财务可持续发展数据。

（二）建立层次结构模型

层次分析法（AHP）利用较少的定量信息使决策的思维过程数学化，从而为多目标、多准则或无结构特性的复杂决策问题提供了简便的决策方法。其基本过程是将与决策相关的要素分解成目标、准则和指标等层次，将定量分析与定性分析结合起来，判断比较同层次各因素的相对重要程度，并合理地给出每个指标的权数，利用权数求出各指标的相对权重，从而对目标进行评价分析。首先，建立小额信贷组织社会绩效评价指标体系；其次，运用层次分析法确定各层次评价指标的相应权重；最后，计算各指标的得分情况，从而得出社会绩效评价结果。小额信贷组织社会绩效评价指标需要体现"少而精"的特色。

我们运用层次分析法将社会绩效评价指标分为三层，其中总体目标层为社会绩效，准则层依据社会绩效总体目标层而定，我们设立四个准则层：目标定位和内部政策行为、客户满意度、社会目标实现情况以及财务可持续发展情况。每个准则层又设立 4 个三级指标。我们依据周孟亮（2009）、李镇西（2011）等学者以及 MIX 指标体系发布的小额信贷社会绩效标准报告中 22 个核心指标以及 SEEP 设计的 16 个指标并结合当前我国小额信贷组织初步建立的社会绩效指标体系设计 10 个定量指标和 6 个定性指标，能够较为全面系统地反映小额信贷组织社会绩效情况。第一个准则层——目标定位和内部政策行为，用以下 4 个指标来衡量：组织是否为穷人和低收入者服务，对目标客户是否有清晰的定位，员工绩效评估是否包括与社会绩效有关的工作职责评估，管理员、信贷员和投资者接受社会绩效培训的时间。第二个准则层——客户满意度，用以下 4 个指标来衡量：是否及时了解客户需求并开发新的金融产品以满足客户需要、是否及时开展贷后服务、本年度新加入的客户数量、客户的满意比例。第三个准则层——社会目标实现情况，用以下 4 个指标来衡量：活跃客户总人数、女性客户比例、平均贷款规模、客户社会地位是否提高。第四个准则层——财务可持续发展情况，用以下 4 个指标来衡量：总资产收益率、净资产收益率、不良贷款率、资产组合率。小额信贷组织社会绩效评价指标层次结构如图 5 - 3 所示。

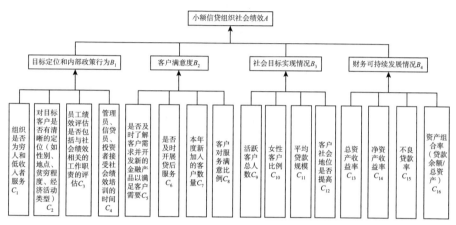

图 5 - 3　小额信贷组织社会绩效评价指标层次结构

（三）构建判断矩阵和相对权重的计算

我们依据判断矩阵的 a_{ij} 元素，并用 Santy 的 1 ~ 9 标度方法对同层次各个指标进行两两相比得出结果，并且对各个指标的重要性赋值。我们将这些矩阵发放给各位专家，让他们对五个矩阵打分，之后综合各位专家意见，对五个矩阵打出相应的分数，运用 AHP 专业分析软件计算五个判断矩阵的权重，并判断其是否通过一致性检验，若检验不通过则再调整打分情况。本文在多次打分和一致性检验后得出相对合理的判断矩阵，$A - B$ 的判断矩阵如表 5 - 6 所示。

表 5 - 6　$A - B$ 的判断矩阵

判断矩阵一致性比率：0.0454；对社会绩效总目标的权重：1.0000					
A	B_1	B_2	B_3	B_4	W
B_1	1	1/2	1/2	1/2	0.1381
B_2	2	1	1/2	2	0.2761
B_3	2	2	1	2	0.3905
B_4	2	1/2	1/2	1	0.1953

表 5 - 6 中判断矩阵一致性比率是 0.0454，通过一致性检验。W 表示准则层四个大方向指标对社会绩效总目标的权重。它们分别是 0.1381、0.2761、0.3905、0.1953，表示目标定位和内部政策行为 B_1、客户满意度 B_2、社会目标实现情况 B_3 和财务可持续发展情况 B_4 占小额信贷组织社会绩效总目标的权重分别是 13.81%、27.61%、39.05% 和 19.53%。其中社会目标实现情况对社会绩效评价的影响力最大，财务可持续发展情况不再是主导因素。这表明小额信贷组织的可持续发展实现了社会绩效和财务绩效的协调发展。

表 5 - 7 是 $B - C$ 判断矩阵，从中可以得知以下内容。

表 5 - 7　$B - C$ 的判断矩阵

$B_1 - C$ 的判断矩阵之一						$B_2 - C$ 的判断矩阵之二					
判断矩阵一致性比率：0.0805；对社会绩效总目标的权重：0.1381						判断矩阵一致性比率：0.0805；对社会绩效总目标的权重：0.2761					
B_1	C_1	C_2	C_3	C_4	W	B_2	C_5	C_6	C_7	C_8	W
C_1	1	1/3	1/3	1/2	0.2761	C_5	1	2	1/3	1/3	0.1465
C_2	3	1	3	3	0.4781	C_6	1/2	1	1/3	1/3	0.1036
C_3	3	1/3	1	1/2	0.1440	C_7	3	3	1	1/2	0.3106
C_4	2	1/3	2	1	0.1018	C_8	3	3	2	1	0.4393
$B_3 - C$ 的判断矩阵之三						$B_4 - C$ 的判断矩阵之四					
判断矩阵一致性比率：0.0439；对社会绩效总目标的权重：0.3905						判断矩阵一致性比率：0.0265；对社会绩效总目标的权重：0.1953					
B_3	C_9	C_{10}	C_{11}	C_{12}	W	B_4	C_{13}	C_{14}	C_{15}	C_{16}	W
C_9	1	1	2	1/3	0.2073	C_{13}	1	1/2	1/2	2	0.1867
C_{10}	1	1	2	1/2	0.2294	C_{14}	2	1	1/2	3	0.2922
C_{11}	1/2	1/2	1	1/2	0.1364	C_{15}	2	2	1	3	0.4133
C_{12}	3	2	2	1	0.4269	C_{16}	1/2	1/3	1/3	1	0.1078

（1）第一个准则层"目标定位和内部政策行为 B_1"的四个因素的一致性比率是 0.0805，对社会绩效总目标的权重为 0.1381。组织是否为穷人和低收入者服务 C_1，对目标客户是否有清晰的定义（如性别、地点、贫穷程度、经济活动类型）C_2，员工绩效评估是否包括与社会绩效相关的工作职责的评估 C_3，管理层、信贷员、投资者接受社会绩效培训的时间 C_4 的相对权重分别是 0.2761、0.4781、0.1440、0.1018。在目标定位

和内部政策行为中,小额信贷组织对目标客户是否有清晰的定义(如性别、地点、贫穷程度、经济活动类型)对其影响力较大,其相对权重接近一半。

(2)第二个准则层"客户满意度 B_2"的四个因素的一致性比率是0.0805,对社会绩效总目标的权重为0.2761。是否及时了解客户需求并开发新的金融产品以满足客户需要 C_5、是否及时开展贷后服务 C_6、本年度新加入的客户数量 C_7、客户对服务满意比率 C_8 的相对权重分别是0.1465、0.1036、0.3106、0.4393,客户对服务满意比率所占的权重最大。当客户满意度为100分时,客户对服务满意比率达43.93分,且其对于社会绩效总目标的影响力为 $0.2761 \times 43.93 \approx 12.13$ 分。

(3)第三个准则层"社会目标实现情况 B_3"的一致性比例是0.0439,对社会绩效总目标的权重为0.3905。四个三级指标对社会绩效总目标的权重分别为0.2073、0.2294、0.1364、0.4269。活跃客户总人数和女性客户比率能体现小额信贷组织服务人群的广度和深度,二者影响力相差不大,分别是0.2073和0.2294。一般而言,贷款平均规模越小,就意味着小额信贷组织为中低收入者服务的可能性越大,且交易量可能也会越大,也越能填补农村金融空白。另外,社会地位是否提高是小额信贷组织社会绩效的最终体现,评价一个机构的社会绩效要看其是否能为中低收入者带来福利,中低收入者的社会地位能否有所改变。社会地位是否提高对社会绩效总目标的权重最大,高达42.69%。

(4)第四个准则层"财务可持续发展情况 B_4"的一致性比率是0.0265,对社会绩效总目标的权重为0.1953。四个三级指标对社会绩效总目标的权重分别为0.1867、0.2922、0.4133、0.1078。"不良贷款率"对社会绩效总目标的权重最大,这表明小额信贷组织如果要在可持续发展中为中低收入人群服务,那么其就必须加大创新力度,优化信贷流程,创新信贷机制,通过降低不良贷款率来实现可持续发展,为越来越多的人提供金融服务。

由此可见,$B-C$ 的四个判断矩阵在用软件分析后,我们发现其一致性检验 CR 均小于0.1,均通过检验。我们将相对权重与其相对应的总目标权重相乘,就可得出指标体系中各个指标对总目标的权重。小额信贷组织社会绩效各指标比重见表5-8。

表 5 - 8 小额信贷组织社会绩效各指标权重

准则层 B_i 对目标层 A 的权重	因素层 C_i 对同准则层权重	因素层 C_i 对目标层 A 的权重
B_1 目标定位和内部政策行为（0.1381）	C_1 组织是否为穷人和低收入者服务（0.2761）	0.0381
	C_2 对目标客户是否有清晰的定义（如性别、地点、贫穷程度、经济活动类型）（0.4781）	0.0660
	C_3 员工绩效评估是否包括与社会绩效相关的工作职责的评估（0.1440）	0.01989
	C_4 管理层、信贷员、投资者接受社会绩效培训的时间（年）（0.1018）	0.0141
B_2 客户满意度（0.2761）	C_5 是否及时了解客户需求并开发新的金融产品以满足客户需要（0.1465）	0.0404
	C_6 是否及时开展贷后服务（0.1036）	0.0286
	C_7 本年度新加入的客户数量（0.3106）	0.0858
	C_8 客户对服务满意比率（0.4393）	0.1213
B_3 社会目标实现情况（0.3905）	C_9 活跃客户总人数（0.2073）	0.0810
	C_{10} 女性客户比率（0.2294）	0.0896
	C_{11} 贷款平均规模（0.1364）	0.0533
	C_{12} 社会地位是否提高（0.4269）	0.1667
B_4 财务可持续性状况（0.1953）	C_{13} 总资产收益率（0.1867）	0.0365
	C_{14} 净资产收益率（0.2922）	0.0571
	C_{15} 不良贷款率（0.4133）	0.0807
	C_{16} 资产组合率（贷款余额/总资产）（0.1078）	0.0211

（四）指标设分方法

小额信贷组织社会绩效的研究在我国研究起步较晚，此前我国都是依据国外小额信贷指标或是国外评级机构的做法设立评价指标，这与当前我国小额信贷组织发展有不符的地方。我国小额信贷社会绩效评级指标体系在 2013 年 4 月初基本建立，处于试用阶段，并不是很完善，需要适时进行调整。因而，本书在借鉴以前学者对此类问题的处理经验前提下，对各个评价指标采用开放式设分方法。我们先对每一个指标确定分值，社会绩效评价的总分值等于全部指标分支之和，我们可以根据实际情况对已经设定分值的具体指标进行分值调整，以修正原来缺乏客观性的分值设定。一方面，这有利于克服封闭式设置分数方式的缺点，较好地规避因为指标调整带来的分值重新分配的不便之处，另一方面，这也为总分值的增减预留了空间。

1. 定量指标的设分方法

定量指标依据设置的指标比例被赋予不同的分值，其可以被分为四个档次，它们的分数依次是 100 分、80 分、60 分和 30 分，定量指标评分，见表 5-9。其中，等于临界值的比率取高分值。由于不同小额信贷组织规模不一致，这使一些定量指标的数额大小不一，这不利于分数值的确定。因此，我们将其中一些定量指标 C_7 和 C_9 的数额进行相对比例化，进而进行比较。

表 5-9　定量指标评分

指　标	100 分	80 分	60 分	30 分
管理层、信贷员、投资者接受社会绩效培训的时间	1 个月	15 天	7 天	7 天以下
本年度新加入的客户数量/活跃客户总数	80% 以上	50%～80%	25%～50%	25% 以下
客户对服务满意比例	95% 以上	80%～95%	60%～80%	60% 以下
活跃客户总人数/员工数	200 以上	125～200	50～125	50 以下
女性客户比例	80% 以上	50%～80%	20%～50%	20% 以下
贷款平均规模（户）	0.3 万以下	0.3 万～1 万	1 万～10 万	10 万以上
总资产收益率	20% 以上	10%～20%	5%～10%	5% 以下
净资产收益率	15% 以上	10%～15%	5%～10%	5% 以下
不良贷款率	1% 以下	1%～5%	5%～15%	15% 以上
资产组合率（贷款余额/总资产）	80% 以上	75%～80%	50%～75%	50 以下

2. 定性指标的设分方法

我们设计了调查问卷对 6 个定性指标进行评分，不同调查者对于指标赋值不一，据此我们得出所有定性指标的平均值。

（1）6 个指标每个指标分数是 100，总共 600 分，被调查者依据自身了解对其打分。问卷调查平均得分 = 得分总分数/被调查对象个数。

（2）设置修正值的分数区间为 1～5 分。问卷调查得分比例 α = 问卷调查平均得分/问卷调查总分值。我们在得出问卷调查得分比例 α 之后，据此得出最后的修正得分 β。若 $\alpha < 20\%$，$\beta = 1$；$20\% \leqslant \alpha < 40\%$，$\beta = 2$；$40 \leqslant \alpha < 60\%$，$\beta = 3$；$60\% \leqslant \alpha < 80\%$，$\beta = 4$；$\alpha \geqslant 80\%$，则 $\beta = 5$。

（3）定性指标得分 $= \beta * 20$。针对每个小额信贷组织的定量和定性指标得出分值，结合其对社会绩效总目标的权重得出此指标的分值，然后将全部指标的分值相加得出小额信贷组织社会绩效的总分值。

二 小额信贷组织社会绩效的综合评价

本书在对小额信贷组织社会绩效进行评价时分别选取公益性和商业性两种类型的机构进行分析评价，每种类型选择一家进行社会绩效评价。我们选取起源于中国扶贫基金会的中和农信作为公益性小额信贷组织的代表，选取一家小额贷款公司——X 小额贷款公司作为商业性小额贷款公司代表。我们在社会绩效评价时所用的一些定性资料和定量数据源于以下几个方面。①中和农信 2000～2014 年的年度报告和月度业务进展报告，这些数据在中和农信的官方网站（http：//www.cfpamf.com/）均可以查询到。②出于研究的需要，2013 年 10 月和 2015 年 1 月，我们两次参加了由中国扶贫基金会和中和农信承办的第一届和第二届"新时期金融扶贫论坛"，并与中和农信的负责人和员工进行了深入交流，获取了关于中和农信的很多资料。③我们还多次参加中国小额信贷联盟联席会议，与中和农信的员工和一些客户进行交流，获得了很多第一手资料。④2013 年 8 月，我们到湖南省茶陵县和双牌县对中和农信在湖南的分公司进行调研，走访了 30 户农户，以了解客户对中和农信提供金融服务的满意程度。

（一）公益性小额信贷组织社会绩效评价——以中和农信为例

本书需要通过对中国扶贫基金会中和农信 2012 年度的定量指标比例化和调研定性指标确定分值，来对其社会绩效进行评分。我们对中国扶贫基金会中和农信小额信贷项目的 C_1、C_2、C_3、C_5、C_6、C_{12} 六个定性指标的打分数据是依据中和农信公布的资料信息所得的。我们最后得出中和农村信用社会绩效的总得分为 88.855 分，由此可见，中和农村信用社会绩效得分较高。从我们获得的相关资料来看，中和农信始终以为贫困农户提供信贷服务为目标，社会绩效管理纳入公司治理结构，实现矩阵式管理以完善治理结构，倡导全员社会绩效管理概念，进行多样化形式的培训和加大社会绩效管理培训力度，多次培训打造专业化小额信贷团队，以金融弱势群体需求为中心提供小额保险服务、农业技术培训、农村金融教育和信息技术培训等多种非金融服务，客户满意度处于中上水平，为员工提供就业机会、完善员工福利制度、建立内部沟通机制以及培育员工"公益"理念。建立员工自我管理平台和内部晋升通道，更新《员工行为准则》，增加金融责任、客户保护等方面内容，强调职业素养。开展乡村教育助力社区，主动向社会公开社会绩效情况。2011年，沛丰评级对其进行的全面社会绩效评估显示，其已达到国际标准的中上水平。2012年，其将社会绩效管理提到公司战略层面，2013年，其更是继续改进绩效管理方法 KPI 以提升专业和合作的平衡性。表 5-10 是 2011~2012 年中和农信小额信贷项目社会绩效基本情况。

表 5-10　2011~2012 年中和农信小额信贷项目社会绩效基本情况

年份	客户服务	员工服务	社会服务
2011	提供多种非金融性服务：①农技培训：农业技术培训，免费发放图书 1 万多册。②免费保险：赠送定期寿险，累计为客户投保 194258 人次，100 人已获保险公司理赔。③金融教育：免费发放征信相关知识材料 20 多万份，宣传和普及征信知识，宣传介绍人民币真伪识别方法。④助学资金：共有近 200 名客户的子女获得资助。⑤露天电影：开展送电影下乡活动。⑥健康教育：联合当地医院开展普及卫生知识，倡导健康生活的活动。⑦电话回访：开展客户满意度调查。⑧客户投诉处理：建立多种客户投诉渠道，完善投诉处理机制	建立员工自我管理平台和内部晋升通道，明确员工在日常工作中的行为准则；开展人身安全教育活动，购买工伤保险和人身意外保险，定期组织身体检查；构建全方位内部立体沟通渠道；开展创意征收活动，挖掘员工潜力，发挥创造力。据员工满意度调查，超过 90% 员工对机构各项活动满意	乡村教育助力社区；公开透明接受社会监督，多次接受第三方的调研评估，主动积极地向社会公开项目的进展情况；交流分享推动行业发展；推广环保理念、无纸化办公、网络化管理
2012	客户满意度处于中上水平；在 2011 年开展各种活动基础上继续加强客户服务，农技培训受益 2 万余人次，182 人已获理赔；抽样实地回访客户；募集善款资助受灾客户；普及法律知识；环境保护理念推广至客户层面，开展环境友好经营行为；100% 的无抵押信用贷款和免费信贷保险服务	更新《员工行为准则》，增加金融责任、客户保护等方面内容，强调职业素养；社会绩效理念为员工入职培训必修课程，进行社会绩效知识测试；乡土化人才培养理念，组建内部培训中心	业内交流，推动行业发展；外部分享，倡导社会绩效

资料来源：《中国扶贫基金会小额信贷年报》（2011~2012）。

中国扶贫基金会社会绩效评价具体分析如下。

1. 目标定位和内部政策行为得分情况

相关资料显示，中和农信始终旨在通过无须抵押、方便快捷的小额信贷服务帮助中低收入者脱贫致富。中和农信的服务对象和重点扶持区域有明确的定义，99.5%的客户是农户，92%的项目县位于贫困地区。中和农信客户贷款用途分布如图5－4所示。2014年2月底，农户比例更是达到98.07%。其在基金会和董事会领导下，将社会绩效管理提到公司战略层面，董事会下设社会绩效管理委员会。2012年，中和农信开展一系列社会绩效专题活动，例如，全体员工在责任金融、客户保护等方面加强职业素养，社会绩效理念是入职培训的必修课程，每月定期接受社会绩效知识教育、定期接受知识测试、开展社会绩效主题征文等，通过各种途径加强员工的社会绩效意识。据调查，100%的员工明确公司的使命和价值观，90%以上的员工均认为公司发展有效率，且自身发展能有很好的机会和保障。

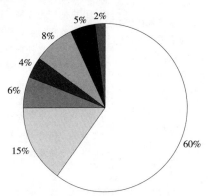

图5－4 中和农信客户贷款用途分布

根据我们获得的关于中和农信的相关资料和对员工的访谈，中和农信的"目标定位和内部政策行为"指标得分为13.81分，中和农信目标定位和内部政策行为得分情况见表5－11。

2. 客户满意度得分情况

根据我们获得的关于中和农信的相关资料和对员工、客户的访谈显示，中和农信以全面服务客户为核心，为客户提供众多的非金融服务以及

表 5-11 中和农信目标定位和内部政策行为得分情况

指标内容	情况	得分	比例	评分	总分
组织是否为穷人和低收入者服务	是	100	0.0381	3.81	
对目标客户是否有清晰的定义（如性别、地点、贫穷程度、经济活动类型）	是	100	0.0660	6.60	
员工绩效评估是否包括与社会绩效相关的工作职责的评估	是	100	0.0199	1.99	13.81
管理层、信贷员、投资者接受社会绩效培训的时间（年）	1 月	100	0.0141	1.41	

全方位的客户关爱，如农技培训，金融、健康、法律教育，免费保险等。且其主要是服务农村中低收入者中的家庭妇女，2012 年，其有效客户 13.1 万，其中 54.9% 是新增客户，所有客户中妇女所占比例从 2006 年的 41.9% 上升到 2012 年的 93%。2014 年 2 月底，有效客户数增长到 18.84 万，女性占比为 93.42%。另外，中和农信拥有一支年轻有活力、开拓创新以及高学历的专业团队为百姓提供信贷服务。中和农信"客户满意度"得分为 25.894 分，中和农信客户满意度得分情况见表 5-12。

表 5-12 中和农信客户满意度得分情况

指标内容	情况	得分	比例	评分	总分
是否及时了解客户需求并开发新的金融产品以满足客户需要	是	100	0.0404	4.04	
是否及时开展贷后服务	是	100	0.0286	2.86	25.894
本年度新加入的客户数量/活跃客户总数（%）	57.3	80	0.0858	6.864	
客户对服务满意比例（%）	95	100	0.1213	12.13	

3. 社会目标实现得分情况

2012 年中和农信年度报告显示，中和农信的平均单户贷款额度为 6552 元，平均单笔贷款额度为 1.04 万元，其放款额度基本集中在 5000~10000 万元，这能让大多数人获得贷款。中和农信贷款额度结构见图 5-5。根据我们对中和农信客户的调查，71% 的贷款客户表示以前未从金融机构获过贷款，而中和农信的贷款便利快捷，95% 的客户如果有贷款需求会考虑选择中和农信，96% 的客户能够承受中和农信的贷款利率，这能为他们提供很大的帮助。其中 48% 认为中和农信的小额贷款帮助他们开始了新的生意或扩大了生产规模，其他 52% 认为中和农信帮助他们改善了生活，包括住房、子女教育等。总体上，客户对中和农信的满意度相当高，他们的社会地位明显提高。

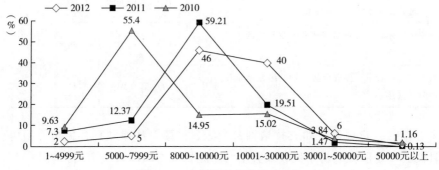

图 5 - 5　中和农信贷款额度结构

中和农信"社会目标实现"得分为 35.3 分，中和农村信用社会目标实现得分情况见表 5 - 13。

表 5 - 13　中和农村信用社会目标实现得分情况

指标内容	情　况	得　分	比　例	评　分	总　分
活跃客户总人数/员工数	157.8	80	0.0809	6.472	
女性客户比例（%）	93	100	0.0896	8.96	35.3
贷款平均规模（万）	1.04	60	0.0533	3.198	
社会地位是否提高	是	100	0.1667	16.67	

4. 财务可持续性发展得分情况

中国扶贫基金会在注重实现社会目标的同时，也不忽视其可持续性发展。资产收益率不高但稳步提升，这标志着中和农信趋向成熟。目前，中和农信已经建立了全面的风险管理体系和风险报告体系。2014 年度报告显示，2014 年 2 月底的风险贷款率大于 1 天的为 0.79%，大于 30 天的为 0.72%。其一直在加强贷后分类管理，细化贷后处理方法。放款量增长率从 2010 年的 105.93% 下降到 2012 年的 26.20%，机构对于贷款者越来越严谨，贷后服务意识不断提高。中和农信"财务可持续性发展"得分为 13.851 分，中和农信财务可持续性发展得分情况见表 5 - 14。

表 5 – 14　中和农信财务可持续性发展得分情况

指　　标	情　况	得　分	比　例	评　分	总　分
总资产收益率（%）	2.18	30	0.0365	1.095	
净资产收益率（%）	7.62	60	0.0571	3.426	
不良贷款率（%）	0.23	100	0.0807	8.07	13.851
资产组合率（贷款余额/总资产）（%）	73.2	60	0.0210	1.26	

此外，中和农信的信贷资产在贷款余额中的比例处于中等水平，趋于合理范围。捐赠或捐助比率从 2006 年的 12.39% 下降到 2009 年的 3.52%，这意味着中和农信对于外来资金的依赖程度降低，自立能力加强。但是其在财务可持续性发展方面也存在一些不足之处。成本收入比比银行业同期平均水平高了 20 个百分点，已经达到了 53.65%。相比较前几年，这有所下降，但成本管理费用还是相当高的，这会影响机构的可持续发展。

（二）商业性小额贷款公司社会绩效评价——以 X 小额贷款公司为例

X 小额贷款公司是湖南省中部某市的一家小额贷款公司，由一家大型药业公司发起，成立于 2010 年 4 月，注册资本为 5000 万元。由于起步较早、取得了政府的大力支持，X 公司发展迅速，2013 年入围了"中国小额贷款公司竞争力 100 强"，是湖南省小额贷款公司中发展良好的代表之一。2013 年 10 月，我们对该小额贷款公司进行了详细调研，根据前文设计的评价指标和方法，得出 X 小额贷款公司社会绩效总评分为 71.052 分，X 小额贷款公司社会绩效得分情况见表 5 –15。

表 5 – 15　X 小额贷款公司社会绩效得分情况

	指　标	情况	得分	比例	评分	总分
目标定位和内部政策行为	组织是否为穷人和低收入者服务	是	80	0.0381	3.048	
	对目标客户是否有清晰的定义（如性别、地点、贫穷程度、经济活动类型）	是	100	0.0660	6.60	11.688
	员工绩效评估是否包括与社会绩效相关的工作职责的评估	是	60	0.0199	1.194	
	管理层、信贷员、投资者接受社会绩效培训的时间（年）	7 天	60	0.0141	0.846	

	指 标	情况	得分	比例	评分	总分
客户满意度	是否及时了解客户需求并开发新的金融产品以满足客户需要	是	80	0.0404	3.232	22.798
	是否及时开展贷后服务	是	80	0.0286	2.288	
	本年度新加入的客户数量/活跃客户总数（％）	36.9	60	0.0858	5.148	
	客户对服务满意比例（％）	98	100	0.1213	12.13	
社会目标实现情况	活跃客户总人数/员工数	34.9	30	0.0809	2.427	20.05
	女性客户比例（％）	3.7	30	0.0896	2.688	
	贷款平均规模（万）	80	30	0.0533	1.599	
	社会地位是否提高	是	80	0.1667	13.336	
财务可持续发展情况	总资产收益率（％）	15	80	0.0365	2.92	16.516
	净资产收益率（％）	8	60	0.0571	3.426	
	不良贷款率（％）	0	100	0.0807	8.07	
	资产组合率（贷款余额/总资产）（％）	83.3	100	0.0210	2.10	

（1）X 小额贷款公司对目标客户有明确定义，"三农"贷款比在 70%以上，主要服务对象是中小企业、个体工商户、"三农"和自然人，对农户、个体工商户和粮食收购企业、花木种植企业、农产品加工企业、食品加工企业、房地产开发等多种类的小微企业提供过信贷服务。此外，该公司根据客户自身情况及其所处的行业给予 50 万元以内的多样化资金支持。X 小额贷款公司虽走商业化路线，但也开始注重社会绩效，只是其表现不是很明显，管理者、信贷员和投资者每年接受社会绩效培训时间均为 7 天。

（2）作为小额贷款公司，它自然也会主动扶持弱势群体和自主创业者，80%的以信用和保证为主的贷款方式和灵活多变的还贷方式得到了许多贷款者的支持和认可，同时它会根据客户需求调整一些抵押物和担保方式，这为农户、中小微企业解决了融资难困境。截至 2013 年 1 月，该公司累计为 445 个个人和企业发放贷款 56708 万元，发放涉农贷款 36065 万元，约占各项贷款发放额的 63.60%，收回本金 46882.1 万元，实现利息收入 2658.18 万元，不良贷款率为零。机构采用"责、权、利"相匹配的工作机制有效防范风险，对于 3 个月及以上的贷款更是至少每月一次的现场检查，及时跟踪贷后服务。2013 年 10 月，其更是打通了小额信贷业务征信调查的官方渠道，这更利于机构控制风险、缩短调查时间和节省开支。其对于 30 万元以下的农户、个人的创业贷款实行差别化利率，客户对其服务十分满意。但其创新产品和服务力度不够，只是在客户贷款上门时才考虑是否要开发新产品，而不是结合当地实际情况开发创新产品。此外，客户数并不是很多，贷款额度比公益性小额信贷组织要大很多。女性客户比例相当低，只有 3.7%，无法做到普惠金融。

（3）商业性小额贷款公司财务状况一般较好。对于小额信贷组织来说，15% 的总资产收益率和 8% 的净资产收益率使其财务状况处于中上水平。不良贷款率为零更加说明客户还贷率相当高，且在选择贷款者方面，该机构做得很好，有较完善的贷款程序。信贷资产占比比较高，总资产贷款力度比较大。这也提醒管理者需要保持资金的流动性，随时留意贷款者的贷后行动。

（三）综合分析

通过构建社会绩效评价指标体系，我们从目标定位与内部政策行为、客户满意度、社会目标实现情况和财务可持续性发展四个方面进行小额信贷组织社会绩效评价，公益性小额信贷组织和商业性小额贷款公司在四个方面的得分情况用雷达图表示，两种小额信贷组织社会绩效评分情况，如图 5-6 所示。

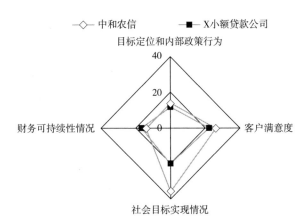

图 5-6　两种小额信贷组织社会绩效评分情况

评价结果显示，整体而言，中和农信小额信贷项目发展较好，社会绩效与财务尽可能向可持续协调方向发展。中和农信是我国公益性小额信贷组织的代表，它起源于中国扶贫基金会的小额信贷部，在国家和各级政府、部委的大力支持下，特别是在社会公众的"关注"下，中和农信一直没有也不敢忘记自己肩负的扶贫使命，所以它在社会绩效方面一直走在前列。在它的影响下，我国其他的公益性小额信贷组织也一直在不遗余力地为弱势群体服务，但有两个方面的问题值得重视。①资金短缺直接制约社会绩效与财务绩效的协调发展。中和农信等公益性小额信贷组织虽然一直非常清楚自己的扶贫使命，也从内心里具有服务弱势群体的"热情"，愿意为我国普惠金融体系建设服务。但资金短缺成为公益性小额信贷组织发展面临的普遍困境，这些公益性小额信贷组织一直难以扩大服务覆盖面，其产生的"实惠性"影响很有限。中和农信年度报告显示，2012 年其覆盖全国贫困人口比例仅为 27.06%，受资金困境限制，中和农信服务范围十分有限。其在财务可持续性发展良好的同时，扶贫力度却出现下降趋势。②公益性小额信贷组织发展中的政府行为"失当"也是制约社会绩效与财务绩效协调发展的因素。中和农信因为具有能够获得较多的政策资源的优势，在某种程度上能通过政府的"牵线搭桥"缓解资金困境，这使它有更多的精力集中于社会绩效管理，但对于一些民间性的公益性小额信贷组织来说，政府的过多干预成为其可持续发展的一大制约因素。因此，我国公益性小额信贷组织社会绩效与财务绩效协调发展问题依然是未来需要关注的重要问题。

我国由民间资本主导的小额贷款公司财务可持续性发展较好，但其社会绩效方面的工作刚开始不久，且不太被重视。在第三章中，我们从小额贷款公司资金来源、运作机制和定价机制等方面进行分析，发现小额贷款公司难以承担我国发展小额信贷的重任，使命偏移现象较严重。民间资本主导的小额贷款公司忽视社会绩效，出现使命偏移。从理论上说，这是一种正常的市场现象，也是小额贷款公司的理性经济行为。但值得注意的是，这些小额贷款公司很多打着"小额信贷"的旗帜，享受国家的普惠金融政策优惠资源，它们就应该为普惠金融体系建设服务。在这个问题上，政府应该给予正确的激励和引导，促使小额贷款公司实现社会绩效与财务绩效的协调发展。

总之，我国公益性小额信贷组织注重扶贫，但也难以获得后续发展。商业性小额信贷组织过分注重财务绩效，容易忽视改革初衷。社会绩效与财务绩效之间的矛盾关系在这两类小额信贷组织中得到了较明显的体现。

除此以外，我国村镇银行在发展中存在与小额贷款公司类似的问题，由于发展时间不长，政府对它也缺乏明确的社会绩效要求，它在发展过程中往往注重财务绩效而忽视社会绩效。因此，我国农村小型金融组织要实现"适应性"成长，为普惠金融"中国梦"做出应有的贡献，就应该将"社会绩效"放在重要的位置，注重为农户和小微企业等提供金融服务，而且农村小型金融组织应该在提供普惠金融服务过程中获得可持续发展。

第四节　农村小型金融组织社会绩效与财务绩效协调发展的制约因素

农村小型金融组织"适应性"成长要实现社会绩效与财务绩效的协调发展，做到真正有效地服务"三农"，最终为我国构建普惠金融体系贡献力量。社会绩效与财务绩效的协调发展是农村小型金融组织"适应性"成长的阶段性目标，但由于农村小型金融组织在我国成长时间不长，市场经济制度特别是农村金融制度也还存在很多不健全之处，众多因素制约农村小型金融组织社会绩效与财务绩效的协调发展。

一　农村小型金融组织实现财务可持续性的制约因素

（一）身份合法性约束

我国农村小型金融组织包括村镇银行、农村资金互助社、小额信贷组织等，它们在管理归属上存在差异，村镇银行、农村资金互助社和贷款公司由银监会监管，在法律地位上属于正规金融机构，但小额信贷组织的身份则受到金融机构合法性约束。NGO 小额信贷组织在我国的身份比较复杂，它们大多数在民政部门注册，以社会团体或者协会形式存在。小额贷款公司在法律上明确为在工商部门注册的股份有限公司或者有限责任公司，但不具有金融机构法律地位①。小额信贷组织虽然从事贷款业务，但由于在法律地位上不属于金融机构，不能吸收公众储蓄，也不能从事相关中间业务，无法从国内金融市场上有效融资。这导致小额信贷组织的规模

---

① 2009 年 12 月，中国人民银行发布了《金融机构编码规范》，其将小额贷款公司等纳入金融机构范围，但银监会对此至今尚未真正认可，这导致小额贷款公司至今尚未获得金融机构的地位。

无法扩大，财务可持续性发展难以保持，在很大程度上迫使小额信贷组织出现使命偏移。另外，由于不具有正规金融机构的法律地位，这些农村小型金融组织的社会绩效制度难以出台，监管严重缺失，贷款利率定价机制不完善，利率水平要么过高要么过低，这不利于社会绩效与财务绩效协调发展。从国际经验来看，孟加拉国和玻利维亚的小额信贷组织取得了明显效果，这是因为政府给予小额信贷组织以合法金融机构的法律身份，为其发放银行业金融机构许可证。我国虽然在法律上允许符合条件的小额贷款公司转制为村镇银行，但目前尚未在这方面有所突破。

（二）财税支持政策不够健全

农村小型金融组织原本是作为克服农村金融市场失灵的一种组织制度创新而出现的，但农村小型金融组织的服务对象具有特殊性，其主要为农户和小微企业提供信贷服务，这些客户所需资金额度较小，承担风险的能力较弱，是商业银行等一般金融机构所不愿意放贷的资金需求群体。我们不能责怪农村小型金融组织或者民间资本缺乏社会责任意识，因为这些民间资本很多是从产业资本转化而来的，具有较强的"逐利"动机是很正常的，单纯依靠市场化运作不可避免会出现新的市场失灵，这就需要国家给予全面的宣传教育、政策引导和激励。目前，我国出台了一系列与农村金融发展或者小额信贷有关的财税制度，对村镇银行、农村资金互助社、贷款公司、法人机构所在地在县及县以下地区的农村合作银行和农村商业银行这些金融机构开展的农村小额贷款"业务"进行补贴①。国家已经开始对中和农信开展的小额信贷给予营业税和企业所得税优惠政策，这是国家关于"小额信贷"财税政策的重大突破。但目前，对于具有"商业化"和"草根"背景的小额贷款公司，国家尚未出台财税优惠制度。小额贷款公司至今没有金融机构的法律地位，至今国家没有出台针对它们的财税优惠政策。小额贷款公司不能享受相关财政、税收优惠措施，国家还是按5%的营业税、25%的企业所得税向小额贷款公司征税，除此之外，小额贷款公司还需缴纳如印花税、房产税、城市维护建设税等。税负过重增加了农村小型金融组织的运营成本，迫使它们为了获取收益而增加单笔贷款规模，

---

① 农村合作银行和农村商业银行本身以"商业化"经营为主，国家希望通过财税政策鼓励它们开展农村小额贷款这项业务，以促进农村经济发展。

它们为追求财务可持续性发展而忽略对低收入人群服务，这不可避免地出现了使命偏移。

（三）贷款成本高，利率受到限制

村镇银行社会知名度低，只能靠提高存款利率吸引存款，一些村镇银行甚至出现非法揽储的情况。一方面，村镇银行面临着高昂的贷款资金成本，另一方面，村镇银行小而全，相比大型商业银行而言，金融设备的科技含量要低，设施运行的单位成本高，这导致经营成本居高不下。另外，我国对农村资金互助社进行审慎监管，农村资金互助社要添置正规金融机构所需要的硬件设施，要应付各种检查，面临着很高的"正规化"成本。小额贷款公司在法律上不属于正规金融机构，不需要很高的"正规化"成本，但与其他农村小型金融组织一样，小额贷款公司的客户主要是中低收入人群，贷款规模相对较小，缺乏规模效应。而且，小额贷款公司不能以金融机构身份参与资金的拆借，这大幅度地增加了贷款资金成本。总之，农村小型金融组织与客户用面对面的直接接触交流替代了传统的抵押品或电脑化的信用评分，这种交付的成本要高。贷款成本包含贷款资金成本、风险成本（贷款损失）和管理成本（识别和筛选客户、处理贷款申请、贷款偿还支付、收集信息和跟踪无法按时偿还客户），在面临高昂的贷款资金成本和管理成本的压力下，农村小型金融组织不得不提高贷款利率以获取较高的财务可持续性。所以，农村小型金融组织的高贷款利率也是一个国际性现象。部分国家商业银行和农村小型金融组织贷款年利率见表 5－16。相对于商业银行来说，农村小型金融组织的贷款利率高，其并不是因为农村小型金融组织对农户和小微企业的贷款具有更高的风险性，而是因为农村小型金融组织面临着更高的贷款成本。

表 5－16　部分国家商业银行和农村小型金融组织贷款年利率（2003 年）

单位：%

国　家	商业银行贷款利率	小额信贷机构贷款利率
印度尼西亚	18	28～63
柬埔寨	18	45
尼泊尔	11.5（重点领域）；15～18（其他）	18～24

续表

国　家	商业银行贷款利率	小额信贷机构贷款利率
印度	12～15	20～40
菲律宾	24～29	60～80
孟加拉国	10～13	20～35

资料来源：Wright, Alamgir, "Microcredit Interest Rates in Bangladesh: Capping versus Competition" (unpublished paper produced for the Donors Local Consultative Group on Finance, 2004), p. 3.

值得注意的是，农村小型金融组织贷款利率的提高受到现实情况的很多限制，甚至面临着一个矛盾的选择。①我国农村小型金融组织的贷款利率在法律上受到限制，对于小额贷款公司的贷款利率，政府设置了四倍央行基准利率的上限，政府的出发点在于保护贷款客户不受到高利贷的"剥削"。但在当前小额贷款公司面临高昂贷款成本的现实压力下，政府的这种利率管制也会产生许多问题。第一，利率限制下的农村小型金融组织贷款收益不能有效覆盖成本，退出市场是保持可持续发展的更好选择。第二，利率限制下的农村小型金融组织会减少其农村地区或更加细分的市场的贷款，因此，只能有少数客户获取贷款，并出现金融排斥。第三，利率限制下的农村小型金融组织可能采取混淆服务费用以变相提高贷款利率，来应对利率限制以弥补成本。客户也不能理解这些多增加的费用是贷款成本的一部分，这会降低农村小型金融组织的信贷透明度，不利于行业的整体发展。②我国目前已经实施贷款利率市场化①，但全面放开贷款利率管制对农村小型金融组织将产生更大冲击。因为大型商业银行一般具有贷款定价领导权，可以根据市场进行贷款定价，在业务和技术创新上具有更大的优势和空间，通过降低贷款成本应对利率市场化的冲击。农村小型金融组织产品具有特色，贷款成本具有更大的刚性，在降低交易成本的业务和技术创新上也无法与大型商业银行相比，不得不采取较高的贷款利率。但尴尬的是，在现实操作中，村镇银行这些正规化的农村小型金融组织不可能因为贷款成本高而将贷款利率提高到一个比一般商业银行高得太多的水平，这样不仅会使贷款客户面临过高的还款压力，还会使外界更加误认为

---

① 2013 年 7 月，我国对金融机构贷款利率的管制全面放开，允许金融机构根据商业原则来自主确定贷款利率，这标志着我国贷款利率市场化的基本完成，但我国存款利率还没有完成市场化，这被称为我国利率市场化的"最后一公里"。

这是名副其实的高利贷，不利于整个行业的发展。而且，从理论上说，当贷款利率提高到一定程度时，逆向选择和道德风险问题就会产生，这会增加农村小型金融组织客户甄别和贷后的监督成本，进一步增加了贷款成本。

（四）农村小型金融组织信贷创新不足

从理论上说，农村小型金融组织着力解决贫困弱势群体的金融服务可获得性问题，但这些贫困弱势群体资产少，经营业务规模小，缺乏规范的财务报表，农村小型金融组织在向其提供金融服务时面临缺乏规模经济效益，缺乏抵押担保物和更加严重的信息不对称问题，这导致整体交易成本高。农村小型金融组织向其收取高昂利率又会削弱这些贫困弱势群体的福利，或者招来更加严重的逆向选择和道德风险问题，这与普惠金融的目标相悖。所以，农村小型金融组织要在服务贫困弱势群体的同时获得可持续发展，其关键的问题在于，加大信贷业务创新力度、降低信贷运营成本，这样才能实现社会绩效与财务绩效的协调发展。我们重点要解决以下两个问题。第一是金融业务产品的客户"适应性"问题，即根据低收入人群和小微企业的实际需求开发相应的金融业务产品，以改变传统金融产品只适应大企业和富裕人群而不适应低收入人群和小微企业的问题。第二是信贷技术"适应性"问题，即基于低收入人群和小微企业无法提供担保、贷款额度低、贷款急等实际情况开展信贷技术创新，以寻求有效的信贷模式，开展抵押担保替代创新，并开展具有"适应性"的信贷业务，降低为低收入人群和小微企业服务成本高、风险大的问题。而且，由于我国农村小型金融组织具有多层次性和类型差异性，不同的农村小型金融组织应该根据自身的优势进行金融业务和信贷技术创新，降低成本。但目前，我国对农村小型金融组织业务和技术创新实施比较严格的监管，农村小型金融组织业务和技术创新不仅面临种种政策约束，还面临高昂的"拓荒成本"，另外，大银行垄断经营导致农村小型金融组织业务和技术创新动力不足，不同层次和类型的农村小型金融组织提供的业务产品基本相同，其在信贷流程和技术上基本执行一般商业性金融机构的流程和技术，这些业务产品和信贷技术对低收入人群和小微企业存在"排斥性"，农村小型金融组织的业务创新动力不足制约了社会绩效与财务绩效的协调发展。

（五）金融基础设施建设落后

农村小型金融组织社会绩效与财务绩效的协调发展离不开功能健全的良好的金融基础设施，农村小型金融组织不能在真空中运行，它必须依赖于完善的金融基础设施以及其他服务提供者构成的网络。完善的金融基础设施能更好地扩大资金的集散范围，加速农村小型金融组织的资金周转，保障资金安全及分散风险，从而增强资金吸引力，最终形成农村小型金融组织的"资金洼地"。完善的支付结算体系是金融基础设施建设的重要内容，能在更多金融空白地区更好地实现资金的聚集和分散，有利于更好地为贫困弱势群体提供便利。完善的金融基础设施建设还可以提高我国金融市场和金融中介的整体运行水平，改善落后地区的金融生态，更好地应对经济金融发展的新形势与新需求。金融改革开展以来，从磁条卡到目前金融 IC 卡的推广，从现金交易到网上支付再到目前的手机移动支付，从中国人民银行的大、小额支付系统的运行到网上支付跨行清算系统的建成，我国金融基础设施建设取得了长足进展，特别是近十多年来，在现代信息技术的引领下，金融基础设施飞速发展。但我国不断发展完善的金融基础设施主要是为富裕人群和大中型企业服务的，贫困弱势群体难以享受金融基础设施带来的便利，这离普惠金融发展的要求还存在一定的差距。我国农村小型金融组织支付结算系统落后，不能完全接入中国人民银行征信系统以实现信息共享。农村小型金融组织信息披露制度不健全，不利于提高农村小型金融组织对外界资金的吸引力。农村小型金融组织社会绩效管理和审计制度缺乏，农村小型金融组织"适应性"成长所需要的信用担保机制、信息咨询和服务制度等方面都不够健全，整体信用环境也有待进一步优化，这直接制约了农村小型金融组织社会绩效与财务绩效的协调发展。

二 农村小型金融组织社会绩效管理的制约因素

如何在保证社会绩效和财务绩效协调发展的同时使我国农村小型组织不出现服务目标偏移是一个值得关注的问题，农村小型金融组织应该积极开展社会绩效管理。当然，我们也应该认识到小额信贷社会绩效管理面临的困难之处。

（一）"小额"的误用

从理论上说，开展"小额信贷"是我国农村小型金融组织的优势所在，农村小型金融组织要真正解决农村融资难问题，也应该充分利用其接近农村的地域优势和信息优势，以为农户和小微企业发放小额信贷。但我国目前对于什么是真正意义上的小额信贷，尚未有明确的界定。从国际标准意义上来说，小额信贷是指专向低收入阶层提供小额度的持续的信贷服务活动，小额信贷的创立起源于传统经济学和银行业对消除贫困办法的不满，是为了解决在一般市场经济体制条件下，穷人进入正规金融市场困难而产生的。小额信贷实际上包含两方面的含义，一方面，它是一种"小规模"信贷，但又不仅仅停留在"小规模"这一层面；另一方面，它是一种专门为穷人和低收入者服务的信贷形式，是不同于一般商业性贷款的新的信贷合约，是向贫困家庭提供非常小的贷款以帮助他们从事生产经营活动或扩大他们现有的小生意。这些贷款通常是无担保的、小额度的，一般的商业银行都不提供这类金融服务。目前，国内有人对小额信贷的理解局限于"小规模"信贷，这是因为他们没有看到小额信贷的深层次含义。因为如果只局限于小规模信贷这一"数量"上的含义，那么其在具体操作过程中是难以把握的。在经济相对落后地区 1 万元算小规模信贷，但在经济发达地区也许 10 万元甚至 50 万元也算小规模信贷。许多省份的"小额"已演变成"大额"。天津、浙江、福建、江西、山东、湖北等地明确要求其70% 的资金用于 50 万元以下小额贷款，但实际效果并不明显。在注册资本上亿情况下，不超过 5% 的比例能令单笔贷款额度高达 500 万元。江苏全省的平均每笔贷款额为 80 万 ~100 万元。对小额信贷的理解"表面化"使农村小型金融组织的社会目标难以实现。

（二）我国小额信贷商业化方向不利于社会绩效管理

当前，我国公益性小额信贷发展艰难，资金短缺问题严重，机构数量逐渐减少，同时商业化小额贷款公司数量发展很快，小额信贷发展进入商业化时代。由于小额贷款公司资金源于民间资本，而社会绩效侧重于关注服务低收入人群的具体过程，民间资本的逐利性与社会绩效理念和要求存在相互冲突之处。特别是在当前我国小额贷款公司发展过程已经出现使命偏移苗头的环境下，加强小额信贷社会绩效的提出确实是一种挑战。小额信贷社会绩效管理是一个系统性过程，社会目标的确立、对员工进行社会绩效的培训、明确小额信贷社会目标、社会绩效相关信息的收集、开展社会绩效评价和审计等都需要花费较大的人力和物力。目前，我国小额信贷组织的社会绩效管理难以开展,这除了社会绩效理念尚未树立的原因以外,成本问题也是重要的原因。特别是对于低收入人群服务,其面临的信贷风险、自然风险较大,再加上小额信贷组织运营成本高,原本就是"微利"的小额信贷组织更加没有动力开展社会绩效管理。对于我国商业化小额贷款公司来说,当前发展中面临的关键问题是如何解决资金短缺、法律地位缺失等问题,其对于社会绩效管理没有兴趣。

(三) 社会绩效制度缺乏,评级体系不完善

我国从 20 世纪 80 年代初期开始发展小额信贷以来,根据当时资金捐赠者的要求,小额信贷组织普遍开展过社会影响评价,但目前能坚持开展社会影响评价的不多,特别是在我国公益性小额信贷组织日益萎缩的情况下,这方面的工作就被忽视了。当前小额贷款公司发展过快但出现了目标偏离现象,这引发学者对其深思。小额贷款公司的确解决了部分人的融资难困境,但其能否实现经济效益和社会效益双赢状态还有待研究,国外社会绩效的引入让小额信贷机构管理者和学者们看到实现社会绩效与财务绩效协调发展的可能性。2009 年,社会绩效正式在我国提出,小额信贷联盟和协会极力倡导社会绩效管理的重要性,机构管理者也逐步意识到机构的可持续性发展需要在管理中注入社会绩效管理这个全新的力量。但国内真正进行社会绩效管理的机构实在有限,也没有专门的社会绩效制度约束机构。国内实施社会绩效的小型金融组织微乎其微。更何况面临资金困境,管理者更加不愿意抽出一部分资金进行社会绩效管理。这几年,在相关部门的大力倡导下,小额信贷机构社会绩效评价的问题受到了越来越大的关注。我国于 2013 年 4 月完成了小额贷款公司的分类评级体系 (征求意见稿),制定了《小额贷款公司五星分类评价体系》,在 2013 年 6 月份开始对机构进行试评级并发布评级报告。评级体系包括经营环境、管理素质、风险控制、资金管理、运营效率与盈利能力、社会绩效 6 个方面和 18 个分类项目,它们的比例分别是 9% 、15% 、18% 、12% 、15% 和 31% ;将小额贷款公司分为三等九级。同时,小额贷款公司的核心数据会保密以解除机构担忧。由于我国国情特殊,政府部门对小额信贷机构的社会评级需求并不清晰,我国无法建立统一且完全符合的评级体系。对于小额信贷机构的社会评级体系,我国应结合实际情况灵机变动。由于 2013 年 7 月国内评级体系才开始建立

试行，其还需要不断完善。

第五节　"适应性"农村小型金融组织
社会绩效管理研究

"适应性"成长模式要求农村小型金融组织以实现普惠金融"中国梦"为长期性总体目标，这个长期性总体目标要求以实现农村小型金融组织社会绩效与财务绩效的协调发展这个阶段性目标为基础。当前，法律地位缺失、贷款成本居高不下等很多约束因素，不利于农村小型金融组织获得财务可持续性发展，这直接影响社会绩效与财务绩效的协调发展。农村小型金融组织财务可持续性问题已经引起了理论界和实务界的广泛关注，我们认为，"适应性"成长模式下的农村小型金融组织还需要加强社会绩效管理，这是实现"适应性"农村小型金融组织成长目标的关键和核心。否则，农村小型金融组织即使获得了财务可持续发展，但由于没有正确的方向引导，其也只会离普惠金融"中国梦"的长远目标越来越远。特别是针对我国小额贷款公司出现使命偏移的情况，我们要充分认识到小额信贷对我国"支农支微"的重要性，小额信贷需要自己的发展空间，不能被商业性的小额贷款公司占据发展其政策空间，基于小额贷款公司当前发展出现偏差的情况，我们要通过加强社会绩效管理使其回归正道。

一　社会绩效管理系统的基本构成

农村小型金融组织的成长需要实现双重目标，不仅要树立明确的社会绩效理念，还要为实现社会目标出台具体的执行政策，以加强农村小型金融组织社会绩效执行情况的评价、审计、激励，构建符合我国国情的社会绩效管理系统。社会绩效管理系统的构建有利于农村小型金融组织及时反馈社会绩效信息，社会绩效执行情况评价的开展，能够对不同的农村小型金融组织社会绩效执行情况产生不同的政策引导或激励。农村小型金融组织社会绩效管理系统应该包含社会绩效理念、社会绩效执行系统和社会绩效控制系统三大部分。农村小型金融组织社会绩效管理系统组成如图 5-7所示。社会绩效理念系统对社会绩效执行系统和社会绩效控制系统起指导作用，为社会绩效具体执行政策的出台起方向性引导作用，社会绩效执行系统和社会绩效控制系统又会强化社会绩效的理念。社会绩效执行系统影响社会绩效控制系统的结果和后续政策措施。社会绩效控制系统引导、激励农村小型金融组织社会绩效的具体执行，其在出现问题时及时反馈信息给社会绩效执行系统，并采取新的执行方案来解决问题。

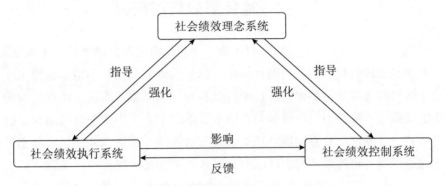

图 5 - 7　农村小型金融组织社会绩效管理系统组成

二　农村小型金融组织要树立社会绩效理念

农村小型金融组织的"适应性"成长要求农村小型金融组织正确认识自己，我国基于发展普惠金融和实现"中国梦"的整体要求开展有效目标定位，树立社会绩效理念。社会绩效理念是农村小型金融组织实施社会绩效管理，实现社会绩效与财务绩效协调发展的前提和基础。它涉及社会绩效的基本思想，具体表现为在树立可持续发展理念的基础上培养社会绩效理念，正确认识社会绩效与财务绩效之间的关系。村镇银行、小额贷款公司、资金互助社等不同的农村小型金融组织应该基于自身优势开展目标和服务对象定位，将组织的发展根植于农村经济实际需求的土壤中并逐渐发展壮大。农村小型金融组织要大力开展信贷技术创新，缓解信息不对称，降低信贷服务的交易成本，提高信贷业务和产品的客户适应性。加强自我约束，强化社会责任意识，不能只想着如何钻政策的空子。特别是当前农村小型金融组织还处在"适应性"成长初期，国家的各项政策发挥不尽完善，农村小型金融组织要更加端正自身态度，认识到自身与政府的关系——作物与农夫的关系，农夫的培育很重要，但自身的积极成长更是关键。中和农信作为一个从 NGO 转型过来的社会企业，近年来遵循并倡导国际小额信贷的双重底线管理原则，始终坚持财务绩效与社会绩效并重，并将社会绩效管理提到公司战略的高度，致力于将中和农信建设成一家对社会有益的专业小额信贷机构。中和农信的社会绩效管理工作遵循了国际普适性做法，紧紧围绕社会绩效治理、金融普惠、客户保护、人力资源和社会改善五个方面展开①，将社会绩效的理念贯穿于公司运营的各个环节；成立社会绩效工作委员会，专门负责社会绩效战略制定与相关项目立项；定期公布社会绩效管理报告以及公司审计报告，并对外发布各项数据，做到公开透明。这种社会绩效理念和具体做法值得在我国村镇银行、小额贷款公司之中推广。

三 加强农村小型金融组织社会绩效执行与控制

基于我国农村小型金融组织成长的现状，我们可以从以下两个方面构建社会绩效执行系统。第一，农村小型金融组织加入中国人民银行征信系统，在政府积极支持和农村小型金融组织积极参与下，及时了解客户的贷款信用记录，追踪客户贷后情况。第二，加强农村小型金融组织内部社会绩效管理，坚决避免单纯地追求财务绩效而不顾社会绩效，制定相应的社会绩效管理计划和制度，以为实现社会绩效目标做出保障。农村小型金融组织内部设立专门的社会绩效实施部门，组织工作、确定社会目标和目标客户群；完善农村小型金融组织公司治理结构，制定社会绩效管理制度，保护客户权益；开展员工社会绩效培训和教育，树立社会绩效意识，明确其对社会的责任，及时对农村小型金融组织社会目标实现情况进行内部自我评价与检查。

构建社会绩效控制系统，对社会绩效的评价和控制有助于农村小型金融组织及时准确了解其社会绩效计划，发现影响社会绩效与财务绩效协调发展的因素，及时将信息反馈于执行系统，一旦发现目标偏移就及时转变经营理念，以更好实现双重目标。农村小型金融组织社会绩效活动在不断变化，对管理者而言，面对众多指标时，他容易产生混乱难以做出科学判断，我们必须建立完整又动态的社会绩效指标体系，以定期综合评价各方面利弊；与客户及员工交流，合理选择更具代表性指标，对评价活动不断完善以促进农村小型金融组织更好实现社会绩效目标，

---

① 中和农信已出台《中和农信环境保护原则》、《中和农信宗教及民族文化融入原则》、《中和农信客户金融隐私保护原则》和《中和农信防止客户过度负债原则》四项专项管理原则，以指导全体中和农信人在各项业务开展过程中履行企业的社会使命，追求社会价值的最大化。

保证机构可持续发展。目前国外的社会绩效指标设计不完全适用于中国，因为很多指标只能从"是"或者"否"两方面来回答，而不能给出具体的数据，这使我们对社会绩效评估结构具有很大的主观性，我们需要结合我国的实际情况设计社会绩效指标。开展社会绩效评价需要完整的数据，我国应该由专门部门负责数据库建设，即便部分数据可以通过对农村小型金融组织管理层和员工的访谈，或者对所在地区开展实地调查研究获得。我国农村小型金融组织成长时间较短，而且具有"草根"性质，虽然一些行业协会做过一些数据统计工作，但还很不完整，我国缺少对农村小型金融组织整个行业的全国层面的完整数据库，因此，我们可以要求农村小型金融组织按照社会绩效指标定期提交相关数据。

四　加强对农村小型金融组织社会绩效管理的引导

政府要及时出台有关社会绩效原则和社会绩效具体执行的办法。第一，中央层面在行业导向上倡导社会绩效理念，各地区把加强社会绩效写进农村小型金融组织具体管理办法中去，规定和监督执行社会绩效。第二，出台相应的奖惩办法，并给予开展社会绩效活动的农村小型金融组织一定优惠政策，把社会绩效情况与财政补贴、税收优惠联系起来。第三，培育农村小型金融组织领域的社会责任投资者。社会责任投资者一般不以利润最大化作为唯一目的，更多的关注社会效益，属于多维经济主体，更加关注弱势群体的金融服务需求，努力实现社会的公平。培育社会责任投资者不仅能为普惠制农村金融实现提供资金来源，还能有效监督农村小型金融组织的资金使用，这对防止出现使命偏移有重要作用。我国目前缺少社会责任投资者，培育社会责任投资者应该加强教育和宣传，并在舆论导向上正确引导，以引导农村小型金融组织突破原有思维定式、树立普惠金融理念。在政策上支持社会责任投资，在法律上明确法律地位，保护投资者的合法权益。认真贯彻以解决低收入人群信贷资金短缺和服务"三农"的根本原则，真正引导有社会责任的投资者进入农村金融领域。

第六章　"适应性"成长模式下的农村小型金融组织研究

"适应性"成长模式对农村小型金融组织提出了新型要求。①"适应性"成长模式要求注重培育农村金融市场的自组织经济主体，实现民间资本在农村金融领域的突围，真正打破体制内资本对农村金融的垄断，克服原有体制内农村金融组织的弊端，建设"新型"的农村金融组织。②"适应性"成长模式下的农村小型金融组织应该充分发挥自身的比较优势，进行合理的目标定位，共同为我国发展普惠金融服务，真正实现我国农村金融改革初衷。③农村小型金融组织要实现"资金"与"机制"的有效结合，不仅要有充足的服务"三农"的资金保障，还要有合理有效的机制，将这些资金低成本顺畅地"送"到农户和小微企业等弱势群体手中，才能真正实现普惠金融建设的目标。

第一节　农村小型金融组织"适应性"成长与民间资本突围

第四章关于"适应性"成长的理论告诉我们，"适应性"成长模式跳出了内生与外生成长的传统思维，以适应农村经济发展状况和农村经济主体客观需求为宗旨，通过实施"适应性"制度规则，在改革过程中注重培育农村金融市场机制，培育"适应性"目标需要的农村金融自组织经济主体，"适应性"成长需要一个真正富有竞争性的农村金融市场环境。因此，我国农村小型金融组织"适应性"成长应该实现民间资本在农村金融领域的突围，逐渐打破国有体制内资本垄断金融领域的局面，这也是我国增量式农村金融改革的重要问题。

一　"适应性"成长与民间资本突围的理论概括

在"适应性"农村金融成长模式下，我们应该把农村小型金融组织打造成为一个自组织，使其能够在政府规范监管和引导下按照相互默契的某种规则，各尽其责而又协调地自动地形成有序结构。农村小型金融组织的演化动力来自组织内部，是内部各组成部分相互作用的演化，是来自外界的"特定干预"，不是政府"自上而下"的指令行为，而是包含规范、引导、培育等的行为。我国"适应性"农村金融成长模式的关键是如何使农村小型金融组织体系成为自组织体系。因此，塑造具有自组织特性的农村小型金融组织是我国农村金融"适应性"成长模式在微观层面的创新，具有自组织特性的农村小型金融组织因为内在的"适应性"而能够与外界环境形成"经济优势"。此后这种优势能够扩大，直至引导更大范围的制度创新。具有自组织特性的农村小型金融组织的形成可以通过两种情况来说明。

第一，由非组织到组织的演化，这体现的是组织的内生成长过程。在这个过程中，一个非常关键的问题是金融组织产生的起点和临界点问题。只有当社会的人均收入水平达到一定程度的"门槛"值后，金融组织才会出现。但这种金融组织内生成长需要的时间很长，我国农村经济的特殊性使内生成长过程难以形成，而且农村金融成长遵循的内生成长道路是一个十分痛苦的过程，这将使农村金融在与城市金融竞争中处于更加不利的地位，所以，我国农村小型金融组织的成长不可能采取这种纯粹的内生成长过程。

第二，由组织程度低向组织程度高的演化，或者在相同组织层次上由简单到复杂演化，这是组织复杂性提升的过程。根据耗散结构理论①可知，农村小型金融组织体系要提升为自组织，整个体系应该是开放的，而且远离平衡态，内部各要素之间存在非线性作用，整个组织体系通过随机涨落实现无序向有序的转化。①"开放"意味着我国农村金融改革应该让国有资本和民间资本在农村金融领域实现物质、能量和信息等方面的交流。这

---

① 耗散结构理论研究远离了平衡态的开放系统从无序到有序的演化问题，其理论观点可概括为：一个远离平衡态的非线性开放系统（包括物理的、化学的、生物的乃至社会的、经济的系统）通过不断与外界交换物质和能量，可能由原来的混沌无序状态转变为在时间上、空间上或功能上的有序状态。这种在远离平衡态的非线性区形成的新的稳定宏观有序结构，需要不断与外界交换物质或能量才能维持，这被称之为耗散结构（Dissipative Structure）。耗散结构理论是揭示复杂系统中组织运动规律的一门新兴学科，具有强烈的方法论功能，其理论、概念和方法不仅适用于解释自然现象，而且也适用于解释社会现象。

样不仅使农村小型金融组织体系变得更加开放，而且还能产生真正意义上的竞争和合作关系。②"远离平衡态"意味着新一轮改革不能像过去存量式金融改革一样由政府主导来保持整个农村金融体系的"平稳运行"，那往往是政府主导下的低效率平衡。因此，我们应该改变农村金融改革局限于体制内部的情况，通过市场竞争形成新的高层次市场均衡。③"非线性作用"意味着应该真正引入体制外力量，过去政府主导下进行的存量式改革的计划经济时代的"一致性"色彩依然很明显，体制内部各金融要素存在线性作用，这种线性作用导致重复无质的差异和变化。

总之，我国"适应性"农村金融成长需要打破体制内资本主导农村金融的局面，摆脱传统金融压抑和体制束缚，实现民间资本在农村金融领域突围。民间资本源于社会基层，更加了解农村的实际需求，具有更大的地域优势和信息优势。实现农村金融领域中的民间资本突围有利于改变和打破既得利益集团的布局，以摆脱传统农村金融改革的路径依赖局面，进一步实现金融深化，避免我国农村金融改革长期被锁定在某种低效率的状态之下，更好地实现"适应性"农村金融成长的目标。

二 基于政府效用的我国金融改革框架下的民间资本突围

(一) 体制内农村金融改革引入民间资本的总体思路

与以往改革不同的是，我国新一轮的农村金融改革希望通过引导包括外资在内的各类民间资本进入农村金融领域，以解决多年来一直存在的农村、农民融资难问题。长期以来，我国具有体制外性质的民间资本一直没有被国家决策层所重视，处于自生自灭的灰色地带。

(1) 2004年中央"一号文件"表明民间资本与体制内资本在农村金融领域开始结合。民间资本开始参与设立村镇银行，民间资本可以发起设立"只贷不存"的小额贷款公司，自此以后的连续多个中央"一号文件"也都强调要引导民间资本进入农村金融领域。可见，此轮增量式农村金融改革也是民间资本不断突围的改革，民间资本从过去被整顿打击的对象变为正规金融领域的一分子，这在制度变迁上是一种进步。

(2) 在众多中央"一号文件"的要求下，国务院及其相关部门也出台了一些鼓励民间资本进入农村金融领域的相关规定。2005年2月，国务院颁布的"非公36条"明确民间资本可以进入金融服务业。2012年5月，国务院颁布"新36条"进一步明确和扩大了民间资本进入的领域和范围，鼓励民间资本发起或参与设立村镇银行、贷款公司、农村资金互助社等金融机构，放宽村镇银行或社区银行中法人银行最低出资比例的限制，适当放宽小额贷款公司单一投资者持股比例限制。为呼应国务院政策，银监会随后出台了《关于鼓励和引导民间资本进入银行业的实施意见》，明确指出，支持民间资本同等条件进入银行业，支持民间资本参与村镇银行发起设立或增资扩股，并将村镇银行主发起行的最低持股比例由20%降低到15%。

（3）2012年党的十八大提出加快发展民营金融机构。从历年中央"一号文件"关于引导民间资本进入农村金融领域的观点可以看出，虽然国家对于民间资本进入农村金融领域这个问题在总体上是一种积极的态度，但我们也可以看到，2004~2013年，国家对于民间资本在农村金融领域的突围非常谨慎，"一号文件"每年对这个问题的"陈述"和"态度"都没有很大的差别，其基本指导思想都是"鼓励"、"引导"、"支持"和"加快发展"等，并没有实质性突破。我国民营银行的设立问题一直是备受关注的问题，在21世纪初期，我国加入WTO前后，设立民营银行的呼声很高，但最终没有获得国家批准。从2012年国家开展温州金融综合改革试验区以来，民营银行设立再次被提上日程，但国家对于允许民间资本作为主要发起人筹办民营银行的相关细则只字未提，村镇银行方面也只简单提了一句，其与"国12条"区别不大，也没有进一步深化①。此外，其对于利率市场化问题也没有提及。作为民间资本突围的高级形态——发展民营金融机构在党的十八大报告中被正式提出，这是一种时代的进步。2013年7月，国务院出台"国十条"，为民间资本设立民营银行亮起了绿灯，提出尝试由民间资本发起设立自担风险的民营银行，这对民间资本进入农村金融领域是重大利好。

（4）2014年7月，银监会正式批准3家民营银行的筹建申请，它们分别是：腾讯、百业源、立业为主发起设立的深圳前海微众银行，正泰、华

---

① 2012年11月20日，浙江省政府出台的《浙江省温州市金融综合改革试验区实施方案》，提出加快发展新型金融组织，支持民间资金参与地方金融机构改革，鼓励民间资金根据有关规定发起设立或参股村镇银行、贷款公司、农村资金互助社等新型金融组织；争取进一步确认小额贷款公司等各类融资性机构的性质；试点部分符合条件的小额贷款公司按规定改制为村镇银行。可以看出，民间资本突围金融领域没有实质性进展。

峰为主发起设立的温州民商银行，华北、麦购为主发起设立的天津金城银行。我国民营银行正式"破冰"。2015 年，中央"一号文件"再次提到民营银行发展问题，2015 年 3 月，李克强总理在"两会"政府工作报告中指出，民营银行要"成熟一家，批准一家，不设限额"，这再次表明民营银行发展的总体路线。截至 2015 年 5 月末，第一批试点的 5 家民营银行，深圳前海微众银行、上海华瑞银行、温州民商银行、天津金城银行、浙江网商银行已全部获批开业。可以预见，未来几年我国民营银行将迎来发展的"黄金时代"。

（二）农村金融改革中民间资本突围缓慢

迄今为止，无论是中央层面还是银监会，中国人民银行等金融管理部门都出台了一些关于引导民间资本进入农村金融领域的制度规则，但这些政策的效果如何呢？

（1）民间资本仍然只允许参股村镇银行，村镇银行的主发起行制度没有改变，民间资本停留在"财务投资"层次，无法取得经营管理发言权。实际上，由于交易费用过高，国有商业银行对于发起设立村镇银行的积极性并不高，但一些城市商业银行和农村商业银行发起设立村镇银行的积极性很高。据统计，截至 2012 年 7 月底，全国有村镇银行 747 家，其中有363 家由城市商业银行发起设立，占比约为 49%，有 161 家由农村商业银行发起设立，占比约为 22%，有 59 家由农村合作银行发起设立，占比约为 8%。发起村镇银行数量最多的前三家是内蒙古银行、包头市商业银行和上海农商银行，分别发起设立 31 家、27 家和 25 家。这些城市商业银行和农村商业银行都具有地方政府背景，民间资本虽然有一定参股，银行的经营决策权依然在政府手中，这些具有地方性质的体制内资本的主要目的在于借助村镇银行实现跨区域扩张，其真正目的不在于服务农村。村镇银行由商业银行控股，这导致村镇银行在管理体制、业务品种和资金运作等方面与商业银行没有多大的差异，村镇银行成为农村的商业银行，不能按照农村的实际需求提供服务。

（2）商业银行全资设立的贷款公司完全排斥民间资本的介入，国家发展贷款公司的初衷是希望商业银行投资服务农村，但实际上其操作性不强。因为商业银行与其在农村投资设立一个不能吸收存款的贷款公司，不如设立一个可以吸收存款的分支机构，特别是在商业银行特别重视"吸储"的大背景下，情况更是如此，商业银行通过设立贷款公司发放贷款并没有给银行带来收益，反而增加了银行的经营成本。2011 年末，全国仅仅有 10 家贷款公司，这与 2009 年银监会规划的 106 家相差很远，这导致贷款公司发展几乎处于停滞状态。值得注意的是，10 家贷款公司分别由 4 家城市商业银行、2 家农村合作银行和 1 家外资银行发起设立，其中花旗银行发起设立了 4 家贷款公司。国家设立贷款公司的出发点在于让现有金融机构将更多的资金投放农村，但目前贷款公司成为中小银行实现跨区域扩张和外资银行进一步进入中国市场的手段。

（3）农村资金互助社是内生于农村的金融组织，从理论上说，其具有草根价值。政府本应该放宽民间资本运作，但政府对它实施的审慎性监管实际上使资金互助社蒙上了很厚的政府色彩，民间资本在其中的影响力大减，大幅度增加了资金互助社的运作成本，甚至使收益不能覆盖成本，农村资金互助社发展十分缓慢。而与之相反的是，我国目前还存在上万家由各地农村自发成立的农民资金互助社，这些自发成立的农民资金互助社对解决农村贷款难起到了积极作用，但由于其一直得不到当前政策和法律的认可，一种内生于农村的社区型金融组织被国家金融管制制度排斥。

（4）由民间资本全资设立的小额贷款公司不仅不能吸收存款，而且融资渠道非常狭窄，甚至连金融机构的法律地位也没有，虽然政策表面上允许小额贷款公司转制为村镇银行，但村镇银行的主发起行制度要求其让出小额贷款公司的经营管理权，而这些民间资本持有者一直希望能真正经营一家自己的金融机构，所以这从根本上阻止了小额贷款公司的改制之路。另外，由于小额贷款公司具有很大的"草根性"，其没有被纳入国家统一监管框架，国家在财政税收优惠政策方面也没有给小额贷款公司同等待遇，这降低了民间资本投资积极性，在很大程度上迫使小额贷款公司为了获得相应的收益而进行服务使命偏移。

通过上文的研究可以看出，虽然我国农村金融的增量式改革序幕已经拉开，但国家对民间资本进入农村金融领域依然十分小心谨慎。

（1）目前民间资本进入农村金融领域仍然停留在初期阶段，已有的制度规则不能使民间资本充分发挥自身的优势，这使农村小型金融组织不具有"适应性"，金融监管制度不适应农村小型金融组织成长，农村小型金融组织也与农村的实际需求格格不入，改革效果大打折扣。

（2）国家希望"引导"民间资本服务农村金融发展，但又心存很多顾虑,所以其对民间资本抱着"扬长避短"的根本原则,意在对民间资本进行"招安"。从国家的很多制度规则可以看出这一点。2005 年,国家允许民间资本发起设立小额贷款公司,其目的在于以小额贷款为突破口,把庞大的民间资本引到"合法"轨道上来。2006 年末,国家放宽农村地区金融机构准入门槛,意在通过发展农村小型金融组织增强农村地区金融机构竞争,但无论是村镇银行还是贷款公司,都是由商业银行作为背后支撑,国家希望引导商业银行体系内部的"体制内"资金到农村地区去。2009 年,银监会规定小额贷款公司要转制为村镇银行必须由银行业金融机构控股,希望把具有草根性质的小额贷款公司纳入体制内金融机构范围,这是对草根金融的又一次"招安"。2012 年"新 36 条"的主要出发点在于启动民间投资来"保增长",国家把民间投资作为应对金融危机的重要手段,特别是在"4 万亿元"政府投资以后,民间投资被视为政府投资的接力棒和经济增长的内生动力源。

三 放宽民间资本准入,增强农村金融改革"适应性"的基本思路

前文的研究告诉我们,虽然我国目前已经开始允许筹建民营银行,但其在数量上非常少,总体来说,民间资本进入农村金融领域十分缓慢。未来,农村小型金融组织"适应性"成长需要进一步放宽民间资本在农村金融领域的准入程度,充分发挥"鲶鱼效应"。

(一) 处理好渐进式改革发展与风险防范的关系

虽然我国中央"一号文件"多次提到要引导民间资本进入农村金融领域,但在具体操作层面其显得非常谨慎,政府对民间资本从事金融服务业的能力存在担忧,对民间资本进入银行业的动机存在怀疑,这将损害民间资本参与金融改革的信心。民间资本也担心新成立的农村金融组织重蹈 20 世纪 90 年代农村合作基金会的老路,从全面鼓励到全面清理。"适应性"农村金融改革应该处理好渐进式改革和风险防范的关系。①积极推动发展,通过完善制度、创造条件来防范风险以避免出现害怕风险和改革停滞的"恶性循环"局面,害怕风险而使改革停滞,改革停滞将导致更大风险,最终改革会更加难以展开。民间资本进入金融业的核心就是发展民营银行,我国应该通过完善制度设计,将可能出现的风险控制在一定范围

内。不能因噎废食，要顺应当前金融体系发展的规律，在完善制度环境和监管体系的背景下，加快民间资本对农村金融领域的准入。②关联交易的产生只是制度的选择，不是由资本属性决定的，无论民间资本还是国有资本来控股银行业都可能出现关联交易。允许民间资本介入农村金融业，鼓励民间资本在合理的法人治理下发挥作用，加强制度的制约。只要管控得当，关联交易就可以有效防止。目前存在的村镇银行主发起行制度不宜立即取消，但国家应该将那些在银行稳健经营上具有远见、关注社会责任的民间资本选择出来进行培育，将民间资本的"有钱"和"属性"结合起来。成熟一家就发展一家，将这种示范作用充分发挥出来，不能出现"几年来一直听见楼梯响，但就是不见有人下楼梯"的尴尬局面。③目前我国同时存在由银监会认可的贷款公司和中国人民银行试点发展的小额贷款公司，前者具有金融机构法律地位，但必须由商业银行全资控股，后者资金源于民间资本，但在法律上只属于"公司"。商业银行实际上也不愿意成立全资贷款公司，因为商业银行对贷款公司要承担与开分支机构一样的风险，但不能吸收存款。因此，可以由民间资本全资设立贷款公司，或者给予小额贷款公司金融机构法律地位。

（二）减少金融管制，规范金融监管

我国"适应性"农村金融改革要充分尊重农村小型金融组织的金融创新自主权，充分发挥民间资本参与改革的积极性，但目前民间资本没有实质性进驻农村金融领域，重要原因之一是监管部门认为监管力量不足、监管手段和技术落后。从我国中央"一号文件"和国务院颁布的"新36条"等可以看出，在列出诸多允许民间资本进入或者兴办金融机构的条款之前，它们都有一个非常重要的基本前提——"加强有效监管"，这充分印证了上述原因。目前，我国的"监管力量不足"吗？表面上看确实如此，我国农村小型金融组织不仅数量众多，而且非常分散，如果面向民间资本完全放宽准入，那么必将产生监管困难。当前非常重要的问题是区别和处理好监管与管制的关系。①重塑监管者和被监管者的关系，在实施监管的时候首先要承认监管对象属于真正意义上的市场主体，不应该根据市场主体的所有制、股权或者经营规模等属性做出歧视性规定，应该鼓励竞争，不能直接干预市场主体的经营行为，否则就会变成政府的行政管制。②处理好中央政府和地方政府在金融机构监管方面的职能配置关系，把监管重点放在规范市场秩序上，从行政性的监管转向中立、专业性的监管。银监会要尽快将小额贷款公司纳入银监会整体监管体系，由于小额贷款公司"只贷不存"，其应该被采取非审慎性监管方式，以监管其业务行为，保护利益相关者权益，确保经营行为不偏离服务"三农"目标。逐渐改变村镇银行由银行业金融机构发起设立的相关规定，鼓励民间资本进入，并在此过程中加强审慎监管。③加强联动监管，银监会和中国人民银行在关于发展农村小型金融组织和引导民间资本进入农村金融领域等方面要加强协调，定期召开联席监管会议，加强信息交流。完善监管信息披露制度，加强监管立法。④在监管模式上采取"目标导向"监管模式，改变传统从机构类别出发确定监管模式的做法，转向根据业务范围和发挥的功能来确定监管模式①。

（三）界定政府与市场作用边界，培育农村金融市场机制

党的十八大报告指出，经济体制改革的核心问题是处理好政府和市场的关系。"适应性"农村金融改革要求充分发挥市场调节机制作用，培育微观金融主体，同时合理定位并规范政府行为，维护农村金融改革稳定。政府与市场作用边界的合理界定，二者有机结合、相辅相成，是"适应性"农村金融改革的重要保障，这既是对过去30多年农村金融改革经验和教训的总结，又为今后农村金融改革指出了改革方向和重点。①政府行为的重点在于构建制度环境，实施制度供给，提供制度激励，引导农村小型金融组织成为真正意义上的市场主体，正常发挥其推动"适应性"农村金融改革的内生动力。②通过解放思想改变政府对于民间资本的怀疑和不信任态度，进一步降低准入门槛，鼓励多种所有制形式进入农村金融市场，政府应该在多方面给予配套政策支持和优惠，让民间资本真正参与农村金融改革。同时，尽快出台和进一步完善"贷款通则"和"放贷人条例"等法律法规，保护民间资本的权益，让民间资本分享到农村金融改革带来的收益，而不能让民间资本成为政府的"功能替补"。③要适当放开我国的利率管制政策，通过市场的适度竞争去降低市场利率，完善利率形成机制。激励农村小型金融组织开发具有市场敏感度、符合利率市场化环

---

① 关于我国农村小型金融组织"适应性"成长中的政府监管问题，在第七章有具体详细的研究。

境、具有适当灵活性的金融产品。进一步完善我国的存款保险制度、我国的农业保险机制，减少利率市场化给农村小型金融组织带来的冲击。④要培育农村金融市场机制，农村金融人才的培育成为当务之急，要加强对农民和民间资本所有者的金融教育培训，让他们成为真正意义上的微观金融主体。加快农村信用体系建设，尽快将农民和民间资本所有者纳入社会征信系统，优化整个农村信用环境。

第二节 "适应性" 农村小型金融组织的目标重构

从前文的研究可以发现，十多年来，我国开展新一轮农村金融改革，大力发展村镇银行、小额贷款公司等农村小型金融组织，但这并没有实现预期的政策初衷，我国农村金融体系依然不够健全，农村小型金融组织在成长过程中出现使命偏移倾向，政府角色和行为没有太多改变。2013 年党的十八届三中全会正式提出发展普惠金融以后，发展普惠金融成为新的时代主题，这为未来农村小型金融组织的成长提供了方向，更加需要 "归正" 农村小型金融组织成长方向。我们通过对 2004 年以来至今连续出台的中央 "一号文件" 和中国人民银行、银监会发布相关 "通知" 和 "指导意见" 的综合整理，发现我国发展农村小型金融组织的目标初衷是通过增量式改革增强农村金融市场竞争，扩大农村金融覆盖面，同时培育我国合作金融制度，实现服务 "三农" 的目标。我们细心分析后可以发现，国家发展农村小型金融组织的目标主要体现在 "通知" 和 "指导意见" 的 "引言" 部分，主要是以 "总体指导思想" 的方式体现出来，显得比较含糊。其并没有对四种不同农村小型金融组织的定位做出明确要求，也缺乏相应具体的引导和激励政策来保证长远目标初衷的实现。目前农村小型金融组织成长情况已经从事实上表明它们并没有朝着当初国家总体的目标前进。在当前发展普惠金融的长远目标要求下，"适应性" 成长模式下的农村小型金融组织应该发挥自身比较优势，对发展目标进行有效定位和职能分工。这要求我们在研究农村小型金融组织成长问题时，从问题和矛盾现象的本质出发，结合发展普惠金融的时代主题，对四种农村小型金融组织进行重新定位，充分发挥它们服务 "三农" 的优势作用，更好地弥补正规金融的服务空白，进而发挥其对农村经济的促进作用，为发展普惠金融贡献力量。

一 农村小型金融组织目标重构的现实依据：基于对当前改革的思考

我国农村小型金融组织成长已十多年，其实际效果如何，是否真正实现了当时改革初衷，值得我们深入分析和思考。基于对过去经验教训的总结和反思，寻找阻碍农村小型金融组织成长的根源性问题，这有助于我们从问题和矛盾的根源出发，探索发展普惠金融过程中的农村小型金融组织的目标定位。

（一）农村小型金融组织成长出现使命偏移倾向

农村小型金融组织的设立初衷是为农户和小微企业等长期被正规金融排斥的贫困弱势群体提供金融服务，但由于资本的外来性、企业本身的逐利性和农村贷款的高风险性，农村小型金融组织在成长过程中不可避免地出现了使命偏移。①很多民间资本热衷于投资开办小额贷款公司，主要原因是为将来改制成村镇银行进入正规金融体系做准备，它们并不能真正贯彻为农户和"小微企业"服务的宗旨。②村镇银行偏离"支农支小"的政策定位，将营业网点设置在相对富裕的乡镇或者城乡接合部，将贷款主要投放于地方政府的资金项目或者大型优势项目，对农户发放贷款的比重较低，将服务"三农"视为"吃政策饭"的手段，只是希望借此获得政府财政支持和税收优惠。根据银监会 2013 年 4 月的视频工作会议通报的数据，全国大多数村镇银行的涉农贷款和"小微企业"贷款占全部贷款比重不足50%。③农村小型金融组织出于利益最大化和风险防范考虑，坚持传统抵押担保模式，在贷款条件筛选上就将贫困弱势群体排除在外。农村小型金融组织成长中的使命偏移，背离了政府开展新一轮农村金融改革的初衷，影响了我国普惠金融目标的实现。

（二）农村合作金融依然残缺

从理论上来说，完善的农村金融体系应当是包括政策性金融、合作金融和商业性金融在内的多层次、全方位、互补性的金融体系。经过长期以来的改革，我国农村金融体系从名义上说是以农村信用社为主，以中国农业银行和农业发展银行为辅，以邮政储蓄银行和农村小型金融组织为补充。但实际上我国农村金融体系是不完善甚至是功能残缺的，贫困弱势群体的金融需求得不到满足的现象仍然普遍存在，甚至存在金融服务空白的局面。①大型商业银行的营业网点撤离农村，在农村地区开展的综合性金融服务相当匮乏。②作为农村金融服务主要提供者的农村信用社，虽然具有合作金融性质，但是在市场经济体制下也已经逐步市场化，其服务"三农"的力度明显不足。③微型金融发展不足，新型合作金融严重残缺，对农户和"小微企业"的金融扶助力度有限。农村资金互助合作社虽然早已开展试点，但发展非常缓慢，产品极度单一，辐射人群少，尚不能很好地为有需求的农户提供金融服务。因此，我国看似齐全的农村金融市场中的各种类型的金融机构并没有有效地发挥各自的作用，尤其是农村合作金融组织在农村金融市场还没有发展起来。从理论来说，农村合作金融组织应该是最有利于解决弱势群体资金需求问题的，但随着我国农村信用社的商业化改革，我国农村出现了事实上的合作金融缺失的局面，不能有效弥补农村金融体系的残缺，更不能发挥其服务"三农"的作用。

（三）农村金融垄断局面尚未被真正打破

我国农村小型金融组织成长已有十多年的时间，国家当时的出发点是希望农村小型金融组织的出现能够增强农村金融市场竞争，打破金融垄断，但目前这个目标尚未完全实现。①国家发展农村小型金融组织的相关政策还不完善，也存在一些政策落实执行不到位的情况，在某些制度设计上存在缺陷，这导致农村小型金融组织在信贷业务和技术上缺乏创新的积极性。从时间上看，我国农村小型金融组织尚处于起步阶段，出于风险和利益的考虑，农村小型金融组织往往沿袭传统商业银行的信贷模式，不愿意推陈出新，难以真正融入农村金融市场参与竞争。②从农村小型金融组织的资金链上下游来看，农村小型金融组织的盈利能力不足、难以控股等问题导致了民间资本对其投资热情的消退，这使其缺乏可持续发展性。③农户和"小微企业"更愿意相信工、农、中、建行等大型商业银行，而不愿选择发展相对不完善、信誉度不高的农村小型金融组织。这从两个方面制约了农村小型金融组织的长期可持续发展和竞争力的提高，短期内农村小型金融组织仍然不能打破农村信用社在农村金融市场的垄断地位。

（四）政府角色尚未真正转变

基于对近十年来我国农村小型金融组织成长的思考可以发现，政府的角色与以前"存量式"改革时期的政府角色没有多大改变，政府管制过多，有效监管不足。①定位不明，配套制度没有跟上。随着农村小型金融组织的不断增多，政府的监管难度也在增加。由于农村小型金融组织主要为"三农"服务，政府对其监管不能按部就班地按照正规金融的监管方式进行严格监管，否则不利于它的健康成长，但是又不能放松监管以至于出现道德风险。尽管当前银监会出台了多项制度引导农村小型金融组织坚持风险为本、审慎经营，但是大部分政策规定都是出于对农村小型金融组织作为金融机构的严格的风险防范，而对于如何鼓励其服务"三农"的考虑相对较少，配套的法律和保障制度不完善。这不仅不利于农村小型金融组织自身的可持续发展，也不利于提高其社会公信度。②监管过于严格，监管理念没有从"管理型"政府角色转变为"服务型"政府。政府对农村小型金融组织的管制色彩非常浓厚。例如，中国人民银行规定商业银行存贷比最高为75%，而银监会特别规定村镇银行开业的5年内可以不进行存贷比考核。根据相关报道，温州首家村镇银行永嘉恒升村镇银行成立于2009年，2015年迎来首次存贷比考核，截至2012年末，各项存款余额6.61亿元，各项贷款余额10.16亿元，存贷比近154%，这也许是它未来持续经营的一大难关。而许多上市的大型商业银行开设的村镇银行中也普遍存在存贷比超标的现象。实际上，大部分村镇银行难以在5年内达到中国人民银行规定的商业银行存贷比。③监管政策缺乏系统性。农村金融是一个金融系统，其中的各个部分既相互影响又相互制约。目前对农村小型金融组织的监管大多是在问题出现以后再针对单个问题制定对策，没有建立使不同的农村小型金融组织之间以及与其他金融机构之间的相互配合、相互促进与相互制约的长效机制。监管层面没有将农村小型金融组织融入农村金融市场的整体，这不利于其可持续发展。

二 "适应性"农村小型金融组织目标定位的基本思路

从前文的分析可以得知，我国发展农村小型金融组织的初衷是为"三农"服务，但不同类型的农村小型金融组织没有明确的目标定位和职能分工。另外，由于国家相关政策设计和一些制度缺陷，近十年来，我国农村小型金融组织的成长没有实现预期发展。因此，根据农村小型金融组织成长中存在的问题，在新形势下如何对农村小型金融组织成长进行有效的定位和职能分工，是关系到未来农村小型金融组织"适应性"的关键问题。①有利于明确目标市场，提高竞争力。通过对农村金融市场进行细分，深入挖掘农户和"小微企业"的金融需求，结合自身的经营特点，农村小型金融组织能够明确自己的服务对象，制定特殊的经营策略，及时针对服务群体金融需求的变化做出相应的改变，有助于提高农村小型金融组织的应变能力和竞争力。②有利于发掘市场机会，进行创新。通过市场细分，农村小型金融组织能够对每一个细分市场的市场潜力、满足程度、竞争程度等进行分析对比，探索出对自身有利的市场机会，及时制定策略开拓新市场，创新金融工具，以适应农村金融市场发展的需要。③有利于在实现经济效益的同时实现社会效益。通过市场细分和目标定位，农村小型金融组织能够更好地融入农村金融市场，开展有针对性的金融服务，履行自己扶助弱势群体的社会责任，实现长期可持续发展。

（一）基于比较优势实施的服务对象和发展目标定位

不同的农村小型金融组织在性质和功能上是存在差异的。从法律性质上来看，村镇银行、贷款公司和农村资金互助社属于"金融机构"，被纳入统一金融监管体系，小额贷款公司没有金融机构的法律地位，属于从事金融服务的"组织"。从金融功能上来看，村镇银行和小额贷款公司属于商业性金融组织，在资金上具有较大的优势，而农村资金互助社属于合作性金融组织，具有资金互助方面的优势。不同的农村小型金融组织具有不同的政策优势和功能优势，因此，农村小型金融组织应该"错位发展"，应该基于不同组织的特色和比较优势来进行目标定位。①村镇银行在定位上应该避免成为其控股银行在当地的"分支机构"，要努力打造自身的特色，更好地发挥作为地方性金融机构的区域优势和贴近农户的信息优势，重点为当地农民、农业和农村企业提供金融服务，努力将其打造成为服务"三农"的社区银行。但村镇银行要定位发展的"社区银行"应该不同于当前一些大型商业银行在居住社区设立的普通分支行网点，因为，从严格意义上说，大型商业银行在居住社区旁边布局的普通分支行网点不算真正的社区银行，只是传统银行的服务功能延伸至社区。我国村镇银行应该从网点选址、功能定位、人员配备、业务特点多方面体现社区特色，利用社区，扎根社区，服务社区。②小额贷款公司的贷款资金源于民间资本，贷款机制灵活，应该重点为"小微企业"和农户提供金融服务，努力开展信贷技术创新和服务产品创新，重点发挥其在信贷机制方面的创新，增强机构自身的可持续发展性，将其努力打造成为我国服务"三农"的微型金融组织。③农村资金互助社从成立之初开始就承载着重构我国合作金融的希望，从组织的设计和功能定位上来看，属于真正意义上的内生性金融组织，未来农村资金互助社在发展过程中要尽可能减少行政干预，加强政府规范引导，打造我国真正意义上的合作金融组织。特别是在 2014 年中央"一号文件"明确提出"发展新型农村合作金融组织"的大背景下，重构我国合作金融体系非常重要。

（二）阶段性目标：财务绩效与社会绩效协调发展

农村小型金融组织的基本特征是盈利，如果没有盈利，那么其无法持续生存，这不可避免地会导致它在发展中为了盈利逐渐偏离"支农支小"的道路。但我国农村小型金融组织从成立之初开始，就被赋予为那些难于从传统金融组织中获得资金扶助的农户及小微企业提供金融服务的"使命"，所以，农村小型金融组织不能一味地追求财务绩效而忽视甚至偏离其服务"三农"的本质。如何在服务"三农"的过程中做到财务绩效与社会绩效的协调发展成为农村小型金融组织成长的关键，是农村小型金融组织在确定目标定位以后，在实现长远目标之前应该达到的阶段性目标。只有将为小微企业和农户提供完善的金融服务落到实处，其在不断追求财务绩效的同时注重社会价值和绩效的实现，农村小型金融组织才能得到政府和社会的广泛支持与认可，同时实现自身的可持续发展，进而为广大需要金融服务的农户和"小微企业"提供有针对性和完善的金融服务，从而为实现我国普惠金融的长远目标贡献力量。

（三）长远目标：实现普惠金融目标

普惠金融理念起源于国际小额信贷和微型金融发展，该理念从产生伊始就与扶贫和帮助弱势群体联系在一起。今后，发展普惠金融将上升到整个国家金融体制改革层面，体现了未来国家金融改革的方向和目标，普惠金融与我国构建社会主义和谐社会、科学发展观和实现中华民族伟大复兴的"中国梦"是一脉相承的经济社会发展指导思想。在这样的新形势下，农村小型金融组织将面临新的发展机遇，当下为了追逐经济利益而偏离服务"三农"的发展定位必须改变，我国应当对其长远发展的目标进行重新审视。而不管是从政府鼓励其发展的出发点还是农村小型金融组织自身的特点及长远发展考虑，其发展的长远目标都应当围绕着实现"普惠金融"这一核心使命展开，并结合农村小型金融组织成长现状和发展要求来进行定位，其长远目标应该是为实现我国普惠金融目标贡献力量，在发挥自身比较优势的基础上，为广大需要金融服务的农户和小微企业提供有针对性的和完善的金融服务。这里所指的金融服务不仅仅指信贷，而应当是不断创新金融产品、服务，完善金融机构，降低金融成本，真正让有金融需求的人能够低成本地获得可持续性的金融服务。

总之，我国农村小型金融组织应该根据各自的比较优势实施目标定位，做到财务绩效与社会绩效协调发展是农村小型金融组织成长的阶段性目标，也是各组织实现各自目标定位的途径。发展普惠金融已经成为我国整个金融改革的重要任务，农村小型金融组织成长要置于普惠金融发展的大背景下进行，其长远目标是为贫困弱势群体提供可持续性的低成本的金融服务，为实现我国普惠金融目标贡献力量，我国农村小型金融组织成长的目标定位框架如图 6-1 所示。

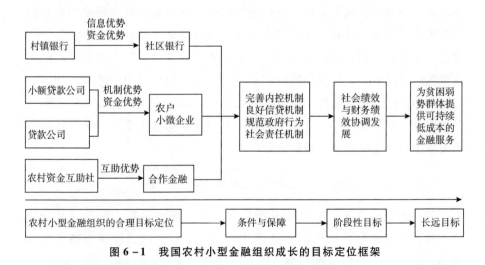

图 6-1 我国农村小型金融组织成长的目标定位框架

三 实现农村小型金融组织目标的条件保障

从图 6-1 可以知道，合理的目标定位是基础，目标的实现离不开相应的条件保障，农村小型金融组织要构建完善的内部控制机制，设计适应客户特点和需要的金融服务产品，构建合理的激励约束机制和贷款定价机制。政府要加强监管的有效性，开展社会绩效管理，引导和激励金融机构树立普惠金融理念，构建良好的社会责任机制。

（一）完善农村小型金融组织内部制度

完善的内部治理结构有助于所有权和经营权的分离，规范员工的行为。同时，农村小型金融组织由于不够成熟、制度滞后，其往往在对信息收集、信贷风险识别和评估预警等方面存在缺陷，风险防范能力较差。因此，完善的内部控制制度是农村小型金融组织健康成长的必要条件。农村小型金融组织在追求经济效益的同时应当注重完善内部结构和各项风险管理制度，从内部降低经营风险，追求可持续发展。①建立健全公司内部结构和管理制度，设立风险管理部门，明确权利的相互制约，可以参照商业银行的风险内控制度，完善农村小型金融组织从业人员考核制度、重大事项披露制度等相关制度。②要建立定期信用风险评估制度，结合农村小型金融组织自身经营和贷款的性质和特点，通过建立借款者档案对贷款风险进行分类、跟踪分析和定时评估，建立风险监测机制和信息反馈机制，提高内部对风险的识别、分析和控制能力，做到监测工作的日常化、科学化、定量化和合理化。

（二）大力开展金融产品与服务创新

实现普惠金融目标必须积极开展金融产品与服务创新，弥补正规金融在农村的发展空白。金融产品与服务创新有助于降低金融交易双方的信息获取门槛，这使农村小型金融组织根据客户的需求和特点来提供金融服务，以更好地迎合农户和"小微企业"的金融需求。同时，这也能从金融产品设计上降低信贷风险，全面跟踪金融服务，及早发现和识别风险，有效降低不良贷款和违约风险。①优化担保方式。针对农村信贷的特点，在筛选客户时制定指标、严格把关，对借款者的风险特征和担保方式加以区分，对不同风险种类的借款者分别提供有针对性的信贷产品与合约，采用以连带责任为主，抵押、质押等多种担保机制相结合的方式来规范和制约信用风险。这样能集中信贷群体，降低交易双方的信息获取和信贷成本，能同时有效防范逆向选择和道德风险。②优化还款方式。涉农贷款具有资金分散、还款周期长的特点，农村小型金融组织需要优化传统还款方式，减轻农户还款难度，预防坏账产生。考虑如"整借零还"或"零借零还"的分期还款方式，考虑农户或"小微企业"的整体收入水平，将没有还款能力的赤贫客户排除在外，尽早发现那些具有较大潜在风险的贷款，避免风险在末期集中暴露，减少农村小型金融组织的资产损失。③建立信用循环激励制度，从微观主体的角度强化农户及时还款的信贷理念，优化农户、小微企业和农村小型金融组织双方的资金周转情况，实现农户、小微企业等金融需求者和农村小型金融组织的双赢。采取短期、持续、累进的贷款方式，根据当前的偿还情况决定后续是否还能取得贷款，形成循环激励。长期的循环激励，帮助农民树立良好的信用理念，使其认识到只有不违约才能获得更多后续的贷款，逐渐达到"贷款—投资—获利—还款—再贷款"的良性循环局面。

（三）规范对农村小型金融组织目标定位的引导、激励

经过几十年的农村金融改革，政府"自上而下"的改革模式对我国农村金融市场早期的发展有一定推动作用，但随着市场的发展和农村金融需求的增长，政府过度管制已不能适应农村金融发展的需要，甚至拘束了农村金融市场的健康成长。在农村小型金融组织成长过程中，政府对其严格的定位和监管虽然有助于防范金融风险发生，但不利于可持续发展。应适当放松管制，规范政府行为，处理好农村小型金融组织成长中政府与市场的关系。①转变政府理念，推动市场资源有效配置。依照农村小型金融组织成长目标定位，在有效的市场资源配置环境中，农村小型金融组织通过不断追求财务绩效与社会绩效的协调发展，逐步将金融服务带给有需求的广大农户和小微企业，以推动农村金融体系的完善和金融资源在农村的优化配置，在实质上实现农村金融市场资源的普惠，让有金融需求的人能够低成本地获得可持续性的服务。因此，政府应当实施有效监管，转变监管理念，转监管为服务。在可行的范围内放宽对农村小型金融组织不必要的约束，弱化对农村金融市场中资源配置的行政干预，制定有针对性的激励措施鼓励农村小型金融组织成长，提高金融资源配置效率，实现农村金融市场资源合理高效地运转，进而强化农村金融市场的健康发展，以为实现"普惠金融"打下坚实的基础。②优化农村小型金融组织成长的政策环境与激励机制。大力发展农业保险，

建立对农业保险的再保险和农业灾害风险的分散机制，着力构建政策性农村金融风险消化、分担和承受机制。建立健全税收减免、贷款贴息和损失补偿等财政补贴机制，鼓励将农村小型金融组织纳入金融机构对地方经济发展考核奖励的范围，结合税收优惠、财政激励和政府转移支付等措施，减轻农村小型金融组织的成长负担，对"支农支微"各项指标达到规定的农村小型金融组织要加大财政补贴和税收优惠。③搭建全国统一的农村小型金融组织网络征信共享平台，结合实际情况和商业银行经验制定相对便于操作的农户和小微企业的信用等级标准，建立和完善对农户和小微企业的信用评价和贷款信息档案，有效跟踪贷款额度，避免重复放贷，实现共同约束，维护行业环境健康发展。将农村小型金融组织征信平台接入中国人民银行征信系统，实现整个金融信贷数据的对接，全面提高对信贷风险的预警和防范。

（四）构建有效的农村小型金融组织绩效评价管理体系

有效的绩效评价管理体系有助于及时掌握农村小型金融组织的财务效益、社会效益等方面状况，并对农村小型金融组织成长目标进行调整，使之不断适应新形势的变化与要求。①绩效考核评价应严格按照农村小型金融组织定位的长远目标来开展，把为农户和小微企业提供有针对性和完善的金融服务作为绩效考核的核心原则。②着重了解农村小型金融组织如何在追求财务绩效的同时服务农户和小微企业，这将有助于农村小型金融组织在操作目标落实的过程中实现为有金融需求的人提供可持续性服务的长远目标。③应考虑不同地区经济发展水平、农村贫困程度、当地产业结构以及涉农小额信贷的实施情况和支持力度等，兼顾财务状况、人力资源、支农支小等多方面的综合指标来进行考核。④采取多种方式相结合的评价方式，将绩效考核指标分为财务指标和非财务指标，分别建立多样化的评价方式和管理模式，对农村小型金融组织的财务绩效和服务"三农"的社会绩效进行合理评价。⑤借鉴国外先进经验和绩效考核管理评价理论，建立专门的社会绩效管理信息系统，农村小型金融组织可以通过该系统对自己的信贷活动进行有效的内部控制和风险预警，政府和行业可以借助该系统对农村小型金融组织进行外部审计、绩效评价、信用评级和有效监管，全面防范行业风险，促进行业健康可持续发展。

第三节　农村小型金融组织"适应性"成长中的"资金"与"机制"——以小额信贷组织为例

一　问题的提出

在第三章的研究中，我们对目前存在的公益性小额信贷和商业性小额贷款公司两种模式进行现况考察，我国公益性小额信贷面临着资金短缺，这是其当前发展面临的重大问题。它们虽然有着强烈的以扶贫为目的的社会责任感，但这已不是小额信贷发展的"大流"。无论从信贷规模还是机构数量来看，商业性小额贷款公司都已成为我国小额信贷的主体，但小额贷款公司在发展过程中的使命偏移现象也受到了社会各界的质疑。村镇银行具有能够吸收公众存款的优势，但由于社会公信力不足，吸储存在较大难度，主发起行制度制约民间资本的积极性，不利于村镇银行构建有效的治理机制，直接制约村镇银行服务"三农"的积极性。我国农村小型金融组织陷入了成长困境，小额信贷出现"两头失效"，村镇银行难以摆脱体制内因素的束缚。"适应性"成长模式要求农村小型金融组织具有"自适应性"，与其生存环境形成相互和谐、协调的局面，而且能够不断学习、创新并承担创造性的风险，发挥自身的比较优势，对周围环境变化能够形成正确反应。因此，农村小型金融组织"适应性"成长模式需要找到当前我国农村小型金融组织成长中存在问题的关键点。

我们透过农村小型金融组织成长的制度背景等深层次因素可以发现一个非常值得探讨的"核心"问题，"适应性"成长模式下的农村小型金融组织要真正实现放贷目标，有两点非常重要，那就是"资金"和"机制"。对于村镇银行、小额贷款公司和 NGO 小额信贷组织等农村小型金融组织来说，虽然它们在法律地位上存在差异，村镇银行属于真正意义上的金融机构，小额信贷组织没有被赋予金融机构的法律地位，但它们有一个共同点，就是都是从事放贷业务的金融组织。所以，对于"适应性"成长模式下的农村小型金融组织来说，有效的"资金"和"机制"有其内在的含义。①"资金"有两方面的含义。第一是农村小型金融组织要有足够稳定的资金来源，这是组织逐渐扩大服务覆盖面和实现可持续发展的基础。第二是资金的投资者应该是"社会企业"理论中的多维主体，而不是传统自由经济理论中的一维主体。②"机制"也有两方面的含义。第一是农村小型金融组织肩负服务"三农"的重任,应该实施不同于一般商业性金融机构的信贷机制。第二是农村小型金融组织应该尽力完善自身的公司治理结构,特别是对一些小额信贷组织来说,当资金主要源于外界捐赠或者投资者的时候,构建合理的委托代理机制显得十分重要,对于村镇银行来说,有效的公司治理结构也会提高民间资本增资扩股的积极性。这里所说的"机制"不仅包含我们经常讨论的小组联保等信贷机制方面的内容,还具有深层次含义,农村小型金融组织的"适应性"成长要求自身应该具有服务低收入阶层的系统的且能够落到实处的规章制度,政府也应该有相应的制度设计。要实现农村金融组织的"适应性"成长,"资金"与"机制"在农村小型金融组织内部应该实现有效结合,有"机制"但缺乏"资金"会使农村小型金融组织服务范围受限,缺乏可持续发展性;有"资金"但缺乏"机制"会使农村小型金融组织出现使命偏移,无法体现农村小型金融组织的真正优势和实现改革初衷。

关于村镇银行的"资金"与"机制"问题,我们在第三章研究村镇银行的内容中做了具体的阐述,村镇银行的主发起行制度抑制了民间资本参与的积极性,这在很大程度上制约了村镇银行构建有效的治理机制和经营模式,这使村镇银行的成长带有浓厚的体制内色彩。另外,村镇银行处于成长的起步阶段,社会公信力还相对低下,吸收社会公众存款能力不足,主发起行制度下的民间资本对村镇银行也缺乏增资扩股的积极性。所以,村镇银行实际上面临着"资金"与"机制"的双重制约,在本节研究内容中,我们不再对村镇银行的"资金"与"机制"问题进行具体阐述,而是以小额信贷组织为例,对农村小型金融组织如何实现"资金"与"机制"的有效结合进行研究。

二 小额信贷发展中的"资金"与"机制"逻辑分析

我国小额信贷发展一直与扶贫联系在一起,我们从 20 世纪 80 年代农户扶贫贴息贷款开始就对小额信贷发展中的"资金"与"机制"展开分析。

(一)"体制内"扶贫资金与"草根性"小额信贷共同发展

1986 年,国家开始投入大量财政扶贫资金,但由于整个制度设计特别是委托代理问题没有很好解决,这导致"寻租"问题十分严重,扶贫资金到户率很低。扶贫资金发放机构缺乏积极性，把发放扶贫贴息贷款当成"政策性"任务应付了事，可以看出，这阶段的扶贫贴息贷款政策是 20 世纪 50 年代国际上农村信贷补贴理论的运用。从 20 世纪 70 年代开始，小额信贷在非洲、亚洲、拉美乃至美国等广大区域内取得较大成功，20 世纪 90 年代初期，我国学习孟加拉国乡村银行模式，开始了公益性小额信贷试点，依靠外界捐赠资金，采取团体贷款方式向穷人提供信贷服务，这在社会上产生了较大影响。当时我国"体制内"扶贫贷款与"草根性"小额信贷共同发展，而且互不相干，扶贫贷款在政府主导下进行，而公益性小额信贷大多以非政府组织形式存在。但小额信贷改变了当时的传统金融理念，改变了由商业性金融机构向穷人贷款的模式，属于信贷组织创新，而且改变了传统商业性金融机构依靠担保、抵押的贷款模式，采取不同于传统商业性金融的信贷机制，这属于信贷制度和机制创新，所以，这种新型信贷组织制度创新一开始就引起了很大关注。

（二）"体制内"扶贫资金引入小额信贷机制

小额信贷的实施让政府看到了解决扶贫贷款面临的抵押物缺失、效率低下的新途径。从 1996 年起，我国通过借鉴小额信贷模式开展扶贫贷款，将"体制内"扶贫资金与小组联保、整贷零还等小额信贷机制结合在一起，希望解决一直存在的扶贫贷款偏离贫困农户和还款率低下问题。这种"资金"加"机制"的联合从理论上说应该是可行的，但实践过程中仍然存在很多问题。由于扶贫资金来自国家财政，其在所有权上仍然产权不清，且没有构建有效委托代理机制，地方政府借助地方扶贫办或者扶贫社对小额信贷发放进行干预。由于交易成本太高，小组联保等国际意义上的小额信贷机制不能充分发挥作用，或者被结合所谓的中国"国情"加以修改。可以看出，将小额信贷机制引入"体制内"扶贫资金中本身可以成为很好的制度设计，既可以解决小额信贷项目的资金短缺问题，又可以解决扶贫资金使用方向偏移和效率低下问题，以实现"资金"与"机制"的互补。但由于我国"体制内"存在的问题不能解决，其对小额信贷的理解又存在偏差，这导致政府与民间的联合没有取得应有效果。

（三）正规金融机构开展小额信贷"业务"

从 1999 年起，国家出台了一系列关于农村信用社开展小额贷款的指导性文件，我们仔细研究这些文件发现，从 1999 年的"暂行办法"到 2000年的"指导意见"再到 2002 年的"通知"，"暂行办法"似乎没有很大法律效力，而"通知"显得更加正式，这也可以看出国家越来越重视小额贷款，希望利用农村信用社资金优势和网点优势在正规金融制度内开展支农工作。截至 2006 年 6 月，农村信用社小额贷款覆盖的农户数量占到全国农户总数的 32.7%，在服务广度上取得了较好成绩，成为当时小额信贷发展的主流。但我们仔细研究发现如下深层次问题。①农村信用社虽然在服务广度上效果较好，但在服务深度上还很不够，更重要的是，其在信贷机制上与传统商业性信贷机制没有差异。②农村信用社主要是开展"小额"贷款，对小额信贷的理解局限于"小规模"这一表层含义。而实际上，小额信贷不仅是"小规模"贷款，更是专门为低收入阶层服务的不同于商业性贷款的创新性信贷模式。③农村信用社属于正规金融机构，小额贷款业务与自身经济效益是存在矛盾的，委托代理问题依然没有解决。

总之，我国在出现"草根"性质的公益性小额信贷以后，国家将这种"新型"信贷方式与扶贫贷款结合起来，体制外小额信贷与体制内政府扶贫出现融合，小额信贷发展被烙上"政府痕迹"。2005 年以来，国家试点发展商业性小额贷款公司，希望引导民间资本服务"三农"，我国小额信贷发展进入了商业性时代。我国存在政府力量介入的小额信贷和民间力量的小额信贷，前者主要有小额贷款公司，后者主要是一些 NGO 小额信贷。我国小额信贷组织"资金"与"机制"逻辑如图 6-2 所示。

对小额信贷发展的"资金"与"机制"的逻辑分析进行总结，结合第三章我们研究小额信贷组织的发展现况，我们发现我国小额信贷实际上面临"资金"与"机制"的双重困扰。

1. 公益性小额信贷有"机制"优势，但"资金"缺失严重

公益性小额信贷总体呈现萎缩趋势，公益性小额信贷模式在信贷机制上具有优势，但在公司治理机制上尚存在不足，资金短缺已成为影响其发展的主要因素，公益性小额信贷组织要扩大穷人贷款服务覆盖面，可以有两条途径。第一是依靠获得的更多的外部捐赠资金，即外界捐赠资金最大化；第二是与一般商业性金融机构一样，尽可能多地开展营利性业务，以追求收益率最大化，但这背离了发展初衷，我国部分公益性小额信贷组织为坚守它们的宗旨在坚持着，有服务穷人的"热心"和乐于奉献的工作人

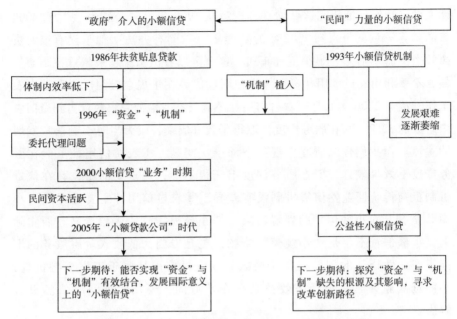

图6－2 我国小额信贷组织"资金"与"机制"逻辑

员，在信贷机制和业务创新方面也有一定经验，但资金来源的限制使服务范围非常有限，关于这个问题，我们在第三章有过具体研究，在此不再重复。

2. 小额贷款公司有"资金"优势但"机制"不健全

为了解决长期以来公益性小额信贷资金短缺的问题，2005年我国以小额贷款为突破口，引导民间资本合法开展金融活动，允许其组建小额贷款公司。小额贷款公司在资金上具有优势，但这些游离于产业资本外的民间资本能否真正服务"三农"，能否实现"资金"与"机制"有效结合，从而实现国家发展小额贷款公司的初衷，这是一个值得深入研究的问题。但我们在第三章关于小额信贷组织发展现况的研究中发现以下几个问题。①小额贷款公司的发起人对"小额信贷"理解局限于表面的含义[①]，对小额信贷的理解局限于"小规模"信贷，这是没有看到小额信贷的深层次含

[①] 小额信贷是指专向低收入阶层提供小额度的持续的信贷服务活动，小额信贷的创立源于传统经济学和银行业对消除贫困办法的不满意，是为了解决在一般市场经济体制条件下，穷人进入正规金融市场的困难而产生的。小额信贷首先是一种"小规模"信贷，同时又不单纯停留在"小规模"这一层面，更主要的是作为专门为穷人和低收入者服务的信贷方式，是不同于商业性贷款的新型信贷合约。

义。对小额信贷的理解的"表面化"使我国小额信贷的社会目标难以实现。目前，很多小额贷款公司甚至一些商业银行都说自己在从事小额信贷，要求国家给予优惠政策，实际上严格地说它们是在对中小企业贷款，真正发放"三农"贷款很少。严格地来说，中小企业贷款与小额贷款是存在差异的，中小企业贷款需要有另外的政策措施。②小额贷款公司增长速度非常快，数量不是问题的关键，关键在于应该培育能够真正为农村服务的金融组织，扩张应该稳中求进，成熟一家发展一家，数量布局扩张不是最终目标，而是实现普惠金融的过程和方式。③小额贷款公司在发展过程中有背离国家政策初衷的倾向，"三农"贷款比例偏低。从 2005 年国家在山西、四川、贵州、陕西和内蒙古五个省（自治区）试点的小额贷款公司来看，截至 2008 年 12 月 31 日，这五个省区的 7 家小额贷款公司贷款余额为 25691 万元，其中农户贷款余额为 7800 万元，占比 30.4%，四川全力小额贷款公司和陕西信昌小额贷款公司农户贷款比例只有 3.3%（中国人民银行小额信贷专题组，2009），民间资本进入小额贷款公司的动机与国家要求存在背离[①]。

三 我国小额信贷的客户定位和改革创新

公益性小额信贷缺乏稳定资金来源，这导致服务覆盖面存在很大局限性，只能在局部地区产生一定效果。商业性小额贷款公司"逐利性"和"动机性"太强，没有真正意义上的"小额信贷机制"。在未来的改革中，公益性小额信贷组织和商业性小额贷款公司需要有明确而合理的客户定位，通过加大改革力度，弥补在"资金"和"机制"方面的缺陷。当然，这并不意味着我国小额信贷除"资金"和"机制"以外没有其他问题，但我们认为任何放贷机构要获得成功，必须实现"资金"和"机制"的有效结合。

（一）我国小额信贷发展的客户定位

我国经济发展实际上需要多层次的金融体系，既需要工、农、中、建等大型商业银行，也需要众多股份制商业银行和中小商业银行，这些商业银行无疑缺乏服务农村和低收入者的动力，从理论上说也不具有比较优

---

① 关于小额贷款公司使命偏移问题，在第三章的第三节已经做过详细的论述。

势。因此小额信贷应该与这些商业银行"错位发展",有自身明确的客户定位,而不应该去跟商业银行抢客户。图6-3表示小额信贷与财政、商业性金融的客户定位。图上方表示不同性质和类型的资金需求方,包括不同类型的农户和不同规模的企业。图下方表示不同类型的资金供给形式,从财政资金供给形式到商业性金融形式。由于赤贫农户没有任何收入来源,也缺乏自我生产能力,其只能靠财政满足基本生活需求。大中型企业资金需求量大,应该由大中型商业银行满足其资金需求,因此我国小额信贷应该重点放在满足非赤贫农户和小微企业方面[1]。

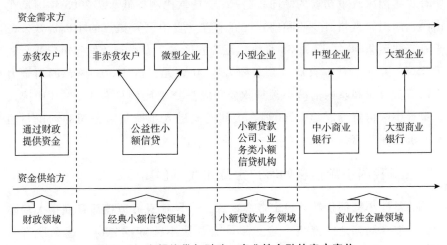

图6-3 小额信贷与财政、商业性金融的客户定位

我国目前小额信贷发展异化倾向严重,到了应该好好反思的关键时刻,不同类型的小额信贷模式应该有不同客户定位。①公益性小额信贷组织要定位服务农村的非赤贫农户和微小企业,发展我国真正意义上的"小额信贷",实现扶贫目标的重任还得落在公益性小额信贷组织身上。②对于小额贷款公司应该定位服务农村小型企业,防止小额贷款公司披着"小额信贷"的外衣盲目发展,否则有可能重蹈过去农村基金会的覆辙,公益性小额信贷公司的探索果实不应该被高利贷和"别有用心"的民间资本合法窃取。

---

① 所谓非赤贫农户是指具有一定生产能力但缺乏资金的低收入农户,例如在农村从事农村养殖、种植或者从事农村商业贸易的农户,其与那些没有任何收入来源和生产能力的农户存在本质区别。

（二）小额信贷发展的"资金"与"机制"联动的改革创新

由于公益性小额信贷和商业化小额贷款公司在"资金"和"机制"方面存在差距，我们从"资金"和"机制"两个角度研究小额信贷创新发展路径。

1. 小额信贷发展的"资金"创新

（1）培育有社会责任的投资者

有社会责任的投资者近年来在国外逐渐兴起，这种类型的投资者更多地考虑社会、道德、责任、环境、可持续发展等方面的结果，投资资金实施专业化管理。根据2008年欧洲社会投资论坛提供的数据，到2007年末，美国和欧洲分别有2.7万亿美元和2.66万亿美元资金参与社会领域投资。社会责任投资者的兴起为欧美小额信贷组织提供了源源不断资金，小额信贷组织要对投资者负责，就必然会重视社会效益，因此社会责任投资对防止小额信贷使命偏移有重要作用，我国目前缺少社会责任投资者。培育社会责任投资者首先应该加强教育和宣传，在舆论导向上给予其正确引导，这让投资者具有社会、道德、责任、环境、可持续发展方面的意识。在政策上支持社会责任投资，在法律上明确它们的法律地位，在财税方面给予优惠支持，保护投资者的合法权益。国家在发展小额信贷过程中要认真执行以解决低收入人群资金短缺和服务"三农"的根本原则，完善小额信贷发展的金融基础设施建设，让越来越多的投资者意识到小额信贷领域是未来具有吸引力的领域，真正引导社会责任投资者进入小额信贷领域。

（2）建立小额信贷批发基金

目前国内存在不少"社会资金"，也有国外资金对小额信贷行业感兴趣，但这些资金难以直接投资小额信贷组织，因为小额信贷业务被视为不经济或者风险过高，或者小额信贷组织本身规模太小，大量富余社会资金与小额信贷组织之间难以"沟通"。我们可以通过设立小额信贷批发基金将这些国内外资金集中起来，挑选有活力或具有可持续发展能力的小额信贷组织进行投资，提高资金使用效率。批发基金实际上发挥着金融中介职能，通过批发基金加强资金提供者之间的协调，外界投资者可以将对小额信贷组织的监督委托批发基金来进行，降低投资者的总体成本。批发基金扮演着信息制造者角色，降低逆向选择和道德风险问题，为我国小额信贷组织提供了易于获取资金的机会。国际经验已经证明小额信贷批发基金是促进小额信贷发展的有效工具，尤其对于发展初期的小额信贷市场更是如此，在孟加拉国、巴基斯坦、波斯尼亚等国家都有小额信贷批发基金的成功案例。2011 年 10 月，我国成立了国内首支公益性批发基金——"普惠 1 号公益性小额信贷批发基金"，但我国小额信贷批发基金刚开始发展，未来发展前景十分广阔。

（3）构建商业银行参与小额信贷的新型模式[①]

根据传统思维理念，商业性银行不会也不需要参与小额信贷，因为作为服务低收入者的小规模信贷，小额信贷与商业银行的特征和目标是相违背的，但从 20 世纪 90 年代以来，国际上越来越多商业银行参与小额信贷。我国应该构建商业银行参与小额信贷的新型模式，探索解决小额信贷资金短缺的新思路。商业银行具有资金优势，但不具有信息优势和技术优势，直接从事小额信贷业务的效果必然大打折扣，我们可以尝试将商业银行的资金优势与专业性小额信贷组织的技术和机制优势结合起来，采取将"商业银行"、"小额信贷组织"和"农户"相结合的运作模式，由商业银行向专业性小额信贷组织发放批量贷款，由小额信贷组织具体负责资金运作。为了促使商业银行与专业性小额信贷组织开展有效合作，我们应该通过有效激励制度督促小额信贷组织对商业银行提供的批量贷款负责，利用自身的信息、技术和机制方面优势发放贷款。积极探索商业银行和小额信贷组织合适的利益分配机制，提高它们参与小额信贷的积极性。为引导更多商业银行提供批量贷款，我们需要构建商业银行社会责任激励机制。为缓解商业银行和小额信贷组织之间的信息不对称，政府应该提供一定的担保，为二者的合作起到牵线搭桥的作用，在利率制定方面提供更多的自主定价权。

2. 小额信贷发展的"机制"创新

有了稳定的资金来源，我们还需要能够将资金顺利"输送"给低收入者和小微企业的新型信贷机制，否则小额信贷组织将无法体现它的优势。

（1）基于我国国情和客户实际需求开展信贷机制创新

小额信贷组织要真正服务于低收入者和小微企业，应该在信贷机制上

---

① 关于这个问题的详细研究，参见周孟亮、李明贤《普惠金融视野下大型商业银行介入小额信贷的模式与机制》，《改革》2011 年第 4 期。

进行创新。因为小额信贷组织的服务对象属于社会弱势群体，单笔资金需求额度少，且缺乏担保和抵押，商业性金融机构的信贷机制不适用于小额信贷组织。格莱珉银行使用的团体贷款模式为我们提供了有益的借鉴模式，但团体贷款模式不仅在理论上存在很多争论，而且在实践上也需要具备很多条件①。我国小额信贷组织不必照搬团体贷款模式，不要希望通过团体贷款模式能够把避免违约的责任全部转移给客户之间的相互监督。小额信贷组织可以成立专门的信贷机制创新部门，基于当地的客户的类型、主导优势产业等实际情况，开发适合客户需求的服务产品，采取与商业银行"错位经营"的策略，时刻关注客户满意程度和受益情况。在贷款流程上充分发挥信息优势，简化贷款流程，更好地发挥小额信贷组织相对于商业性银行的优势。机构工作人员不一定要选择高学历人员，最主要的是要有吃苦耐劳精神，能够与客户"打成一片"，能够将自身融入小额信贷事业中去。

（2）通过完善小额信贷组织治理机制避免使命偏移

我国小额信贷组织不仅要考虑由于信息不对称造成的委托代理问题，还要考虑小额信贷组织存在的特殊性，其发展目标存在双重性，如何做到在为低收入群体服务的同时，追求自身可持续发展是小额信贷组织治理中面临的重要问题。对于主要依靠外界捐赠的公益性小额信贷组织来说，由于出资人不具有股东性质，不享有机构剩余分配权，我们应该通过完善的小额信贷组织治理机制解决产权结构中的所有者缺位情况，避免出现内部人控制，资金的使用应该真正体现资金捐赠者的意图。目前，我国小额贷款公司在民间资本大股东控制下，其治理机制使运营目标趋于完全商业化，国家鼓励吸引社会责任投资者，在公司董事会中安排社会责任投资者，坚持正确发展方向，避免出现使命偏移，背离国家政策初衷。良好的治理机制应该使小额信贷组织将客户、员工等利益相关者连成有机体，满足客户在服务产品上不断变化的需求，提供员工满意的福利待遇和工作环境，董事会也要及时了解机构的治理机制与利益相关者的期望相比并确定其是否充分适当，从而不断对治理机制进行调整。

---

① 第二代格莱珉银行对团体贷款模式进行了改革，孟加拉国 ASA、印度尼西亚 BRI、玻利维亚 BancoSol 等世界著名的小额信贷机构也开始改变传统团体贷款模式。Microbanking bulletin 对 147 家小额信贷机构的调查结果显示团体贷款模式运作成本高，不利于可持续发展（Armendariz，2005）。

（3）加强社会绩效管理，构建服务"三农"长效机制

社会绩效管理是确保我国小额信贷服务"三农"，特别是真正服务低收入阶层的重要保证。目前，我国开始倡导公益性小额信贷的社会绩效管理，开始对小额信贷组织进行社会绩效培训，帮助其树立社会绩效理念。但很少有小额信贷组织开展有效的社会绩效管理，行业内也缺乏有效的社会绩效评价指标，商业性小额贷款公司更加没有确立社会绩效理念，对利润的追求重于对"三农"的服务。无论是公益性还是商业性小额信贷都应该积极开展社会绩效管理，这样不仅有利于小额信贷组织更好地实现服务低收入者的社会目标，而且还能够更好地约束自身行为，对社会投资者负责。设计行业内统一的社会绩效评价指标，构建完善的小额信贷信息数据库。在政策层面上将小额信贷组织的社会绩效与财政、税收优惠等政策联系在一起，对于具有良好社会绩效的小额信贷组织，我们可以给予其更好的优惠和支持政策，引导小额信贷更好地服务"三农"，坚持正确发展方向，实现国家发展小额信贷的初衷。

第七章 农村小型金融组织"适应性"成长中的政府行为

农村小型金融组织"适应性"成长要求农村小型金融组织不断地学习、创新，并承担创造性的风险，而且制度和规则调整应该以农村小型金融组织的适应性调整为前提，"适应性"成长模式要同时发挥政府和微观经济组织的作用，但这不是政府与市场的简单叠加。因此，农村小型金融组织"适应性"成长应该有效处理政府与市场的关系，明晰政府作用空间，体现政府作用优势。由于我国农村小型金融组织成长时间较短，现有的政策法规大多数是原有体制内金融政策法规的延续，在很大程度上强化了政府对农村小型金融组织成长的控制，这反而不利于农村小型金融组织的适应性成长。例如，村镇银行主发起行制度、农村资金互助社的行政审批制度、小额贷款公司法律地位缺失等政策法规应该被逐渐修改，农村小型金融组织成长政策法规的制定和出台应该以市场力量的发挥为准则，不能再以政府利益为先行原则。政府应该增强市场意识，破除行政管制传统理念，转变监管理念。我国应在赋予农村小型金融组织市场化主体地位的前提下对其进行监管，以构建农村小型金融组织"适应性"成长所需要的财税支持政策体系。要加大政策激励和舆论宣传引导力度，以营造适应农村小型金融组织成长的良好社会环境，发挥农村小型金融组织在成长中的比较优势，使其回归普惠金融和服务"三农"的正道。

第一节 农村小型金融组织"适应性"成长模式下的监管创新

2006 年，银监会实施农村金融"新政"以来，村镇银行、小额贷款公司和农村资金互助社等农村小型金融组织相继成立，这拉开了我国农村金融组织"增量"改革的序幕，迈出了探索创新农村金融组织形式的步伐。

在政府主导下，我国农村小型金融组织从地区试点过渡到全面推进的阶段。这几年来，农村小型金融组织在呈现蓬勃发展态势之时，也暴露出一些问题。农村小型金融组织市场定位偏离目标，治理异化现象明显，创新惰性越来越突出。农村小型金融组织成长的国际经验表明，市场发展常常领先于监管行动，金融创新和金融监管总是沿着"创新—监管—再创新—再监管"的轨迹演进，如果监管缺少必要的灵活性，那么就会落后于创新的脚步，阻碍金融创新。从前文的研究中我们可以发现，我国农村小型金融组织成长带有非常浓厚的体制内色彩，不符合"适应性"成长模式的要求，农村小型金融组织的"适应性"成长要通过不断创新发挥比较优势，需要灵活而且市场化的监管模式。当前农村金融监管跟不上金融创新步伐，监管的缺位或错位将导致改革达不到既定效果甚至可能导致改革的失败，农村小型金融组织"适应性"成长模式下的监管创新势在必行。

一 农村小型金融组织"适应性"成长需要监管创新

(一) 农村小型金融组织监管的必要性

金融监管理论脱胎于政府干预理论，起源于理论界对"看不见的手"的质疑与批判，农村小型金融组织从事的是金融业这个特殊行业，对其进行有效监管具有必要性。①金融行业容易产生负外部效应。金融机构的高杠杆率决定了当其发生倒闭时，金融机构本身所遭受的损失要远远小于广大客户，负外部效应严重，而且金融领域的问题具有很强的"传染性"，这种负的外部效应还会通过金融体系本身自我放大，破产和倒闭的金融机构会产生很强的连锁反应，这使宏观经济的稳定性遭到破坏。我国村镇银行在法律上允许吸收社会公众存款，保护存款人的权益必然要求对村镇银行进行有效监管。虽然目前小额贷款公司的资金主要源于所有者投入，其不允许吸收社会公众存款，其杠杆率还不是很高，这可以预见小额贷款公司资金来源未来会逐渐多元化，杠杆率也会不断提高，其潜在的负外部效应会不断增大，而且小额贷款公司的倒闭同样会对整体金融市场释放不良信号，这种传染性会影响整个农村小型金融组织的成长。②金融业具有公共产品性质，公共产品具有消费的非排他性和非竞争性，这不可避免地会出现"搭便车"问题。一般来说，人们乐于享受稳定、有效的金融体系提供的各种服务，却缺乏有效的激励以为维护稳定的金融体系做出贡献。政府应当采取有效的措施限制个别农村小型金融组织的冒险活动，防止个别农村小型金融组织的违法行为影响甚至葬送整个行业发展，这使农村小型金融组织集体非理性的行为变弱，从而稳定整个金融体系，保护社会公众利益。③金融领域存在的信息不对称问题需要有效监管，存款人和银行之间、银行和贷款人之间存在信息不对等问题，从而产生了阿克洛夫提出的"柠檬问题"，金融市场中逆向选择和道德风险问题导致金融市场的失灵。农村小型金融组织从事的是信贷服务，信息不对称问题也是其面临的主要问题，对其进行有效监管具有很大必要性。

（二）农村小型金融组织监管面临的挑战

普惠金融是当前和未来国家全面深化改革的内容之一，农村小型金融组织这个行业在我国还处于发展初期，如何有效监管农村小型金融组织，使之成为我国实现普惠金融目标的重要力量，这存在一定的难度和挑战。①农村小型金融组织与商业银行相比属于微型金融业，贷款的门槛低，具有相对灵活的借贷机制、简单的贷款程序，对农户和小微企业更加具有吸引力，而商业银行的客户群体主要是中高等收入阶层，其既可以面向社会大众吸收存款又可以向其发放贷款，同时还可以提供结算等金融业务，其规模大，成本相对较低，我们对农村小型金融组织应当采取特殊监管措施，要考虑微型金融业与商业银行的业务和风险特征方面的差异，不能简单套用商业银行的监管标准和模式。②普惠金融目标是当前我国农村金融改革的任务，由于当前我国的金融体系已经能够满足富裕人群和大中型企业的金融需求，当前普惠金融建设的重点是要解决低收入人群和小微企业的金融服务。国内外小额信贷发展实践证明，如果能够坚持正确目标定位，建立良好的信贷机制和业务创新机制，那么农村小型金融组织能够为实现我国普惠金融目标做出很大的贡献，因此，农村小型金融组织的监管，一方面要保持农村小型金融组织正确的成长方向和完善自身机制，这有利于实现普惠金融目标，同时又要根据农村小型金融组织的特点改进监管方法，完善监管的法律环境，又要对作为新生事物的农村小型金融组织进行积极的引导和支持，使之能够稳定、持续健康地成长。③农村小型金融组织处于发展早期，贷款规模小，在管理经验和管理技术指标上都不够成熟，这增加了农村小型金融组织的贷款风险。另外，国家发展农村小型金融组织的初衷是希望引导民间资本服务"三农"，但民间资本具有营利性导向，首先考虑的是自身的经济利益；对监管部门而言，要引导投资者在对待农村小型金融组织的利润上保持清醒头脑，不能产生焦躁和唯利是图的心理，因为那样容易导致农村小型金融组织产生机会主义的短期行为，甚至影响整个行业发展，这在监管手段方面都是挑战。

二 我国农村小型金融组织监管现况

(一) 农村小型金融组织总体上实施分类垂直监管模式

1. 按巴塞尔协议规定进行分类监管

我国农村小型金融组织分类监管的依据是按照巴塞尔协议的分类框架展开的，对存款类的农村银行业金融机构统一执行巴塞尔委员会监管原则及标准，不制定特殊监管政策；对于少量不吸收存款、运用自有资金发放贷款的特殊金融机构（如贷款公司等），应更多地发挥银行业金融机构自律的作用，采取严格限定其服务对象和业务范围的措施，实施以市场约束为主的监管方式。

2. 按资本状况与资产质量评估进行分类监管

当前的分类监管办法主要通过对农村小型金融组织的资本状况和资产质量进行评估（包括资产质量、资本充足、管理状况、市场风险、流动性等），构建监管指标体系和风险监测预警体系，实施"扶优限劣"的分类监管措施，对农村小型金融组织进行资本约束监管。对评级低、风险大的机构，增加现场检查频率、广度和深度，并限制设立新机构，限制新业务，控制业务发展规模；对于评级高、风险小的机构，适当减少现场检查频率，缩小检查范围，支持鼓励创新发展。对于出现支付性风险预警的，应立即启动风险处置应急预案，通过调整资产负债结构，筹集资金来应对支付危机，对于已经出现支付风险的，及时申请动用存款准备金和争取其他资金支持，并要求金融机构启动流动性风险管理支持机制，协助处置支付风险。农村小型金融组织不同风险评级的监管措施见表7-1。

表7-1 农村小型金融组织不同风险评级的监管措施

资产状况	资产质量	监管措施
资金充足率≥8%	正常	不需做反复的现场检查，减少检查频率，支持其稳健发展

续表

资产状况	资产质量	监管措施
8%＜资本充足率＜4%	次级与关注	提出一些监管要求，如采取限制资产增长速度、固定资产购置、分配红利和其他收入、增设分支机构、开办新业务以及要求其降低风险资产规模等，督促尽快按照标准达到监管要求
2%＜资本充足率≤4%	关注与可疑	停办部分业务或者取消部分高管人员资格，限期达到标准
资本充足率≤2%	可疑与损失	监管部门及时采取措施，适时接管或对其实施市场退出

3. 按发起人类别分类监管

根据农村小型金融组织发起人不同采取不同监管模式。对于村镇银行，按照商业银行监管要求实施审慎监管，特别在资本充足率与资产质量上严格按照巴塞尔协议的监管要求实施。对于农村资金互助社的监管是以自律管理为基础，以银行业监管机构监管为主体，以地方政府风险处置为保障，以社会监督为补充的分工协作和相互配合的监督管理体系，以实行社员自律管理。对符合监管要求的贷款公司，强化对投资人的监管，将银行设置的专营全资子公司以及商业银行分支机构，纳入到母行的统一治理框架内进行监管，发挥投资人监管制约作用。小额贷款公司由于在法律地位上不属于"金融机构"，只是从事放贷业务的股份有限公司或者有限责任公司，它主要由地方金融办负责监管。实际上，这将风险处置的责任交由地方政府。

4. 实施垂直监管模式

目前我国已经形成了"一行三会"（中国人民银行、银监会、证监会、保监会）的金融监管格局，而银监会仅在每个县设置了一个由4人左右组成的银行监管办事处，用来对村镇银行、贷款公司、农村资金互助社等农村小型金融组织进行监管，监管主要局限于农村小型金融组织的准入监管。中国人民银行县级支行监管主要集中在存款准备金率管理、人民币管理、金融统计、贷款卡管理、国库经收、清算管理、反洗钱等业务领域，其监管权残缺不全，有的仅保留检查监督权，而无处罚权（人民银行县支行仅在存款准备金、人民币清算管理上有独立的处罚权），有的则有检查权而没有调查权等。总体来说，当前我国农村小型金融组织监管主要由银监会县监管办事处与中国人民银行县支行直接监管。我国农村小型金融组织监管分工如表7－2所示。

表 7－2　我国农村小型金融组织监管分工

监管机构	监管对象	监管内容
银监会县监管办事处	村镇银行、贷款公司、农村资金互助社	主要是准入监管
中国人民银行县支行	村镇银行、贷款公司、农村资金互助社	主要是对人民币管理、金融统计等业务监管

(二) 农村小型金融组织分类垂直监管的缺陷

1. 监管主体存在重复

在小额贷款公司的监管实践中,大多由省(市)人民政府指定本省(市)金融办组织并牵头当地发改委、农委会、经委会、公安、工商等机构负责对小额贷款公司进行监督管理。但在是否存在非法集资方面,银监会和公安部门负有监管的职责,中国人民银行则负责对小额贷款公司的利率、资金流向等进行跟踪监管。这样的多头管理容易使监管形式化,造成"谁都可以管,谁都不想管"的现象。农村资金互助社的监管也有类似的情况,根据中国人民银行、银监会《关于村镇银行、贷款公司、农村资金互助社、小额贷款公司有关政策的通知》,中国人民银行和银监会根据各自法定职责和相关制度规定,对农村资金互助社实施审慎监管。由此得知,农村资金互助社组织的监管主体是中国人民银行和银监会。两个监管主体会造成监管缺位,表面上看是中国人民银行和银监会都会对农村资金互助社负有监管责任,但实质上,一旦出现问题,就会出现两者都不管的现象。

2. 不同监管主体之间难以协调

我国当前农村小型金融组织监管模式存在以下问题。①监管不协调。农村小型金融组织监管基本上采用自上而下的垂直监管,各机构之间没有有效协调,监管信息难以共享,基本处于各自为战的状态,监管措施相互重叠或相互抵触现象时有发生。②监管效率较低。一些县域监管机构对农村小型金融组织的监管不到位,即使采取监管措施,也是走走过场,没有实施有效的监管,这势必造成了监管效率低下。③监管资源匮乏。目前承担农村小型金融组织监管任务的银监会监管办事处、中国人民银行县支行等，其成立时核定人员编制仅为 3~4 人，面对数量庞大、地域分散的监管对象，监管者更是人手不足、束手无策。④监管处于真空状态。由于反馈机制以及协调机制缺乏，各监管部门与农村小型金融组织之间不能进行及时、有效的沟通和协调，这导致监管部门对农村小型金融组织无法做出全面、深入了解，无法实施针对性监管，从而使监管范围及内容或多或少地存在真空。

3. 监管指标不够完善

当前对农村小型金融组织的监管主要按照巴塞尔协议中资本充足率和不良资产率两个指标，存在一刀切的现象。①从目标客户群来看，农村小型金融组织主要为"三农"服务，由于"三农"自身的弱质性，受自然、气候等非人为因素影响，其面临不可抵抗风险较大。在存款保险制度没有跟进的同时，单一实行不良资产率监管是不适合的。②由于村镇银行、贷款公司与农村互助组织的出资人不一样，存贷机制各异，实行统一的不良资产率监管可能会影响农村小型金融组织发挥作用，这出现财务目标与社会使命偏移的现象。③审慎监管不利于民间资本进入。根据《村镇银行暂行管理规定》第 25 条：村镇银行最大股东必须是银行业金融机构，单个自然人股东及关联方持股比例不得超过村镇银行股本总额的 10%，单一非银行金融机构或单一非金融机构企业法人及其关联方持股比例不得超过村镇银行股本总额的 10%，最大银行业金融机构股东持股比例不得低于村镇银行股本总额的 20%。任何单位或个人持有村镇银行股本总额 5% 以上的，应当事前报告银监分局或所在城市银监局审批。因此，关于村镇银行，各种类型股东持股比例的规定限制了自然人股东、非银行类金融机构股东、非金融机构企业法人的持股比例，这大大限制了上述几类股东的资本投入力度，甚至会出现这几类股东"做样子""名存实亡"的状态，这对农村小型金融组织的成长极为不利。

4. 监管手段和流程不健全

我国农村小型金融组织的监管手段和流程不健全，这主要表现在以下几个方面。①监管手段过分依赖现场监管，并没有把现场检查与非现场监管有机结合起来，做到取长补短。就其开展的非现场监管而言，其仅停留在简单的收集资料和掌握情况上，电子化、网络化尚未得到广泛应用，村镇银行无法实施全面及时的非现场监管。②农村小型金融组织退出机制匮乏，并没有具体规定农村小型金融组织退出问题。关于村镇银行的退出问题，银监会仅在阐述"资本充足状况和资产质量状况"监管措施的条文中简单提了一下，这根本无法满足村镇银行实际运营的需要。③监管流程不明确。在《关于加强村镇银行监管的意见》中，银监会虽然明确提出"银监分局负责对辖内村镇银行实施属地监管，具体监管工作可授权监管办事处实施"，但实际的监管程序并不完善，均未明确怎样配置监管人员，由谁负责对村镇银行高管人员进行初审，由谁来具体组织现场检查等问题。

三 农村小型金融组织监管模式创新："联动+目标"监管模式

我国现行监管模式不能满足农村小型金融组织"适应性"成长的需要，这不利于实现新一轮农村金融改革目标。开展监管模式创新，提高监管效率成为农村小型金融组织"适应性"成长的客观要求。国内外学者对金融监管的相关研究也可以为农村小型金融组织监管创新提供有益的参考，Taylor（1995）提出"双峰式"（Twin Peaks）金融监管模式设想，对两个不同目标的金融机构实行不同的监管，以达到提高监管效率的目标。在Taylor的基础上，Goodhart（1998）进一步考虑了不同金融机构之间的差异，根据不同监管目标，提出了"矩阵式"监管模式。Masciandaro（2007）集中研究21世纪前后出现的金融监管改革浪潮和中央银行的作用，运用了多元回归模型和PROBIT模型，从不同方面对金融监管机构进行了实证分析。国内学者顾海峰（2010）提出完善农村金融监管制度应该构建机构运行安全预警机制，建立适合我国国情的农村存款保险制度，建立机构的市场退出机制。勾东宁、苏翩翩（2010）探索了差异性监管体系。唐峻（2010）指出由于农村金融机构所处地域、管理水平、业务创新度、信贷资金流向等诸多因素差异，其对监管标准也应该区别对待。在我国农村金融局面已发生巨大变化，混业经营趋势愈加明显的大背景下，为满足农村小型金融组织"适应性"成长的需要，结合当前农村小型金融组织监管存在的主要弊端，我们提出农村小型金融组织"联动+目标"监管新模式。这种新型监管模式包含两个方面的基本思想。第一，在农村小型金融组织监管主体上实施"联动"，加强不同监管主体的合作，提高监管的有效性。第二，在对农村小型金融组织内容和指标设计上以金融功能观为导向，实施"目标"导向监管，提高监管效率。

（一）农村小型金融组织联动监管模式设计

1. 联动监管模式内涵

联动监管模式是两个或者两个以上不同县域的监管系统各层级之间通过签订联动协议，综合运用监管资源和手段，搭配组合不同监管机构的监管方式。联动监管有利于优化与调整权责关系，以达到相互监督、协助，充分利用监管资源，从而增强监管力量，扩大监管范围，提高监管效率。联动监管可分为上下联动监管、左右联动监管、外部联动监管。①上下联动监管是银监会的机关职能部门、银监局、银监分局、监管办事处垂直条线的联动监管。②左右联动监管是银监会的机关部门之间、属地银监局与异地银监局之间、部门内部和局内部各相关处室之间的联动监管。③外部联动监管是银监会与其他相关部委、地方政府及政府有关部门之间的监管联动。显而易见，联动监管模式比自上而下的垂直监管模式更有效率，因此，我国应尽快实现监管模式的转变。垂直监管模式向联动监管模式的转变见图7-1。

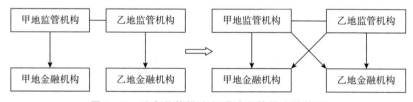

图7-1　垂直监管模式向联动监管模式的转变

2. 联动监管模式的目标

目前，我国村镇银行、贷款公司和农村资金互助社由银监会实施监管，小额贷款公司由省级地方政府金融办进行监管，采取的是自上而下的监管模式，从国家级金融监管层到省级金融监管层，再到市级金融监管层，直到县级金融监管层。联动监管针对我国农村小型金融组织监管存在的问题而设计，联动监管模式通过准入联动、非理场监管联动、现场检查联动、属地银监局间联动办公、建立信息平台等手段，让金融监管者更加了解金融机构的风险状况，充分发挥银监会和银监局的比较优势和积极性，实现监管资源的充分整合、综合配置监管资源、提高监管效率，降低被监管机构"道德风险"发生概率。联动监管模式内容与目标如表7-3所示。

表 7 - 3 联动监管模式内容与目标

监管手段	联动监管模式内容	预期目标
准入联动	充分利用属地银监局掌握的信息,灵活开展现场核查工作	通过银监局之间,部门内部不同科室之间的左右联动,充分了解机构风险管控状况、合规管理水平等
非现场监管联动	属地银监局利用地理优势,紧密参与银行有关会议,开展现场走访和调查,提升监管机动性。保持银监会对属地银监局的联动指导和协调职能,统筹非现场监管资源	充分发挥银监会和银监局两方面的比较优势和积极性,解决信息不对称问题
现场检查联动	对属地行、总行的各项现场检查,实现现场检查与日常监管联动	监管资源的有效整合和充分利用
属地银监局间联动办公	通过联动当地银监局、有关地方政府和被监管机构,沟通协调和共同研究,一揽子解决或研究决定有关监管与服务事项	综合配置监管资源和解决实际问题
信息平台建立	通过银监会各层级之间搭建内网信息平台,定期召开不同分支机构监管员的联动监管座谈会,统一协调建立监管员之间的热线联系网络,定期发布《属地联动监管指导信息》等	提高了被监管机构违规的成本,有效降低"道德风险"发生的概率

3. 联动监管模式的优势:基于博弈分析视角

为了进一步阐述联动监管模式能否提高监管有效性,基于博弈视角,我们对联动监管模式进行效益分析。首先我们做出四个基本假设。①设定博弈的参加者是两个不同地域的农村小型金融组织的监管主体甲和监管主体乙,甲和乙的监管规模相当,监管所付出的成本也相差不大。这里构造的是一个对称协调博弈,是无角色区分的参与之间进行的博弈,在支付函数的对称上,策略集是一样的。②假定博弈双方是理性的,符合"经济人"假设,追求各自利益最大化。两个监管者的收益是农村小型金融组织违规对其收取的罚款,监管损失包括各种监管成本、因监管不力导致农村金融机构违规带来的社会损失、上级批评而影响其评级等方面。③假设博弈双方信息完全,双方对博弈中各种情况下的损益完全了解,而且双方几乎同时决策,模型为完全信息静态模型。④监管主体甲和乙都可以采取合作和不合作策略,标记监管主体甲不合作策略为Ⅰ,合作策略为Ⅱ,监管主体乙不合作策略为Ⅲ,合作策略为Ⅳ,这就产生了四种策略组合：监管主体甲不合作，乙不合作，记为策略组合（Ⅰ，Ⅲ）。甲合作，乙不合作，记为策略组合（Ⅱ，Ⅲ）。甲不合作，乙合作，记为策略组合（Ⅰ，Ⅳ）。甲合作，乙合作，记为策略组合（Ⅱ，Ⅳ）。

在以上基本假设之下，我们进一步分析博弈双方在不同策略组合下的得益。为了方便计算及比较，此处多采用概率来计算。若采取策略组合（Ⅰ，Ⅲ），监管者可获得收入为违规农村小型金融组织的罚款 a，农村小型金融组织违规概率为 p。如果农村小型金融组织违规，那么其会受到上级监管部门的批评，设为损失 b，监管者此时付出的监管成本为 c，因农村小型金融组织违规造成的损失为 d。在该策略下监管主体甲和乙的收益都为：

$$Q_1 = ap - bp - c - dp = (a - b - d)p - c \qquad (7-1)$$

由对称协调博弈特征可知，策略组合（Ⅱ，Ⅲ）和策略组合（Ⅰ，Ⅳ）的得益结果对称。因此这里仅对策略组合（Ⅱ，Ⅲ）进行分析。若采取策略组合（Ⅱ，Ⅲ），此时监管者可获得罚款仍然为 a，但乙地因监管主体甲的加入加强了监管，农村小型金融组织违规概率降为 m，而甲地因监管者甲监管力量的分散而使机构违规的概率提高为 n。同样，若有违规现象，该监管上级部门给予批评，损失为 b，监管主体甲需要监管两个地方，监管成本增加为 e，乙地监管成本仍为 c，机构违规造成的社会损失为 d。在这种策略下监管主体甲的收益 Q_2 以及乙的收益分别 Q_3 为：

$$Q_2 = an - bn - dn - e = (a - b - d)n - e \qquad (7-2)$$
$$Q_3 = am - bm - dm - c = (a - b - d)m - c \qquad (7-3)$$

若采取策略组合（Ⅱ，Ⅳ），则甲和乙的监管成本都提高为 e，因为采取了联动监管模式，有效提高了监管质量，使农村小型金融组织违规概率下降，设为 q。农村小型金融组织违规的罚款仍为 a，因上级监管部门给予批评带来的损失 b，农村小型金融组织违规造成的社会损失 d，此时监管主体甲和乙的收益为：

$$Q_4 = aq - bq - dq - e = (a - b - d)q - e \qquad (7-4)$$

由此可构成博弈双方的得益矩阵，农村小型金融组织监管得益矩阵如表7-4所示。

表 7-4　农村小型金融组织监管得益矩阵

收益函数 主体乙 主体甲		监管主体乙	
		不合作	合　作
监管主体甲	不合作	$(a-b-d)p-c,(a-b-d)p-c$	$(a-b-d)m-c,(a-b-d)n-e$
	合作	$(a-b-d)n-e,(a-b-d)m-c$	$(a-b-d)q-e,(a-b-d)q-e$

监管者若采取不合作策略时监管成本为 c，采取合作策略时由于要增加监管范围，其需要增加监管力量，监管成本增加为 e，故可得：

$$e > c \qquad\qquad (7-5)$$

在监管主体甲和乙都不采取合作策略的情况下，甲地和乙地的农村小型金融组织违规概率为 p。若一监管者采取合作策略，而另一监管者采取不合作策略（这里假设监管主体甲采取合作策略，乙监管者采取不合作策略），由于甲监管者分散了监管力量，又没有得到乙监管者的有效支持，故监管质量会下降，该地农村小型金融组织违规概率会提高为 n，而乙地不仅监管力量没有减弱，反而因为甲监管者的支持而加强，故乙地机构违规会大大下降，其概率为 m。若监管主体甲和乙都采取合作策略，各地的监管部门就形成了一个体系，这完善了监管方式、内容、手段等，显著提高了监管效率，此时机构违规概率 q 最小，根据此分析，故可得到：

$$n > p > m > q \qquad\qquad (7-6)$$

通过比较公式 7-5 和 7-6 可以得知：

$(a-b-d)q-e > (a-b-d)m-c > (a-b-d)p-c > (a-b-d)n-e$

即：

$$|Q_4| > |Q_3| > |Q_1| > |Q_2| \qquad\qquad (7-7)$$

由 7-7 我们可知，当监管主体甲采取不合作策略，乙同样会采取不合作策略；当甲采取了合作策略，乙也会采用合作策略。这就表明，对于甲和乙来说没有占优策略。尽管如此，我们仍然可以发现，只要甲采取了不合作策略，乙就不会选择合作策略，只要甲采取了合作策略，乙也不会采取不合作策略。从这个意义上讲，策略组合（Ⅰ，Ⅲ）及策略组合（Ⅱ，

Ⅳ）都达到了纳什均衡，又因为策略组合（Ⅱ，Ⅳ）的效益高于策略组合（Ⅰ，Ⅲ），故该博弈的最优策略是：甲采取合作策略，乙采取合作策略，即策略组合（Ⅱ，Ⅳ）。

因此，基于以上的分析可知，两地监管者都采取合作策略的效益比采取其他任何策略的效益都高，这就说明，两地监管者合作能够提高监管的效率，即联动监管模式是有效的。

（二）农村小型金融组织目标导向监管模式设计

1. 目标导向监管模式的提出

农村小型金融组织目标导向监管模式从本质上说是一种功能性监管模式，是根据农村小型金融组织的基本功能而进行的跨产品、跨机构、跨市场协调，具有连续性和一致性的监管模式。目标导向监管从农村小型金融组织的业务及其所能发挥的功能着手，寻找能最有效地实现既定功能的制度结构。目标导向监管包含两方面内涵：维护宏观经济的稳定与维持农村小型金融组织可持续发展。目标导向监管模式的目标分为长期目标和短期目标，长期目标是从宏观角度定义促成、建立和维护一个稳定、健全和高效的农村金融体系，保证农村金融机构和金融市场健康发展，从而保护金融活动各方特别是金融消费者的利益，推动整个农村经济和金融发展。短期目标是根据地区差异、经济发展水平、文化的差异定义村镇银行、小额贷款公司和农村资金互助社的具体目标。一方面，目标导向监管模式是对现有金融监管框架的一种全新探索，强调农村小型金融组织监管框架和目标紧密联系，不将权力分割在不同的监管主体手中。另一个方面，目标导向监管模式注重监管目标从分机构、分业监管向综合、跨业监管的转变，其分别按监管目标及风险类型将监管划分为三个层次：第一层次为维护金融市场稳定性的监管，第二层次为解决由政府担保所导致的市场纪律缺乏问题的审慎金融监管，第三层次从消费者保护出发，解决商业行为标准问题的监管。三个层次监管目标和监管框架紧密联系，互为统一，这使监管主体对相同的金融产品和风险采取统一的监管标准，提高监管有效性。

2. 农村小型金融组织目标导向监管的基本原则与内容

（1）目标导向监管的基本原则

第一，目标导向监管与自律监管相结合的原则。目标导向监管将成为农村小型金融组织监管的主流，从经济内生性角度来考察，这种监管模式只有与自律性监管相结合才能更好地发挥效用。应从依法完善村镇银行、小额贷款公司的法人结构，披露经营信息，加强农村资金互助社的民主管理监督机制，通过立法规定大股东必须承担村镇银行、小额贷款公司的风险评估和控制责任等来强化农村小型金融组织自律体系的建设。

第二，激励相容原则。以理性经济人为起点，在行为人追求自身利益的同时吻合集体价值利益最大化的激励相容原则是目标导向监管模式的核心内容。激励相容原则按照制度设计所期望的策略采取行动，有效解决个人利益与集体利益之间的矛盾，使行为人的行为方式、结果符合集体价值最大化目标，让每个员工在多做贡献中成就自己的事业，即个人价值与集体价值的两个目标函数实现一致化。解决农村小型金融组织自身利益和制度利益之间的矛盾，让股东和经营者之间的代理目标趋于一致，这使农村小型金融组织的行为方式、结果和制度利益目标保持一致。

第三，兼顾社会绩效与财务绩效原则。从理论上说，社会绩效与财务绩效是对立统一的，社会绩效是财务绩效实现的前提，财务绩效是社会绩效实现的保障。没有现实的财务绩效，就没有长远的社会绩效，而长远的社会绩效又能带来实在的财务绩效。所以，农村小型金融组织监管必须兼顾社会绩效与财务绩效，两者不能顾此失彼，找到社会绩效与财务绩效的结合点是目标导向监管成功的关键。

（2）目标导向监管的主要内容

目标导向监管要求根据监管目标安排监管内容，农村小型金融组织的目标导向监管包括以下几方面内容。

第一，准入与退出双向监管。农村小型金融组织实行的准入与退出的双向监管是针对小额贷款公司和农村资金互助社等都存在的监管审批混乱与监管主体重复问题而提出的。地方政府及下属金融办、金融管理局等都有对农村小型金融组织的准入监管权。我们还了解到，一些地方还成立了小额贷款公司资格审核委员会，其由地方金融办、银监局、银行中心支行、工商局、公安局、劳动和社会保障局、国税局、地税局等单位指派专人组成，而银监会在其中的作用只是负责指导、协助审核工作，本来应该担当主角的银监会变成了协助。在目标导向监管模式下，对农村小型金融组织金融许可证、准入审批与退出的监管权应该让专业人士来负责，而不是让地方政府肆意指手画脚。这种准入审批包括组织章程、资本金要求、经营方针、营业场所、法定代表人及主要负责人任职资格和申请设立金融组织可行性报告的审查。自由退出机制则是对经营不善的农村小型金融组织退出市场程序进行的评估与仲裁。农村小型金融组织目标导向监管应该做到审批准入程序大大简化，以降低审批成本，这方便了出资人，减少了审批过程中可能出现的腐败，促进农村小型金融组织"适应性"成长。

第二，合理选择审慎性监管。由于小额贷款公司无存款业务且不属于银行类金融机构，因此审慎性监管的对象应该是村镇银行这类农村小型金融组织。其主要包括两个方面内容。一是资本充足率监管。主要利用"资本充足率、拨备率、杠杆率、流动性"四大监管工具进行审慎监管。二是风险管理方面的监管。为了避免信用风险，我们应当建立独立评估贷款发放、投资以及贷款和投资组合持续管理的政策和程序，应确保村镇银行的管理信息系统能使管理者有效识别资产的风险集中程度。为了避免市场风险，我们应该建立准确计量并充分控制市场风险的体系，银监会有权在必要时针对市场风险制定具体限额和具体资本金要求。为了避免操作风险等其他风险，我们应该建立全面的风险管理程序，以识别、计量、监测和控制各项重大风险并适时为此设立资本金。

第三，业务行为监管。我们可以考虑在银监会设立农村小型金融组织保护局，作为农村小型金融组织的监管主体，此监管机构归属银监会，但监管权独立，可自行设置监管指标，经费由银监会负责。其职责是监管所有农村小型金融组织的业务行为，保护消费者权益，制定法规，设计和取缔金融产品，检查农村小型金融组织并有权对农村小型金融组织实施罚款或其他惩罚。督促农村小型金融组织合理简化服务流程，明示收费价格，在保障服务质量的前提下，最大限度地保障消费者的知情权等各项权利。监督金融服务是否偏离"三农"目标，防止农村小型金融组织服务对象发生偏差，积极在需要"三农"金融的消费者和农村小型金融组织之间牵线搭桥。通过开办学习班、网上教学、接收咨询等方式为广大消费者提供金融产品和服务知识，其为农村小型金融组织的管理者提供了风险管理、法律法规等方面的知识。完善其内部治理结构、健全内控机制，为将来我国整个金融系统的目标导向改革进行小范围试验。

四　农村小型金融组织"适应性"成长模式下的监管创新对策

"适应性"成长模式要求农村小型金融组织具有"自适应性"，政府的监管应该考虑农村小型金融组织的特殊实情，特别是考虑农村小型金融组织的"草根性"和不同类型农村小型金融组织的"差异化"，按照实事求是的基本原则，破除传统的金融管制理念，重点在于营造"适应性"成长所需要的市场环境。

（一）基于市场化前提下的政府有效监管

当前政府对农村小型金融组织的行政管制色彩太浓。①要"监管"不要"管制"，对微观经济主体行为进行有效的规范，监管的目的是防止和杜绝垄断、欺诈及内幕交易等有损于市场公平竞争的行为出现。管制是以行政力量给一部分特定的市场行为主体（如国有企业、本地企业等）撑起一顶保护伞，同时将大部分行为主体排除在市场竞争之外。我国农村小型金融组织的行政管制过多而有效监管不足，政府通过审批、发牌照、对企业限定经营范围等行政力量，将部分行为主体特别是民间资本排除在农村金融市场竞争之外，这是一种歧视性规定。②有效监管的前提是政府应该承认农村小型金融组织的平等市场经济主体地位，赋予其自主经营、自负盈亏和自担风险的权利，政府主要是实施目标引导，提供公平的制度环境，构建有效的激励约束机制。如果农村金融组织成长过程中政府色彩过于浓厚，那么其往往出现两种情况。一方面，政府过多过细的政策制度设计容易出现缺陷或漏洞，这些设计漏洞容易被"别有用心"者盯上，出现"异化激励"现象，使农村小型组织成长出现使命偏移，难以实现农村金融改革初衷。另一方面，某些领域的空白制度设计又会对整个农村小型金融组织成长非常不利。当前，小额贷款公司的成长偏差和贷款公司、资金互助社的发展停滞说明政府的一厢情愿是不行的，必须充分发挥市场力量，从内生机制角度激励民间资本参与增量式农村金融改革。③充分发挥政府在农村金融市场机制培育方面的优势，进一步推行农村利率市场化，促进农村金融市场价格机制作用的发挥。进一步加大农村金融组织创新力度，增强市场竞争力度，促进农村金融市场竞争机制更好发挥作用。进一步完善我国存款保险制度，构建有效的风险防范机制，防止地方政府和农村金融组织在风险问题上"倒逼"中央政府，下决心改变中央政府作为农村金融风险"最后负责人"的传统观念。

（二）强化联动监管理念，构建监管协调机制

县域各地监管部门各自为政是制约农村小型金融组织监管效率提高的

主要原因，农村小型金融组织的监管主体有一行三会和地方银监办。联动监管的实施涉及不同监管主体之间的分工与协作。因此，应该强化不同监管主体对农村小型金融组织实施联动监管的理念，在思想上打破原有独立、分割监管各自为政的意识。强化联动监管理念是一项复杂工程，要通过对相关人员的培训，让更多的人意识到农村小型金融组织联动监管有明显的优越性，能够降低农村小型金融组织监管体制调整的成本，提高监管效率。农村小型金融组织的"适应性"成长的联动监管需要从以下几个方面出发。①各监管主体应该定期召开联动会议，总结交叉监管成果、问题以及讨论如何解决这些问题。②专门成立农村小型金融组织监管主体协调机构，各地监管部门定期向该机构递交农村小型金融组织交叉监管成果，在监管过程中遇到的主要问题，由该监管协调机构制定统一解决方案，并分配到各监管部门予以实施。③加强不同监管主体之间的信息交流，进一步提高监管者对于我国农村金融改革全局形势的认识，促进监管部门监管方式的更新，不同监管主体要认清各自的监管盲点和存在的缺陷。④对农村小型金融组织实施异地现场检查，加强主动协助监管，监管者主动协助不同地域的监管者监管，从实际行动层面让监管者更新监管方式、扩大监管范围、清除监管盲点，提高农村小型金融组织的违约成本，降低"道德风险"发生概率，提高监管效率。

（三）完善农村小型金融组织信息披露制度

一方面，强化农村小型金融组织信息披露制度，要求农村小型金融组织定期对其经营状况、财务状况进行公示，使金融监管当局处于更加有利地位，对金融风险进行有效管理。另一方面，信息披露制度可以强制农村小型金融组织公示整体经营状况，弱化内部控制，构建有效的社会监督机制，从而降低监管成本，提高监管效率。农村小型金融组织信息披露制度应该重点注意以下几个方面。①加强信息披露制度建设，对信息披露的内容、程序、质量标准用法律的形式加以规范。②完善金融机构的信息库和指标体系。③加强信用评级机构和金融咨询机构的建设，充分利用外部审计力量，提高金融运行的透明度。④建立覆盖全国农村地区的信用管理系统，建立科学评价机制和激励保障机制，培育信用文化，实现系统内信息共享，建立一个完善、覆盖面广、信息准确、及时的信用评级体系。⑤建立完整统一的农村小型金融组织核算系统，降低监管成本。统一支付结算系统行业标准的缺失是金融监管资源浪费和监管不力的主要原因，当前我国国内银行支付结算系统尚未形成统一，现行的核算系统仍分为各大商业银行自身的清算系统与中国人民银行牵头组织的跨行结算系统两大块，两块各自为政，效率不一，硬件网络技术上的潜能优势难以发挥。监管机构之间良好的合作与协调是综合监管的需要，而监管信息的完整、统一与共享又成为监管部门间配合的前提。因此，要制订统一的全国支付结算办法等法规，尽快打通各监管主体间的信息交流渠道，确保监管机构对信息获取的完整性、准确性和及时性。因而，我们不仅需要转换同城与异地的概念，而且必须弱化系统内与系统外的界限，建设一个全行业共享的支付结算体系。

（四）加强监管的立法，提高监管水准

农村小型金融组织起步较晚，因而法律制度建设相对落后。当前已经颁布了一系列法律法规，如 2007 年 1 月发布了《村镇银行暂行管理规定》；2008 年 5 月，中国银行业监督管理委员会、中国人民银行发布的《关于小额贷款公司试点的指导意见》《农村资金互助社管理暂行规定》《关于村镇银行、贷款公司、农村资金互助社、小额贷款公司有关政策的通知》等，但这些法规均属规定、意见与通知之类，并没有形成系统、完善、正规的法律体系，法律效力不足。因而，加强立法工作，建立长效化、正规化、稳定化的法律监管体系成为当前主要任务。农村小型金融组织的监管办法，重点应当把握两个方面。①村镇银行、小额贷款公司依据《中华人民共和国公司法》完善法人治理结构，依法披露经营信息，农村资金互助社要重点加强民主管理监督机制，这是防范金融风险的治本之策。由于发展规模有限，为降低成本，目前多数农村小型金融组织没有设立监事会等内部监督部门，组织机构不完善，内控制度不健全，这有可能导致管理层或者大股东独断专行，使农村小型金融组织变相成为企业或个人的资金源泉，不仅颠覆了农村小型金融组织设立的基本宗旨，也会积累巨大金融风险。②针对村镇银行、贷款公司的风险评估和控制，立法规定大股东必须承担的责任。大股东责任的前置条件包括科学把握市场准入标准，认真筛选发起人和投资人，科学设计股本结构，提高机构准入质量，后置条件包括选派合格管理人员，督促管理层认真履行职责，加强技术业务和风险管理支持机制，在符合法定条件下实施合并报表管理。③长期以来我国农村金融在监管中存在着理念保守、

监管人员素质参差不齐和复合人才缺乏的状况，因此，需要建立和完善农村小型金融组织监管人员培训制度、资格考试和任职制度、监管岗位工作人员的奖惩制度，不断提高监管人员的业务管理水平，培养全面掌握金融、法律、外语、计算机的综合性监管人才。提高内部管理和自我监督水准，帮农村小型金融组织建立内部监管机制，特别是农村资金互助社的自我管理和自我监督机制。加强网络化管理。针对农村小型金融组织监管过于依赖现场监管和监管人员不足的情况，全面加强网络化监管设施建设、积极培训网络化监管人员，提高监管效率。

（五）逐步建立农村小型金融组织分层监管体系

当前我国农村小型金融组织种类较多，有金融机构和非金融机构两种性质，有存款类金融机构和非存款类金融机构，因此，我国应该构建多层次的金融监管体系。在高度集权的监管体制下，金融监管力量严重不足，这往往会造成两种后果。第一，中央层面的监管主体往往不能准确了解地方和行业实际情况，难以采取适应农村小型金融组织的有效监管办法，往往采取"一刀切"的监管办法，必然难以协调农村小型金融组织、小微企业和农户之间的关系，这使农村小型金融组织服务"三农"的效果大打折扣。第二，在有效监管力量不足和缺乏有效监管办法的情况下，出于对潜在风险的担忧，对中央监管层来说，最稳妥的办法是不允许各地方和农村小型金融组织"轻举妄动"，采取金融管制的办法对市场力量进行压制。为促进农村小型金融组织的"适应性"成长，建立中央和地方分层金融监管体系刻不容缓。①中央适当放权，明确各自职责，由中央制定总体政策，指导和监督地方，由地方负责具体操作和实施细则。②农村小型金融组织分层监管要分步实施，根据先小后大、先非存款类机构后存款类机构的原则，可以先将小额贷款公司、农村资金互助社交由地方监管，然后逐步将村镇银行等交由地方监管。③加强地方监管机构自身能力建设，完善地方监管制度，严格农村小型金融组织的准入和退出建设，建立农村小型金融组织的统计和评级制度，完善行业自律组织体系。

第二节　农村小型金融组织"适应性"成长
下的财税支持研究

从理论上说，农村小型金融组织"适应性"成长离不开有效的监管，同时也需要政府有利的财政和税收政策支持，特别是我国农村小型金融组织还处在成长的初级阶段，各项相关的政策法规和成长环境还不完善，农村小型金融组织也面临着较高的创新性"拓荒成本"。有效降低农村小型金融组织成长中的高交易成本是一个十分重要的问题，因此，农村小型金融组织"适应性"成长更加离不开政府的财政补贴和税收优惠。从国际微型金融发展可以看出，农村小型金融组织成长是与国家财税政策联系在一起的，Morduch（1999）估计格莱珉银行在 1985～1996 年共获得 1.75 亿美元的各种补贴。玻利维亚的 BancoSol 和墨西哥的 Banco Compartamos 等一些农村小型金融组织在商业化过程中也获得了补贴。Zeller，Meyer（2002）认为补贴是农村小型金融组织更好地为低收入者服务的重要手段。Caudill 等（2009）认为缺乏补贴不利于农村小型金融组织降低运作成本。Gosh - Van Tassel（2008）认为农村小型金融组织出现目标偏移，扩大平均贷款规模，将服务对象转向中小企业或者一些富裕人群，主要的原因是缺乏补贴和对未来能否获得补贴的不确定性，农村小型金融组织会陷入一种困境，一方面要为低收入者服务，另一方面它们必须要为有利可图的一些中小企业和富人服务，它们担心补贴资金在未来会减少或者降低。Nawaz（2010）研究发现国家财政补贴和税收优惠对农村小型金融组织财务效率有正面作用。Armendariz A.，Hudon M.，Szafarz A.（2011）对农村小型金融组织获得的补贴和目标偏移进行实证研究发现，更多的补贴会使农村小型金融组织降低平均贷款规模，补贴不稳定性与高利率联系在一起。

需要说明的是，由于村镇银行具有正规银行业金融机构的法律地位，在本书研究中将其纳入农村小型金融组织范围，在国家政策层面上，其也属于商业银行、金融企业，而且村镇银行的业务大多数属于涉农贷款和中小微企业贷款。近年来，在国家重视"三农"问题和小微企业融资的大环境下，财政部和税务总局等相关部门出台了很多支持涉农贷款和中小微企业贷款的政策性文件，村镇银行被纳入了财税优惠政策支持的范围。由于多方面的原因，虽然这些财税优惠政策在具体执行过程中效果并不是很好①，但至少村镇银行没有被国家层面的财税优惠政策排斥。与之形成很明显反差的是，

---

① 当前我国村镇银行信贷管理水平不能适应财税政策新要求，财税优惠政策适用范围较小，一些执行细则还有待进一步完善。关于这个问题的研究可以参考李瑞红《支持村镇银行财税新政需完善》，《中国发展观察》2010 年第 11 期；厉晓君《对村镇银行财税政策执行情况的调查与思考—以东宁润生村镇银行为例》，《现代经济信息》2013 年第 16 期。

我国小额贷款公司虽然发展非常迅速，但由于它的"草根性"，不属于正规法律意义上的金融机构，国家层面的财税支持政策更加滞后，地方政府已有的一些关于财税支持的探索也明显不足，这很不利于小额贷款公司的健康成长。因此，本书重点研究小额贷款公司的财税支持问题。

一　农村小型金融组织财税支持现状研究

近年来国家对"三农"问题十分重视，从全国层面出台了一系列与农村小型金融组织成长有关的财税政策，近年来全国层面的农村小型金融组织财税政策汇总如表 7 - 5 所示。

表 7 - 5　近年来全国层面的农村小型金融组织财税政策汇总

序号	时间	文　件	财税支持对象	主要内容
1	2009.3	《财政部关于实行新型农村金融机构定向费用补贴的通知》财金〔2009〕15 号	村镇银行、贷款公司、农村资金互助社	达到监管要求并实现贷款余额同比增长的，由中央财政按照上年末贷款余额的 2% 给予补贴
2	2009.3	《财政部关于开展县域金融机构涉农贷款增量奖励试点工作的通知》财金〔2009〕16 号	各类法人金融机构和其他金融机构（不包括中国农业发展银行）的分支机构	上年末涉农贷款余额同比增幅超过 15% 的，财政部门对机构上年末涉农贷款余额增量超过 15% 部分，按 2% 给予奖励
3	2010.5	《财政部　国家税务总局关于农村金融有关税收政策的通知》（财税〔2010〕4 号）	农村信用社、村镇银行、农村资金互助社、贷款公司等金融机构	金融机构农户小额贷款的利息收入，免征营业税，而且利息收入在计算应纳税所得额时，按 90% 计入收入总额
4	2010.5	《关于中国扶贫基金会小额信贷试点项目税收政策的通知》（财税〔2010〕35 号）	中和农信项目管理有限公司和中国扶贫基金会	农户小额贷款取得的利息收入执行营业税和企业所得税优惠政策
5	2010.5	《财政部　国家税务总局关于农村金融有关税收政策的通知》（财税〔2010〕4 号）	农村信用社、村镇银行、农村资金互助社、贷款公司等金融机构	对农村信用社、村镇银行、农村资金互助社和贷款公司的金融保险业收入减按 3% 的税率征收营业税，对农户小额贷款利息收入免征营业税
6	2011.10	《财政部　国家税务总局关于延长金融企业涉农贷款和中小企业贷款损失准备金税前扣除政策执行期限的通知》（财税〔2011〕104 号）	政策性银行、商业银行、财务公司、城乡信用社和金融租赁公司	涉农贷款和中小企业贷款损失准备金在计算当年应纳税所得额时扣除

　　仔细研究发现，已经出台的全国层面的财税政策有以下特征：①国家主要是对村镇银行、农村资金互助社、贷款公司、农村合作银行和农村商业银行等金融机构开展农户小额贷款"业务"以进行补贴和税收优惠，特别是农村合作银行和农村商业银行本身以"商业化"经营为主，国家的目的在于鼓励它们开展农村小额贷款这项业务。根据2013年6月第十二届全国人大常委会第三次会议上银监会关于农村金融改革发展工作情况报告提供的数据显示，截至2012年末，国家财政已累计向包括农村信用社、村镇银行、农村资金互助社、贷款公司等各类农村小型金融组织在内的2249家农村金融机构下拨财政补贴资金36.21亿元，这种定向费用补贴政策增强了农村小型金融组织的财务稳健性，对降低农村小型金融组织较高的交易成本有一定的帮助，调动了农村小型金融组织拓展服务的积极性。截至2012年年末，国家财政累计向包括农村信用社、村镇银行、农村资金互助社、贷款公司等各类农村小型金融组织在内的9844家县域金融机构下拨奖励资金68.16亿元，增量奖励政策是激发农村小型金融组织的支农内生动力，在促进支农信贷投放等方面发挥了积极作用。②由于商业性小额贷款公司至今没有金融机构的法律地位，国家至今没有针对它们的财税优惠政策，小额贷款公司不能享受国家层面的财税支持。小额贷款公司还是按5%的营业税、25%的企业所得税向小额贷款公司征税，除此之外，其还需缴纳印花税、房产税、城市维护建设税等。③国家已经开始对中和农信项目管理有限公司开展的公益性小额信贷给予营业税和企业所得税优惠政策，这是国家关于"小额信贷"发展财税政策的重大突破，一方面是因为它们开展的是公益性小额信贷，另一方面，这也与中国扶贫基金会在国内所具有"影响力"有关，对于一般的开展公益性小额信贷的机构，国家还没有专门的优惠政策，特别是对于具有"商业化"和"草根"背景的小额贷款公司，国家尚未出台财税优惠政策。

　　小额贷款公司主要由地方政府负责，一些地方政府积极开展小额贷款公司财税政策支持方面的探索，我们搜集整理资料发现，天津、江苏、浙江、贵州和内蒙古出台了相关财税支持政策，地方探索小额贷款公司代表性财税政策见表7-6。

　　总之，我们总结研究发现以下内容。①目前，全国层面没有针对小额贷款公司的财税政策，其主要原因在于小额贷款公司具有"商业化"和"草根"性质，其没有完全得到中央监管层认可。②只有少数地方在财税支

表7-6　地方探索小额贷款公司代表性财税政策

省　份	税收政策	财政补贴
天津市	小额贷款开业年度起,由同级财政部门前两年全额返还营业税,后三年减半营业税;自获利年度起,前两年全额返还企业所得税地方分享部分,后三年减半返还企业所得税地方分享部分	小额贷款公司符合合规经营、风险防范标准要求的,年末贷款余额每增加1亿元,由市财政资助15万元
江苏省	试点期间,农村小额贷款组织的税率参照农村信用社改革试点期间的税收政策执行	根据当地实际情况,对农村小额贷款组织给予一定的政策扶持
浙江省	对服务"三农"和小企业贡献突出、考评优秀的小额贷款公司,其缴纳的所得税地方留成部分和营业税,三年内给予全额补助;对纳税确有困难的小额贷款公司、地方政府对有权限的税费予以减免	对服务"三农"和小企业成效显著的小额贷款公司,省政府给予表彰奖励;风险补偿范围包括涉农贷款、弱势群体的创业贷款等小额贷款,补偿贷款余额的0.5%左右
贵州省	税务部门应积极向上级有关部门争取有利于促进小额贷款公司发展的税收政策	财政部门应配合中小企业管理部门研究制定对小额贷款公司的扶持政策
内蒙古自治区	新设立的小额贷款公司自注册登记之日起5年内免征所得税地方分享部分	—

资料来源:根据各省份出台的小额贷款公司管理办法归纳整理。

持方面做了有益探索,这些地方主要集中在江苏、浙江等沿海经济发达地区,中西部地区除内蒙古等少数地区以外,绝大多数地方尚未出台财税支持政策,我国小额贷款公司面临税负沉重和补贴缺失的双重压力。值得注意的是,江苏、浙江等发达地区农业经济所占比例较少,中小企业占据相当大的地位,地方政府将小额贷款公司作为解决中小企业融资难的重要手段,背离了小额信贷为低收入者和微型企业服务的初衷,严格地说,很多小额贷款公司是在对中小企业贷款,而中小企业贷款与小额贷款是有差异的,它需要国家出台另外的政策措施。

二　小额贷款公司财税支持缺失的影响:基于理论和实践的分析

(一)造成很高的社会福利损失

当前小额贷款公司面临的沉重税负导致机构竞争力日益低下,而且压制了小额贷款供需双方的交易意愿,造成社会资源的无谓损失,这对整个社会造成一种资源浪费。高税负导致小额贷款公司不得不想办法提高贷款利率，从而获得稳定收益，不仅加重农户的利息负担，也使借贷双方可能存在的逆向选择和道德风险问题更加严重。更重要的是，由于小额贷款公司的服务对象是农民、个体工商户等资金匮乏人群，他们对投资收益的要求也不高，在获得贷款以后，一般也是投向利润率较低的农业生产和相关领域，高昂的融资成本将极大限制他们借款的积极性，甚至迫使他们不得不放弃小额贷款，他们被排除在有效需求者范围以外，而融资成本稍微降低可能会大大提高他们借贷的积极性。从经济学理论可以知道，小额贷款公司服务人群对贷款的需求弹性很大，沉重税负引发的福利损失就会更大。

（二）限制小额贷款公司的利润空间

我们假设某注册资本金 1 亿元的小额贷款公司，全年按 90% 的资金使用率运转，贷款利率最高可按 2011 年 7 月 7 日中国人民银行最新上调的一年期贷款利率 6.56% 的四倍计算①，全年利息收入 2361.6 万，须缴纳 25% 的企业所得税和 5.55% 的营业税及附加，共计 721.4688 万，按照有关规定坏账准备金要达到年终金额的 1%，即 90 万元，进入成本扣除所得税实际为 67.5 万元，两者合计约为 788.97 万，税后利润 1572.63 万。在不计其他一切成本情况下，股东投资回报率才达到 15.7%。在房租和杂费支出高昂的现实情况下，小额贷款公司的股东回报率不到 10%。根据 2010 中国小额信贷机构竞争力发展报告提供的数据，目前大多数小额贷款公司的投资收益率在 5% ~ 10% 之间，有的还出现负数净利润，其与银行业金融机构相比较低。截至 2011 年 6 月末，全国有 356 家小额贷款公司出现亏损，占全国小额贷款公司总数的 10.58%，全国小额贷款公司的总体年均资本利润率为 7.76%。特别是进入 2013 年以来，我国整体经济下行压力较大，小额贷款公司亏损面逐渐扩大。中国人民银行金融消费权益保护局局长焦瑾璞透露，2013 年全国有 72 家小额贷款公司退出市场。根据希财网提供的统计数据，2014 年有近 10% 的小额贷款公司出现亏损。为了获取利润，一些小额贷款公司突破国家允许的界限，采取变相的办法收取高额

---

① 2008 年 12 月 23 日，中国人民银行调整以后的一年期贷款基准利率为 5.31%，其在经过几次加息后，在 2011 年 7 月 7 日达到最高值，为 6.56%。随着我国经济增长进入新常态，经济增长速度放缓，中国人民银行不断降低贷款基准利率，2015 年 6 月 28 日，一年期贷款基准利率为 4.85%。

利息，使社会公众对小额贷款服务"三农"产生很大的质疑，这非常不利于对我国整个小额信贷行业的发展。

（三）降低外界投资者投资小额贷款公司的积极性

我国小额贷款公司的贷款服务属于边缘性金融业务，虽然从事的是金融机构的业务，但在法律上不属于金融机构。小额贷款公司内生于民众之间，游离于金融机构之外。银监会不赋予小额贷款公司金融机构的法律地位，财政部的相关财税政策也只针对开展小额信贷业务的农村金融机构。从理论上说，小额信贷实际上包含两方面含义，一种含义被理解为一项业务，它是一项小规模持续贷款，并且最好是信用放款，从事小额信贷业务的机构可以是不同规模、不同所有制形式的金融机构；另一种含义被理解为专业性放贷机构，即专门开展小额信贷业务的机构，它是一种组织制度和所有制形式的创新。我国对小额信贷的理解是从第一方面含义开始的。到目前为止，小额贷款公司都只是由中国人民银行在积极倡导，银监会、财政部等相关部门缺乏有效配套政策。我国存在数量庞大的民间资本，这些民间资本一直希望能够得到国家的认可，能够真正拥有属于自己的银行或金融机构。2005年，我国试点发展小额贷款公司的初衷也在于把当时庞大的民间资本引导到正确轨道上以合法开展金融活动从而服务"三农"。但政府在财税政策上对专业性小额贷款公司不重视，让广大民间投资者看不到很好的发展前景，这导致他们对小额贷款公司的投资兴趣降低，据《中国经营报》2011年10月报道，国家一方面严格限制小额贷款公司资金来源，另一方面征收很高的营业税和所得税，这使一些小额贷款公司的投资者萌生退意，出现股权转让高潮。

（四）客观上迫使小额贷款公司发生服务使命偏移

小额贷款公司至今尚未最终获得金融机构的地位，也不能享受相关的财政、税收等优惠措施，这直接增加了小额贷款公司的运营成本，迫使小额贷款公司为了获取收益而增加单笔贷款规模，以获取规模效应，因为控制成本的常用方式是提高单笔贷款额度。2010年，我国小额信贷联席会根据贷款规模、资产质量、运营效率、盈利能力和社会责任评出全国竞争力100强的小额贷款公司，表7-7是2010年10月末全国竞争力100强的小额贷款公司基本情况；从中可以看出，这些小贷款公司平均单笔贷款额度达65.2万元，大大超出"小额"贷款的额度。这必然导致一些小额贷款公司发展存在使命偏移问题，贷款投向中小企业，"三农"贷款比例很低，而且短期贷款所占比重很大。

表7-7 **2010年10月末全国竞争力100强的小额贷款公司基本情况**

单位：家，万元

地区	小额贷款公司数量	平均注册资本	平均贷款规模	平均贷款笔数	平均单笔贷款额度
东部	50	13963	17563	260	67.6
中部	14	6975	8828	157	56.2
西部	36	14653	15294	238	64.3
全国	100	13233	15523	238	65.2

资料来源：根据2010年中国小额信贷机构竞争力发展报告相关数据整理。

三 小额贷款公司新型财税政策改革的基本框架

财税政策的改革目的在于促使小额贷款公司走上良性成长轨道，发挥其示范作用，引导更多的民间资本进入农村小额信贷领域，切实有效地服务"三农"。我国小额贷款公司新型财税政策框架中有几个方面值得高度重视，它是构建真正有效的财税政策的前提条件。

（一）小额贷款公司财税政策改革的总纲性规范

1. 小额贷款公司财税政策应该上升到国家层面

目前，我国各地积极发展小额贷款公司，并在财政上给予相应的支持，比如减免税费等政策。但是其就如何减免税费、减免哪些税费、减免的比例是多少、如何进行全额补贴，如何贴息、由哪个单位来执行等并没有明确的规定，占主导地位的仍然是地方性制度和指导意见。然而，地方性的政策具有地域局限性和不稳定性，其实施状况得不到很好的保证，这不利于政策的全面推广。应尽快将小额贷款公司纳入"中央财政新型农村金融机构定向费用补贴"和"财政县域金融机构涉农贷款增量奖励"制度的实施范围，以享受与村镇银行等三类金融机构平等的待遇，建立一个促进小额信贷公司在服务"三农"道路上健康成长的长效机制。

2. 新型财税支持政策不同于传统的农村金融信贷补贴论

新型财税政策应该不同于20世纪50~60年代流行的农村金融信贷补

贴论，农村金融信贷补贴论依靠单一外部注入性资金的作用，农村金融市场作用机制被压抑，政府行为取代了市场意愿，这必然导致大量"寻租"行为，资金使用效率低下。我国小额贷款公司成长需要的新型财税政策应该注重培育农村金融市场作用机制，在强调基于小额贷款公司对农村金融业务的参与和贡献的基础上发挥财税政策对市场失灵的补充作用，补贴不能影响市场机制的发挥，不能与小额贷款公司市场化成长方向相背离。而且对小额贷款公司的某些财税政策应该具有时效性，要在适当的时候退出，其主要目的在于增强小额贷款公司的可持续发展能力，而不是提供永久性优惠或者免费午餐。

（二）小额贷款公司财税政策改革的策略

1. 设计小额贷款公司有效财政补贴机制

我国应该改变将小额贷款公司排斥在国家补贴政策范围以外的局面，从全国层面对小额贷款公司开展财政补贴，而且财政补贴要注意短期与长期相结合，允许市场机制正常作用的发挥，增强小额贷款公司市场竞争力。图 7 - 2 表明小额贷款公司补贴应实现短期与长期相结合，其中，横坐标表示平均贷款规模（L）和成立时间（T），纵坐标表示利率。曲线 r 表示小额贷款公司单位贷款的成本，它随着平均贷款规模增大逐渐降低，但降到一定程度会趋于稳定，曲线 r^* 表示小额贷款公司对客户收取的利率，它同样与平均贷款规模成反方向变动关系。

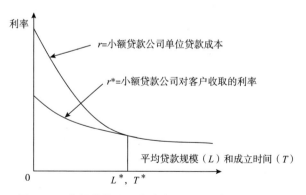

图 7 - 2　小额贷款公司补贴应实现短期与长期相结合

从图 7 - 2 可以看出以下内容。①如果完全依靠市场自发运行，小额贷款公司在成立 T^* 年以后才能实现收益弥补成本。曲线 r 的斜率要大于曲线

r^*，这说明小额贷款公司为了实现自负盈亏要尽可能通过制度创新降低单位贷款成本。而小额贷款公司在成立初期一些固定成本较高，无法在短期内降低贷款成本，所以小额贷款公司应该在成立初期由财政补贴部分开办费用；②只有当平均贷款规模达到 L^* 时，才能实现收益覆盖成本和财务可持续性，但是对低收入者和微型企业的贷款一般很难获得规模经济效应，为了防止小额贷款公司为追求利润而大幅度扩大贷款规模，出现"弃贫择富"的目标偏移情况，我们应该对小额贷款公司进行长期补贴，解决因为较低贷款规模而带来的高成本问题。其在长期内由财政补贴弥补小额贷款公司贷款成本与贷款利率之间的利差损失，根据农户贷款或涉农贷款额度给予一定比例的风险补贴，支持建立小额贷款风险补贴机制，缓和小额贷款公司目前"高风险、低回报"的矛盾，增强其盈利能力，以服务于普惠制农村金融建设。

2. 开展对小额贷款公司税收优惠政策

鉴于我国目前小额贷款公司税负沉重，我国应该从全国层面加大对小额贷款公司税收优惠政策。①针对性地减免小额贷款公司的企业所得税、营业税等税种，建立小额贷款公司退税机制。因为小额贷款公司的注册资金主要是民间资本，减免或返还企业所得税、营业税，有助于引导更多民间资本进入小额信贷领域，扩大行业规模。财政可以首先考虑对盈利能力较好、发展较快或发展潜力大但资金流量不足的小额贷款公司进行税收减免或返还，以带动小额贷款公司行业的整体成长。我国各个省区经济发展程度差异较大，在所得税减免方面可以实施"西部全免、东部减半"的政策，营业税属于地税，可以实施统一减半的营业税政策；②构建关于小额贷款公司税收优惠的中央、地方分担制度，中央财政应当考虑对经济不发达地区的小额贷款公司营业税的减免带来的缺口进行转移支付，而经济发达的地区由于财力雄厚，可以由其财政自行承担。我们应该转变观念，虽然民间资本一直以来在国家灰色监管地带下生存，小额贷款公司具有"体制外"性质，合理引导它服务"三农"的思路是正确的，但不能把它当成税收收入的主要来源，小额贷款公司应该享受"体制内"资金的同等税收待遇；③为更好地引导小额贷款公司服务农户和小微企业，可以通过对小额贷款公司开展社会绩效管理，对农户贷款和微型企业贷款比例较高的、具有良好社会绩效的小额贷款公司实施更多的税收优惠政策。

3. 财政支持建立和完善小额贷款担保机制

2006 年"中央一号"文件在关于加快推进农村金融改革中明确提出要建立和发展担保基金和担保机构，解决农户和农村中小企业贷款抵押担保难问题，同时要求各级政府给予扶持。目前，一些地方只对银行业金融机构贷款提供担保，没有针对小额贷款公司的担保机构。我国应该大力尝试利用财政资金构建小额贷款担保基金，小额贷款担保基金应存放于指定的金融机构并交由银监会进行监督管理并按指定严格的实施程序交由政府部门执行。这样就使得小额贷款公司的贷款更有保障，更愿意为农民提供贷款，促进农村经济发展。政府出台相关优惠制度引导民间资金建立小额贷款担保机构，鼓励担保机构提供低费率的担保服务，对于以优惠利率向农户贷款，或者以优惠担保费率为小额贷款公司融入资金提供担保服务的担保机构，应该按照贷款额度和担保责任额度由财政给予适当补贴。

4. 建立财政、政策性支农资金与小额贷款公司之间的对接机制

目前，我国小额贷款公司的资金短缺问题是影响其发展的重大问题之一，这严重影响对农户和微小企业的服务效果。我们可以考虑将财政、政策性支农资金与小额贷款公司实施对接。国家每年财政支农资金规模较大，一般要通过不同部门的多层次转手，中间环节很多，最后流向农村和农户手中的资金不多。建议政府部门通过协调把部分财政、政策性支农资金通过小额贷款公司进行运作，将财政资金和信贷资金结合起来进行使用，将小额贷款公司作为财政、政策性支农资金的投放平台。我们可以充分发挥小额贷款公司的信息优势和地域优势，提高支农资金的使用效率，而且还可以部分弥补小额贷款公司资金不足的问题，以增强其服务"三农"的资金实力，更好地满足农户和微小企业的资金需求。

第三节　农村小型金融组织"适应性"成长中的政府引导

从理论上说，农村小型金融组织是作为克服农村金融市场失灵的一种组织制度创新而出现的，但农村小型金融组织服务对象存在特殊性，他们所需资金额度较小，承担风险能力较弱，是商业银行不愿意放贷的资金需求群体。我国农村小型金融组织成长尽管取得了一定成就，但还存在一些问题，其资本来源有限，缺乏可持续发展性，在发展过程中还存在使命偏移现象，影响了服务"三农"的效果。最主要的表现是，小额贷款公司"三农"贷款比例很低，贷款投向以中小企业为主，社会资金的商业利益与社会责任脱节。我们不能责怪农村小型金融组织或者民间资本缺乏社会责任意识，这些民间资本很多是从产业资本转化而来的，其具有较强"逐利"动机是很正常的，单纯依靠市场化运作不可避免会出现新的市场失灵。我国农村小型金融组织的成长将被置于实现普惠金融"中国梦"的改革浪潮之中，农村小型金融组织"适应性"成长模式要以"改革"为主题，走出一条新型的成长路径，这是关系到普惠金融发展和实现"中国梦"的核心问题，其中之首要在于协调政府与市场的关系。前文研究了"适应性"成长模式下政府对农村小型金融组织的有效监管和财税支持问题，除此以外，农村小型金融组织的"适应性"成长还需要政府明晰政策目标，进行全面的宣传教育和政策引导。

一 从中央层面建立农村小型金融组织成长的服务管理机构

本书所研究的农村小型金融组织从法律意义上说涉及两大类型，村镇银行、农村资金互助社和贷款公司属于正规金融机构，得到银监会的正式认可，而小额贷款公司和 NGO 小额信贷机构等虽然从事金融业务，但并不具备金融机构的法律地位，一直由中国人民银行在积极推动。农村小型金融组织成长的推动力来自银监会和中国人民银行，这实际上是两条腿在走路。银监会意图通过放宽农村地区银行业金融机构准入门槛，希望通过发展村镇银行、农村资金互助社等农村小型金融组织增强农村金融市场竞争，消除一些农村地区存在的基础金融服务空白情况，出于银监会自身职能的要求，银监会对农村小型金融组织成长中的风险控制问题格外重视。中国人民银行注重通过发展小额贷款公司和 NGO 小额信贷组织等农村小型金融组织来解决长期存在的农户和小微企业融资难问题，中国人民银行在推动农村小型金融组织成长中以普惠金融理念为指导。但我国农村小型金融组织成长的"双线"思路存在不少问题，需要加强"双线"的彼此协调（周孟亮，2011）。我国小额贷款公司主要由地方负责推动，在中央层面没有明确的管理部门，目前只有"中国小额信贷组织联席会"作为小额贷款公司的"发言人"向中央传递小额贷款公司各方面的政策诉求，中国小额信贷组织联席会虽然具有中国人民银行背景，但不属于正式的政府管理机构，只能依靠个别人的威望和公信力向中央呼吁小额贷款公司的心声，而且中国小额信贷组织联席会传递的政策声音重点在民间资本改革层面。党的十八届三中全会已经提出发展普惠金融的总纲领,银监会、中国人民银行、国家税务总局等部门应该出台发展普惠金融的具体细则。可以考虑在中央层面成立普惠金融建设领导小组,由一名国家领导人担任普惠金融建设领导小组组长,加强对银监会、中国人民银行、国家税务总局等部门之间的协调和沟通,确保普惠金融发展政策和规划的权威性,促进农村小型金融组织"适应性"成长。

二　明确农村小型金融组织的"支农支微"责任

实现"适应性"成长的农村小型金融组织将为我国发展普惠金融做出重大的贡献,让有金融需求的农户、小微企业等弱势群体真正获得低成本可持续性金融服务,真正实现增量式农村金融改革目的,农村小型金融组织"适应性"成长是实现普惠金融"中国梦"的重要途径。目前,我国对农村小型金融组织"支农支微"的"普惠"任务没有明确要求,这不利于农村小型金融组织成长和实现普惠金融"中国梦"。政府应该把引导农村小型金融组织成长放在实现我国普惠金融的长远目标框架内,将农村小型金融组织"支农支微"上升到制度层面而不是停留在倡导性建议层面。要明确农村小型金融组织支持农户和小微企业这个社会目标。但要注意把"支农支微"和解决中小企业融资难区别开来,我们并非认为中小企业融资难的问题不值得重视,那也是实现普惠金融目标的重要内容,但对于中小企业融资难的问题国家需要有另外的政策支持。对于我国使命偏移倾向比较明显的小额贷款公司应该予以特别重视,当前具有银监会背景的贷款公司成长近乎停滞,中国人民银行背景的小额贷款公司发展非常迅速,小额贷款公司从本质上说属于"贷款公司"类型,但确披上"小额贷款"的外衣。既然被冠之以"小额贷款"从事放贷,小额贷款公司就应该回归正道,对低收入人群开展信用贷款。政府要按照发展普惠金融的基本要求,在小额贷款公司申请批准设立的环节就明确其"支农支微"的社会目标,无法履行"支农支微"任务的小额贷款公司不应该冠以"小额贷款",防止一些"别有用心"的民间资本借助小额贷款公司的名义,享受国家对小额贷款公司的政策优惠以从事其他活动,避免浪费国家农村金融改革政策资源。

三　整合、引导资金互助组织,回归合作金融

当前农村信用社已经走上商业化道路,我国存在事实上的合作金融残

缺,2014 年中央"一号文件"提出要发展新型农村合作金融。目前,我国存在三种类型的资金互助组织形式,第一种是未经银监会批准,一般由地方农村工作办公室或民政部门批准设立的民办非企业组织性质的农民资金互助社;第二种是以财政扶贫资金前期投为基础,引导村民资金加入,实施民主管理的贫困村互助资金;第三种是具有正规金融机构法律地位,由银监会行政审批的农村资金互助社。第一、二种组织形式遍布全国,数量众多,发展良莠不齐,存在不少问题,特别是农民资金互助社,没有被纳入正规金融监管体系,不具备正规金融机构的法律地位。一些地方的农民资金互助社在发展过程中存在不少非法集资的问题,这对整个行业的发展产生了非常不利的影响①。第三种组织形式数量很少而且发展非常缓慢,银监会已将其纳入正规金融机构监管体系,实施行政审批制度,这不仅不利于农村资金互助社这种农村小型金融组织行业自身的成长,而且也不利于发展我国真正意义上的合作金融。以上三种类型的资金互助形式具有合作金融的基础,承载着重构我国合作金融的希望。另外,我国除了这三种类型的资金互助组织以外,还存在数量众多的农民专业合作社,这些合作组织目前主要开展农业生产等方面的合作,很少开展资金互助合作。2014年中央"一号文件"指出要在一些发展规范和比较成熟的农民专业合作社的基础上发展新型合作金融,我们认为这是非常值得尝试的。政府应该在尊重市场规律的基础上进行整合、引导,给予这些资金互助组织非银行金融机构的法律地位,把审批权下放地方,采取非审慎监管模式,尽可能减少干预,引导资金互助组织开展民主管理,从下而上引导农村小型金融组织的成长,构建与我国农村经济发展需要相适应的真正意义上的合作金融。

四 在普惠金融框架下引导民营银行成长

农村小型金融组织"适应性"成长要求民间资本进一步进入农村金融

---

① 2012 年 10 月下旬,江苏省连云港市灌南县 4 家农民资金互助合作社的 1.1 亿元存款被挪用,这涉及 2500 多名储户,导致 4 家合作社因无法正常兑现农民存款而倒闭。2013 年下半年,灌南县委农村工作办对全县农民资金互助社进行分类劝退和清理取缔,保留了 12 家正常运行的农民资金互助社,减少了 9 家,3 家在此之前已经被清算解散并注销登记,其余 6 家均在此次县委农村工作办的清理取缔中被叫停解散。灌南县的此次农民资金互助社风波在社会产生了非常恶劣的影响,让人对农民资金互助社服务"三农"的宗旨产生了怀疑,这也引发了理论界和实务界对如何规范农民资金互助社的关注和思考。

领域，真正参与到农村小型金融组织成长中来。民间资本对进驻金融领域一直有着非常浓厚的兴趣，几年来，我国在政策思路上是鼓励民间资本进入农村金融领域的，但在实际操作层面上并没有实质性突破，民间资本进入农村金融领域还停留在参与财务投资层面，其在公司治理这个关键问题上没有进展，这导致我国农村小型金融组织成长面临着被农村经济和国家监管制度双重排异从而缺乏适应性。党的十八大报告提出加快发展民营金融机构，关键还是要在"加快"上做文章、下功夫。将民营银行"顶层设计"制度创新与促进农村小型金融组织成长联系起来。2013 年"国十条"出台以后，民营银行的成立有了实质性进展。2014 年，我国正式批准 3 家民营银行筹建，到 2015 年 5 月，首批 5 家民营银行全部获批开业，民营银行成长正式"破冰"。但我们在仔细分析后发现，民营银行的成长主要与我国民间金融改革发展联系在一起，对于服务"三农"的问题考虑较少①。尽管我国小额贷款公司是由民间资本全资发起设立的，其转换为民营银行也是小额贷款公司一直梦寐以求的，但国家没有考虑从现有小额贷款公司的基础上发展民营银行，而是"另辟蹊径"，只允许一些有影响力、大型的民营企业出面发起成立民营银行，这对于是否引导民营银行为我国发展普惠金融服务也缺乏考虑。为更好地实现新一轮农村金融改革目标，我们应该将民营银行"顶层设计"制度创新与农村小型金融组织成长联系在一起，更多地支持民间资本建立服务"三农"的民营银行，引导其立足小微金融的市场定位。在民营银行的门槛准入设计上，建立民营银行定位约束机制，规定民营银行应该定位于服务农村，或者将较大比例的资金投放农村地区，在服务对象选择上不能"垒大户"，要为更多的"小微企业"服务。同时建立相应的考核和评级机制，对于服务"三农"目标定位明确和效果优良的民营银行，在申请开设分支机构、兼并、收购评审时将其作为重要参考依据，在税收等方面给予其更多的政策优惠，对外树立更好的宣传形象。激励更多的民间资本在服务"三农"时有所作为，防止唯利是图

---

① 2015 年 6 月 26 日，国务院办公厅转发银监会《关于促进民营银行发展的指导意见》，这标志着我国民营银行进入常态化发展阶段。该指导意见提出民营银行应该确立科学发展方向，实施差异化战略，致力于发挥比较优势，实施特色经营，与现有商业银行实现互补发展，错位竞争，鼓励民营银行定位于服务实体经济特别是中小微企业、"三农"和社区。该指导意见改变了民间资本和民营银行一切以营利为目的的传统形象，向社会各界表明民营银行也可以而且也应该致力于"支农支微"。可以看出，我国在顶层设计上希望将民营银行的成长与发展普惠金融相融合，但要达到该目标还需要一些具体的实施细则。

的民间资本进入金融领域。

五 激励农村小型金融组织的创新性金融努力

我国农村小型金融组织"适应性"成长首先应该注重发挥自身的金融努力，但也离不开政府的有效激励和引导。从理论上说，金融努力是金融组织成长的第一推动力，但如果完全依靠自身金融努力来实现金融组织的成长，这将是一个长期而艰难的过程。政府的有效激励和引导能克服金融努力过程中的某些无序状态和市场失灵情形，可以利用政府的权威性加速金融组织成长。国家发展农村小型金融组织的政策初衷是希望通过农村小型金融组织的市场化运作，增强农村金融市场竞争，达到服务"三农"的效果。农村小型金融组织实现收益最大化是组织自身可持续发展的前提，农村小型金融组织在既定条件下尽可能实现收益最大化实质上是一个金融努力的过程。金融努力也是一个金融创新的过程，特别是作为农村小型金融组织更加应该注重"创新"，这样才能在与传统农村金融组织的竞争中取胜。当前农村小型金融组织业务和技术创新面临种种政策约束和高昂"拓荒成本"，创新动力不足，不同层次和类型的金融组织提供的业务基本相同，在信贷流程和技术上也无太多差异。由于贫困弱势群体资产少，经营业务规模小，缺乏规范的财务报表，金融机构向其提供服务时规模效益缺乏，信息不对称更加严重，交易成本更高。高利率又会削弱贫困弱势群体的福利，或者招来严重的逆向选择和道德风险，与普惠金融目标要求相悖。政府要激励农村小型金融组织开展普惠金融业务和技术创新，增强农村小型金融组织金融业务的客户"适应性"，根据贫困弱势群体的实际需求开发相应的金融业务，改变金融业务只适应大企业和富裕人群而不适应低收入人群和小微企业的问题。另外，我们还要激励农村小型金融组织开展技术创新，增强信贷技术的"适应性"，寻求有效的信贷模式，开展抵押担保替代创新，寻求具有"适应性"的信贷业务流程，降低创新成本，更好地体现目标客户需求差异性。

六 倡导普惠金融理念，传递农村小型金融组织成长的正能量

从农村小型金融组织的外生性改革到"适应性"成长，其一方面体现出的是改革主体的转变，要改变过去完全依靠政府"自上而下"实施改革的模式。另外，"适应性"成长更加体现出一种思想和理念的转变。因此，

"适应性"成长模式下的政府应该注重营造良好的社会环境，传递农村小型金融组织成长的"正能量"。这种"正能量"有利于促进农村小型金融组织和农户的金融努力，使国家政策产生更好的激励效果，对政府部门也能产生有效的约束作用。党的十八届三中全会将发展普惠金融提升到国家金融发展的战略层面，这体现出我国未来农村金融的发展重点，要让我国有金融需求的企业和个人都能获得低成本可持续性的金融服务，这不只是一个理想，更是一个目标和口号，农村小型金融组织"适应性"成长是普惠金融体系建设的重要部分。①要加强普惠金融理念在全社会的倡导，让"普惠"深入人心，为农村小型金融组织的"适应性"成长营造优良的环境，将其更加充分融入普惠金融体系建设之中。要从思想上有充分的认识，将普惠金融与社会主义和谐社会、科学发展观和"中国梦"融合成一脉相承的理论体系，成为指导农村小型金融组织的"适应性"成长的总纲领。各级政府和社会各界要加强学习，强化普惠金融理念，在指导思想上要提升普惠金融在实现"中国梦"的诸多目标中的重要性，将发展普惠金融作为"中国梦"的重要路径。②要加强农村的金融教育，使农村居民加强对农村小型金融组织及其业务和信贷技术等方面的正确认识，更好地接受农村小型金融组织的金融服务①。要尽快改变当前农村金融教育主要由农村信用社等一些农村金融机构来开展，而政府与社会有关部门不够重视的局面。要加强农村金融教育的合力，通过有效的激励和约束机制提高金融机构开展农村金融教育的积极性和农户参与金融教育的主动性，提高农户的信用意识，塑造良好的信用环境。农村金融教育重点针对农村基层干部、农村在校学生、农民工等人群进行，充分利用电视、金融知识竞赛等途径，丰富农村金融教育的形式，形成农民喜闻乐见的农村金融教育。提高农村金融教育内容的实际性，因地制宜，因人而异。③加强"社会企业"的价值观念教育。不能认为企业或金融组织就是以营利为唯一目的的，对于有良好社会责任意识的农村小型金融组织要多进行宣传，以树立正面的社会形象，得到全社会的认可，传递成长的"正能量"。

---

① 根据我们在农村的调查了解，在农村实施联保贷款过程中，一些农民在对农村金融机构的联保贷款还没有完全了解时，就直接在信贷合同上签字。一段时间以后，在被起诉时他才得知，因为借款人未履行还款义务，其要承担连带责任，还得不到当年的贷款发放，这影响了当年的春耕生产。因此，如果能事先加强了解联保贷款的认识，那么就不会出现类似情况。

七 构建有效农村金融风险外溢防范机制

改革开放以来,我国在总体路线上采取"渐进式"的改革方式,在农村金融增量改革方面更是如此。因为金融业具有很大特殊性,金融风险具有很大外部性,一家银行的经营失败,不仅会给所有者带来风险,更有可能会给广大存款人带来损失,甚至有可能对整个经济体系产生负面冲击。而且我国相关的基础金融制度、整体信用环境还不够完善,在短期内也难有根本性改变。因此,农村金融发展必须以风险有效控制为前提,必须维护整个金融体系稳定,构建有效的农村金融风险外溢防范机制。①加强宣传教育,倡导风险自担的市场理念,下决心改变人们把中央政府看作"最后风险承担者"的传统观念。进一步完善我国存款保险制度,改变过去政府为存款提供隐性担保的印象。②由于村镇银行是由一家银行业金融机构发起设立的,民间资本只能"参与"设立,村镇银行的风险主要由发起银行承担,其产生的外部性因素相对较小。地方政府对小额贷款公司设立的积极性很高,中央应该制定专门的监管法规,把监管权交给地方政府,让各地在享受小额贷款公司发展收益的同时承担相应风险处置任务,严格明晰地方政府监管责任,构建中央和地方之间的风险"隔离墙",坚决不允许地方风险转嫁给中央。农村资金互助社等合作性金融组织,政府的重点在于减少行政干预,加强教育和引导,及早发现问题,杜绝非法集资等违法行为。③民营银行是风险外溢防范的重点,在发起行的选择上应对其资金实力、关联交易可能性、信用记录等方面进行综合评估,并逐步试点。建立农村小型金融组织退出机制,一旦出现个别和局部风险,国家应该能够容忍"阵痛"的存在,只有这样,真正的风险外溢防范机制才能够建立起来。④加强金融基础设施建设防范风险。构建完善的普惠金融基础设施意义重大,在微观层面,其能扩大普惠金融组织资金集散范围,加速资金周转,保障资金安全及增强资金吸引力。在宏观层面,其可以提高金融市场和金融中介整体运行水平,以改善落后地区的金融生态,更好地应对发展普惠金融的新形势与新需求。支付结算体系、征信系统、信息披露机制和抵押担保登记系统是普惠金融基础设施建设的重要内容。建立在互联网基础上的支付结算技术的创新和应用,便于金融组织改善服务渠道,降低交易成本,使贫困弱势群体的金融诉求得到更多关注。应该充分利用互联网技术,完善支付结算系统等"技术性"基础设施,加强信息透明度，降低服务成本。大力发展电子支付服务，特别是通过支付机制创新和通信技术的运用，打通各类交易账户，利用手机和移动 POS 终端等各种新交易渠道，发展各类代理商。加快使普惠金融组织接入中国人民银行征信系统，实现信息共享。完善普惠金融组织信息披露制度，提高对外界资金吸引力。加强普惠金融组织社会绩效管理和审计，促进抵押担保登记系统建设，加强信息咨询和服务建设。互联网技术让信息更加开放，但客户信息安全面临新的挑战，给整个金融市场带来了威胁。在监管未明的情况下，其有可能引发市场风险失控或造成投资者保护缺失，我国农村小型金融组织"适应性"成长要积极面对新技术带来的挑战，进一步加强金融监管创新和风险防范体系建设。

第八章　研究结论与政策运用

第一节　研究结论

一　从我国新一轮农村金融改革以来，农村小型金融组织成长态势整体良好，但存在的问题也比较明显

2004年中央"一号文件"提出"鼓励有条件的地方，在严格监管、有效防范金融风险的前提下，通过吸引社会资本和外资，积极兴办直接为'三农'服务的多种所有制的金融组织"，在此以后，小额贷款公司、村镇银行、农村资金互助社和贷款公司等新型农村金融组织逐渐从无到有，开始成长起来。与此同时，我国NGO小额信贷组织也开始步入转折时期。十多年来，这些农村小型金融组织整体成长态势良好，在整体规模上发展较快，有效填补了我国农村基础金融服务的空白局面，进一步加强了农村金融市场的竞争局面，在实践层面上推动了农村金融领域市场化改革的深入，这为我国普惠金融体系建设发挥了一定作用。但农村小型金融组织成长过程中存在的问题也比较明显，由民间资本发起设立的小额贷款公司在各地方政府的主导下成长很快，但其忽视社会绩效，有偏离政府改革初衷的趋势。村镇银行也存在"偏农"趋势，主发起行制度使村镇银行的成长还局限在体制内。农村资金互助社和贷款公司由于当初政策设计存在的某些缺陷，其成长过程行政色彩太浓厚，其成长已经近乎停滞。另外，NGO小额信贷组织遭遇到资金短缺困境，在成长理念上受到小额贷款公司的挤压，其成长空间越来越窄。透过我国农村小型金融组织成长中的诸多"表象"性问题，我们可以发现，新一轮农村金融改革延续过去的改革思路，从整体模式上看，其与存量式农村金融改革没有非常明显的差别。政府主要从自身利益的角度设计农村小型金融组织的"游戏规则"，农村小型金

融组织是原有体制内金融力量的扩张，其在某种程度上强化了原有的政府主导的存量金融体系。

二　在当前的时政背景下，农村小型金融组织成长应该寻求新型模式，避免"穿新鞋走老路"

①党的十八大明确指出要处理好政府和市场的关系，更加尊重市场规律，更好发挥政府作用，这是对我国改革开放以来特别是社会主义市场经济体制改革以来的经验总结，也对我国未来社会主义市场经济体制改革提出了更加深入的要求。我国农村金融改革和农村小型金融组织成长是整个经济体制改革的一部分，其应该在这个基本的政策框架和要求下进行。②当前我国整个经济体制改革已经步入"深水区"，农村金融改革领域中的一些基本问题已经"不容回避"，我们必须直面改革中的困难，要在"有效处理政府与市场的关系"的指导思想下促进农村小型金融组织健康成长。③党的十八届三中全会明确提出发展普惠金融，2015 年中央"一号文件"提出"强化普惠金融"，2015 年"两会"政府工作报告明确指出"大力发展普惠金融"。构建普惠金融体系，实现"中国梦"已成为我国当前金融改革特别是农村金融改革的长远目标。农村小型金融组织能否健康成长，充分发挥服务农村和"支农支微"的职能，直接关系到农村金融改革的成效，也是关系到普惠金融目标实现的一个基础性问题。我国农村金融改革需要认真总结经验，深入剖析存在的问题，选择农村小型金融组织成长的新模式，而且这种指导未来农村金融改革的新型模式应该具有清晰和可行的思路，这是当前理论和实务界都非常期待的问题。

三　"适应性"成长模式是农村小型金融组织成长的有效选择模式，它跳出传统内生与外生金融模式的争论，抓住"适应性"这个关键点，不是政府与市场的简单叠加

我国农村金融组织的成长应该及时总结过去的经验和教训，避免重复过去农村金融改革政府外生主导的改革模式，应该采取"适应性"成长模式。①"适应性"成长模式源于对我国改革开放以来实施的存量式农村金融"改革"的反思，要实现从"改革"到"成长"的转变，从一个全新的视角关注农村小型金融组织的发展。原来我们将重点集中在"改革"上，改革思路和具体细则来自政府思维。未来促进我国农村小型金融组织

发展应该转变思路,变"改革"为"成长",将农村小型金融组织的发展看作一个"成长"过程,农村小型金融组织成长需要的是来自政府提供的充分"营养"和良好的外部环境,而不是单纯在政府主导下的改造。政府改变原来"居庙堂之高",为市场化金融力量设计规则,基于农村小型金融组织成长需要"躬身践行",注重引导组织成长和规范组织发展环境。②"适应性"成长的提出得益于"外生"与"内生"的基本思想,是在既有"内生"和"外生"金融基础上的深化,但又不是内生与外生的简单糅合,要体现出国家政策对农村小型金融组织成长的动态适应性。"适应性"与"外生"和"内生"是一脉相承的理论思想体系,特别是诺斯在后期提出的制度"适应性效率"概念为农村小型金融组织"适应性"成长模式的提出提供了有益的启发,"适应性"成长是在"内生金融发展"、"金融内生成长"和"适应性效率"三方面思想基础上的超越。③"适应性"成长模式有利于加速内生性市场经济主体的形成,增强"顶层设计"方案的适用性,培育良好的农村金融市场机制。④农村小型金融组织"适应性"成长要求其逐步放开高度管制的农村金融市场,规范政府行为,制度规则应该具有动态适应性,能够适应随时间变化的农村金融实际,而不是为解决某一时刻问题的权宜之计,制度和规则调整应该以微观经济组织的适应性调整为前提。⑤农村小型金融组织"适应性"成长要同时发挥政府和微观经济组织的作用,明确政府与市场的作用边界,处理好政府机制与市场机制的关系,让它们在各自的范围内为农村金融改革服务。

四 当前农村小型金融组织成长与"适应性"成长存在较大差距,政策设计和思想定位不够完善,政府行政管制色彩浓厚,市场力量被压抑

①2004 年以来,我国在顶层设计层面一直很重视农村小型金融组织的成长,历年中央"一号文件"的主题都是关于农业和农村经济发展,都有关于农村金融制度改革的指导性意见,村镇银行、小额贷款公司等农村小型金融组织成长也是被重点关注的内容。②来自银监会、中国人民银行和财政部出台的一些具体的执行意见和配套实施政策,具体指导我国农村小型金融组织成长,其主要涉及农村小型金融组织市场准入和退出制度、监督管理和业务范围等方面,这对十多年来我国农村小型金融组织成长发挥了重要作用。③我国农村小型金融组织成长出现了两极分化现象,在地方

政府的推动下，民间资本通过小额贷款公司看到了"拥有属于自己的银行"的希望，其对发起成立小额贷款公司的积极性很高。但与此形成明显反差的是，村镇银行的成长比较缓慢，特别是农村资金互助社和贷款公司已经处于停滞状态，NGO小额信贷组织成长非常艰难，增量式农村金融改革事实上处于部分性"夭折"状态。④我国农村小型金融组织成长的思路和具体细则制定来自政府的"顶层设计"，村镇银行实施主银行发起制度，小额贷款公司法律地位缺失，农村资金互助社和贷款公司实施严格的行政审批制度。微观基层主体的创新性没有得到足够重视，其还是基于政府规划来设计农村小型金融组织区域布局，基于政府利益角度来设计监管规则。而且，中央和地方在农村小型金融组织成长上的"着力点"存在较大差异，国家的农村金融改革政策初衷出现"异化"激励现象。

五 农村小型金融组织"适应性"成长要在实现普惠金融"中国梦"的总体框架下进行，坚持创新性原则、公平性原则和可持续性原则

①"适应性"成长模式下的农村小型金融组织要充分发挥自身的功能，为贫困弱势群体提供金融服务，使贫困弱势群体在金融服务上不再被"边缘化"，将他们纳入国家金融体系的"合法"客户，使他们能够非常便捷地享受到金融服务。另外，"适应性"成长模式下的农村小型金融组织要能够稳健经营，内控机制完善，具有财务可持续发展能力，能够长期提供低成本金融服务，做到社会绩效与财务绩效的协调发展。政府对农村小型金融组织开展有效的政策激励、引导和监管，使市场力量得到充分发挥。②农村小型金融组织的成长应该与创新联系在一起，坚持以创新推动农村小型金融组织成长，只有不断创新才能推动农村小型金融组织的"适应性"成长，离开创新，农村小型金融组织的成长将是"穿新鞋走老路"。③农村小型金融组织"适应性"成长应该坚持向社会各阶层特别是贫困弱势群体提供公平化的金融服务，实现金融资源和金融服务向农村下沉，向"三农"和小微企业倾斜，在整个社会营造平等享受金融服务的环境，推动和谐社会的实现。④农村小型金融组织"适应性"成长应该坚持成长与风险防控相结合，确保普惠金融安全稳健发展，实现金融与经济发展的良性循环。⑤农村小型金融组织"适应性"成长要明确整体规划、加强战略部署，通过加强农村小型金融组织的能力建设和营造良好的政策激励和引

导环境，实现构建有效的农村金融竞争机制，降低农村小型金融组织交易成本，优化信贷机制，构建良好的社会责任机制等目标要求，实现普惠金融机构社会绩效与财务绩效的协调发展，最终实现普惠金融"中国梦"的长远目标。

六 我国农村小型金融组织"适应性"成长应该在市场、政府和社会"三维"框架下进行

"适应性"成长模式是对国内外金融业发展经验和教训的总结和升华，改变我国侧重于从政府层面出发设计改革思路的传统办法。另外，"适应性"成长模式是在内生金融理论和金融内生成长的历史和逻辑分析基础上形成的一套方法论，在理论层面具有足够的说服力。它为我国发展农村小型金融组织提供了全新的视角和参照性指导方略。未来，我国农村小型金融组织"适应性"成长应该在市场、政府和社会"三维"框架下进行。①农村小型金融组织犹如作物成长中的种子，好的种子是作物成长的基础。要以市场力量的有效发挥为基础，增强农村小型金融组织金融努力程度，使其成为自主决策、具有可持续发展性的"普惠"金融组织。②有效处理好政府与市场的关系，有效发挥政府在农村小型金融组织"适应性"成长中的优势和作用。政府犹如作物成长中的农夫，作物的成长离不开农夫的精心培育，但应该尊重自然规律，切不可揠苗助长。③构建良好的社会环境和价值导向，传递农村小型金融组织"适应性"成长的"正能量"，这犹如作物成长的外部环境，作物的成长离不开合适的土壤、充足的阳光和雨露。

第二节　政策运用

一　在国家整体战略部署层面加强顶层领导规划

普惠金融是金融领域特别是农村金融发展的"中国梦"，发展普惠金融是摆在我国党和政府面前的一个重要问题。①要形成全社会对普惠金融的正确认识。"普"字反映了将所有人都纳入到金融服务体系中，体现了一种"平等权利"。"惠"字体现了金融服务可以改善弱势群体经济状况。普惠金融的内涵具体包括三个方面。一是普惠金融倡导"人人具有平等融资权"的理念，信贷权也是一种人权，穷人与富人应具有同等的金融机

会。二是普惠金融体现一种责任，立足于满足所有需要金融服务的人，特别是为那些被排斥在传统正规金融机构之外的小微经济主体提供金融支持。三是普惠金融是一种创新，要在现有金融体系中进行金融产品、金融机构和金融制度创新。②加强普惠金融理念在全社会的倡导。将发展普惠金融提升到国家金融发展的战略层面，让"普惠"深入人心，使农村小型金融组织的"适应性"成长更加充分融入普惠金融体系建设之中。③要在思想上有充分认识，将普惠金融与社会主义和谐社会、科学发展观和"中国梦"融合成一脉相承的理论体系，使其成为指导发展普惠金融的总纲领。各级政府和社会各界要加强学习，强化普惠金融理念，在指导思想上提升普惠金融在实现"中国梦"的诸多目标中的重要性，将发展普惠金融作为"中国梦"的重要路径。④要加强普惠金融发展的顶层领导与规划，银监会、中国人民银行、国家税务总局等部门应该出台发展普惠金融的具体细则。可以考虑在中央层面成立普惠金融建设领导小组，由一名国家领导人担任普惠金融建设领导小组组长，加强对银监会、中国人民银行、国家税务总局等部门之间的协调和沟通，确保普惠金融发展政策和规划的权威性。要尽快出台全国层面的普惠金融发展规划，国家层面的普惠金融规划应该具有充分的国际视野，紧跟国际普惠金融发展最新动态，同时结合我国国情，注重国际普惠金融理念与模式在我国的适用性，明确我国普惠金融应该重点为谁服务，如何服务等基础性问题。

二 农村小型金融组织要加大"金融努力"，实现"适应性"成长

农村小型金融组织"适应性"成长首先应该注重发挥自身的金融努力，金融努力也是金融创新的过程，这种微观层面的创新能够扩大直至进行更大范围的制度创新。①农村小型金融组织要正确认识自己，树立社会绩效理念。正确认识我国发展普惠金融和实现"中国梦"的整体要求和基本环境，将组织的发展根植于农村经济实际需求的土壤中并逐渐发展壮大。加强自我约束，强化社会责任意识，不能只是想着如何钻政策的空子。特别是当前农村小型金融组织还处在"适应性"成长初期，国家的各项政策发挥不尽完善，农村小型金融组织更加要端正自身态度，认识到自身与政府的关系犹如作物与农夫的关系，农夫的培育很重要，但自身的积极成长更是关键。②农村小型金融组织要充分发挥比较优势，坚持"错位

发展",进行合理的目标定位。村镇银行要避免成为其控股银行在当地的"分支机构",要努力打造自身特色,更好地发挥作为地方性金融机构的区域优势和贴近农户的信息优势,重点为当地农民、农业和农村企业提供金融服务,努力打造成为服务"三农"的社区银行。小额贷款公司应该重点发挥信贷机制方面的创新优势,增强机构自身的可持续发展性。"贷款公司"在业务产品和功能上与"小额贷款公司"没有实质性差异,在法律地位和目标定位上可以与小额贷款公司归于一类。③农村小型金融组织要实现"资金"与"机制"的有效结合,将资金低成本顺畅的"送"到弱势群体手中。要通过培育有社会责任的投资者,建立信贷批发基金,构建大型商业银行参与农村金融服务的新型模式,实现农村小型金融组织成长的"资金"创新。基于我国国情和客户实际需求开展信贷机制创新,完善农村小型金融组织治理机制避免使命偏移,开展社会绩效管理,构建农村小型金融组织服务农业和农村经济发展的长效机制,实现农村小型金融组织成长中"资金"和"机制"的有效结合。④要努力开展信贷技术创新和服务产品创新,根据贫困弱势群体的实际需求开发相应的金融业务,更好的体现客户需求差异性。增强信贷技术的"适应性",寻求有效的信贷模式,开展抵押担保替代创新,寻求具有"适应性"的信贷业务流程,降低创新成本。

三 加强对农村小型金融组织"适应性"成长的政策引导与激励

①明确农村小型金融组织的"支农支微"责任,把引导农村小型金融组织的成长放在实现我国普惠金融的长远目标框架内,将农村小型金融组织"支农支微"上升到制度层面而不是停留在倡导性建议层面。②在尊重市场规律的基础上,整合、引导资金互助组织回归合作金融,把审批权下放地方,采取非审慎监管模式,从下而上引导农村小型金融组织的成长,构建与我国农村经济发展需要相适应的真正意义上的合作金融。③进一步放宽民间资本在农村金融领域的准入程度,处理好渐进式改革发展与风险防范的关系,通过完善制度,创造条件来防范风险,要避免出现害怕风险和改革停滞的"恶性循环"的局面。通过完善制度设计,鼓励民间资本在合理的法人治理下发挥作用,有效防止关联交易。在普惠金融框架下引导民营银行成长,将民营银行"顶层设计"制度创新与农村

小型金融组织成长联系在一起，支持民间资本建立服务"三农"的民营银行，引导其立足小微金融的市场定位，激励更多的民间资本在服务"三农"时有所作为，防止唯利是图的民间资本进入金融领域。④及时出台农村小型金融组织社会绩效执行办法，从中央层面倡导社会绩效理念，各地区把加强社会绩效写进农村小型金融组织具体管理办法中去。出台相应的奖惩办法，并给予开展社会绩效活动的农村小型金融组织一定优惠政策，把社会绩效情况与财政补贴、税收优惠联系起来。培育农村小型金融组织领域的社会责任投资者，在政策上支持社会责任投资，在法律上明确法律地位，保护投资者的合法权益。对于有良好社会绩效的农村小型金融组织要多宣传，树立正面的社会形象，使其得到全社会的认可，传递成长的"正能量"。

四　进一步明晰政府作用空间，体现政府作用优势

①由于我国农村小型金融组织成长时间较短，现有的政策法规大多都是原有体制内的金融政策法规的延续，其在很大程度上强化了政府对农村小型金融组织成长的控制，这反而不利于农村小型金融组织的"适应性"成长。例如，村镇银行主发起行制度、农村资金互助社的行政审批制度、小额贷款公司法律地位缺失等政策法规应该逐渐修改。相关政策法规的制定和出台应该以农村小型金融组织等市场力量的发挥为准则，不能再以政府利益为先行原则。②政府部门应该增强市场意识，破除行政管制传统理念，转变监管理念。在赋予农村小型金融组织市场化主体地位的前提下进行监管，简化监管环节，提高监管效率。根据我国农村小型金融组织类型的多样性，根据实际情况实行审慎监管或非审慎监管，逐渐实施中央和地方分类监管制度，而且中央和地方要加强联动监管，明确监管分工，逐步建立农村小型金融组织分层金融监管体系。③加强财政补贴和税收政策引导，形成为"三农"服务的良性政策激励。建立为"三农"和小微企业融资服务的政府引导基金，提供增信担保服务，引导农村小型金融组织提供普惠金融服务。进一步落实和完善涉农贷款财政贴息和奖励政策，实行差异化补贴政策，对农村小型金融组织实施税收优惠，通过优惠存款准备金率、再贷款、再贴现等措施拓宽农村小型金融组织的资金来源。④充分发挥政府在农村金融市场机制培育方面的优势地位，进一步推行农村利率市场化，促进农村金融市场价格机制作用的发挥。进一步加大农村金融组织

创新力度，增强市场竞争力度，促进农村金融市场竞争机制更好发挥作用。⑤进一步完善我国存款保险制度，构建有效的风险防范机制，坚持金融创新与风险防范的有效协调，建立普惠金融风险补偿机制，建立省、市、县分担的普惠金融风险补偿基金，严格做到专款专用，在条件允许的情况下，适度放宽普惠贷款风险考核容忍度。但要严格防止地方政府和农村金融组织在风险问题上"倒逼"中央政府，下决心改变社会公众和地方政府把中央作为农村金融风险"最后负责人"的传统观念。

参考文献

[1] 〔法〕爱德华·肖:《经济发展中的金融深化》,邵伏军、许晓明、宋先平译,上海三联书店,1988。

[2] 曹凤岐:《建立多层次农村普惠金融体系》,《农村金融研究》2010年第10期。

[3] 陈方:《小额贷款公司》,经济科学出版社,2012。

[4] 陈军、曹远征:《农村金融深化与发展评析》,中国人民大学出版社,2008。

[5] 陈雨露、马勇:《中国农村金融论纲》,中国金融出版社,2010。

[6] 陈旗、褚立波:《政府在农村金融改革中的作用》,《科技创新导报》2009年第11期。

[7] 丁忠民:《农村金融市场成长机制与模式研究》,中国农业出版社,2009。

[8] 杜晓山、刘文璞、任常青:《小额信贷:中小商业银行拓展市场空间的方向——以哈尔滨银行战略转型为小额信贷银行为例》,《农村金融研究》2009年第5期。

[9] 杜晓山、刘文璞等:《中国公益性小额信贷》,社会科学文献出版社,2008。

[10] 杜晓山、张保民等:《中国小额信贷十年》,社会科学文献出版社,2005。

[11] 杜晓山:《非政府组织小额信贷机构可能的发展前景》,《中国农村经济》2008年第5期。

[12] 杜晓山:《和谐金融与普惠金融体系》,《中国农村信用合作》2008年第1期。

[13] 杜晓山:《建立普惠金融体系》,《中国金融家》2009年第1期。

[14] 杜晓山:《小额信贷的发展与普惠性金融体系框架》,《中国农村经

济》2006 年第 8 期。

[15] 杜晓山：《小额信贷与普惠金融体系》，《中国金融》2010 年第 10 期。

[16] 杜晓山：《建立可持续性发展的农村普惠性金融体系——在 2006 年中国金融论坛上的讲话》，《金融与经济》2007 年第 2 期。

[17] 范炜：《构建具有浙江特色的小额贷款公司发展模式》，《浙江金融》2010 年第 9 期。

[18] 付琼：《我国新型农村金融机构发展困境与机制创新探讨》，《吉林金融研究》2012 年第 11 期。

[19] 高凌云、刘钟钦：《对村镇银行信用风险防范的思考》，《农业经济》2008 年第 5 期。

[20] 顾福珍：《农村新型金融组织信贷运行机制研究》，东北农业大学博士学位论文，2012。

[21] 顾海峰：《基于功能视角我国农村金融监管创新路径研究》，《农村金融研究》2010 年第 11 期。

[22] 勾东宁、苏翩翩：《浅析我国农村金融组织体系现状及创新》，《农村金融研究》2010 年第 8 期。

[23] 郭军：《农户、国家与中国农贷制度：一个长期的视角》，《金融研究》2005 年第 2 期。

[24] 何广文、李莉莉：《正规金融机构小额信贷运行机制及其绩效评价》，中国财政经济出版社，2005。

[25] 何广文：《构建县域本土金融服务机制》，《中国金融》2011 年第 11 期。

[26] 何广文：《农村金融组织体系和机制创新的探讨》，《中国农村信用合作》2008 年第 1 期。

[27] 洪正：《新型农村金融机构改革可行吗？——基于监督效率视角的分析》，《经济研究》2011 年第 2 期。

[28] 胡卓红：《新型农村金融机构发展面临的问题及对策研究》，《金融研究》2005 年第 2 期。

[29] 江春：《内生金融发展：理论与中国的经验证据》，《财政科学》2006 年第 5 期。

[30] 姜丽明、邢桂君、朱秀杰、李玉翠：《普惠金融发展的国际经验及借

鉴》,《国际金融》2014 年第 3 期。

[31] 焦兵：《中国农村金融变迁：从外生金融扩展到内生金融成长》，中国社会科学出版社。

[32] 焦瑾璞、陈瑾：《建设中国普惠金融体系——提供全民享受现代金融服务的机会和途径》，中国金融出版社，2009。

[33] 焦瑾璞：《构建普惠金融体系的重要性》,《中国金融》2010 年第 10 期。

[34] 焦瑾璞：《微型金融学》，中国金融出版社，2013。

[35] 焦瑾璞：《小额信贷和农村金融》，中国金融出版社，2006。

[36] 焦瑾璞：《中国小额信贷的任务和发展愿景》,《中国金融》2010 年第 9 期。

[37] 旷红梅：《农村金融改革动力机制研究——以全国农村金融改革试点田东县为例》,《人民论坛》2010 年第 32 期。

[38] 康刚锋：《基于福利主义的韶关农村信用社小额信贷绩效研究》，湖南大学，2010。

[39] 〔美〕雷蒙德·戈德史密斯：《金融结构与金融发展》，周朔等译，上海三联书店、上海人民出版社，1994。

[40] 〔美〕理查德·R. 纳尔逊：《经济变迁的演化理论》，胡世凯译，商务印书馆，1997。

[41] 黎红梅、李波：《新型农村金融组织发展存在的问题及建议》,《海南金融》2010 年第 8 期。

[42] 李海艳、周孟亮：《小额信贷高利率研究》,《四川理工学院学报》（社会科学版）2012 年第 5 期。

[43] 李建军：《中国普惠金融体系理论、发展与创新》，知识产权出版社，2014。

[44] 李建胜：《新型农村金融组织法律制度研究》，法律出版社，2015。

[45] 李建伟：《城镇化背景下农村异质性金融需求制度实证研究》,《云南财经大学学报》2014 年第 1 期。

[46] 李姣、周孟亮：《我国小额信贷机构社会绩效的实证研究》,《四川理工学院学报》（社会科学版）2014 年第 6 期。

[47] 李明贤、樊英：《普惠金融目标实现的企业组织形式创新研究》,《银行家》2010 年第 11 期。

[48] 李明贤、罗荷花:《普惠制农村金融机构支农能力指标体系的构建》,《中南财经政法大学学报》2013年第4期。

[49] 李明贤、罗荷花:《小微企业融资约束问题研究进展及展望——基于金融结构视角》,《湖南科技大学学报》(社会科学版)2013年第5期。

[50] 李明贤、罗荷花:《信用缺失、融资激励与小微企业发展》,《云南财经大学学报》2013年第4期。

[51] 李明贤、叶慧敏:《普惠金融与小额信贷的比较研究》,《农业经济问题》2012年第9期。

[52] 李明贤、叶慧敏:《我国农村普惠金融贷款技术再造研究》,《求索》2010年第9期。

[53] 李明贤、周孟亮:《我国普惠制农村金融体系构建研究》,商务印书馆,2013。

[54] 李明贤、周孟亮:《我国小额信贷公司的扩张与目标偏移研究》,《农业经济问题》2010年第12期。

[55] 李树生、何广文:《中国农村金融创新研究》,中国金融出版社,2008。

[56] 李新:《完善支持微型金融发展的财政政策》,《中国财政》2010年第22期。

[57] 李莉莉:《新型农村金融机构发展进程与阶段性评价》,《金融理论与实践》2008年第9期。

[58] 李喜梅:《中国农村金融功能效应的分阶段考察——基于系统显功能与隐功能视角》,《金融理论与实践》2009年第2期。

[59] 李义奇:《金融发展与政府退出:一个政治经济学的分析》,《金融研究》2005年第3期。

[60] 李镇西:《微型金融机构社会绩效管理研究》,中国金融出版社,2012。

[61] 林卫斌、苏剑:《如何理解监管——基于比较制度分析的新视角》,《经济学家》2012年第11期。

[62] 林毅夫、刘明兴、章奇:《政策性负担与企业的预算软约束:来自中国的实证研究》,《管理世界》2004年第8期。

[63] 刘峰、许永辉、何田:《农户联保贷款的制度缺陷与行为扭曲:黑龙

江个案》,《金融研究》2006 年第 9 期。

[64] 刘玲玲、杨思群、姜朋:《清华大学经管学院中国农村金融发展研究报告》,清华大学出版社,2009。

[65] 刘锡良、刘海二:《中国农村金融改革绩效评价:2003—2013》,中国金融出版社,2014。

[66] 刘赛红、杨静:《金融生态视角下农村小型金融机构可持续发展探讨》,《湖南商学院学报》2013 年第 1 期。

[67] 鲁朝云、廖航:《农村小型金融机构的经营风险与管理》,《金融与经济》2009 年第 7 期。

[68] 陆智强、熊德平、李红玉:《新型农村金融机构:治理困境与解决对策》,《农业经济问题》2011 年第 8 期。

[69] 〔美〕罗纳德·I. 麦金农:《经济发展中的货币与资本》,卢骢译,上海三联书店、上海人民出版社,1998。

[70] 马九杰、沈杰:《中国农村金融排斥态势与金融普惠策略分析》,《农村金融研究》2010 年第 5 期。

[71] 马九杰、吴本健、周向阳:《农村金融欠发展的表现、成因与普惠金融体系构建》,《理论探讨》2013 年第 2 期。

[72] 马九杰、张永升、李歆:《中国农村金融改革发展 60 年》,《中国农村科技》2009 年第 10 期。

[73] 马九杰、徐雪高:《市场结构与订单农业的履约分析》,《农业经济问题》2008 年第 3 期。

[74] 〔孟〕穆罕默德·尤努斯:《新的企业模式:创造没有贫困的世界》,鲍小佳译,中信出版社,2008。

[75] 钱水土、乐韵:《中国小额信贷商业化可持续发展的经济学分析》,《金融理论与实践》2007 年第 5 期。

[76] 冉光和:《现代农村金融制度构建与创新》,科学出版社,2013。

[77] 任常青:《新型农村金融机构——村镇银行、贷款公司和农村资金互助社》,经济科学出版社,2012。

[78] 沈杰:《我国新型农村金融机构发展状况调查》,《经济纵横》2010 年第 6 期。

[79] 苏志敏:《中国农村新型金融机构可持续发展研究》,宁波大学,2012。

[80] 〔日〕速水佑次郎、〔美〕弗农拉坦:《农业发展的国际分析》,郭熙

保等译，中国社会科学出版社，2000。

[81] 孙良顺、周孟亮：《小额贷款公司的使命偏移及其有效治理——基于江浙两省相关统计数据》，《南通大学学报》（社会科学版）2014 年第 3 期。

[82] 孙良顺、周孟亮：《我国小额贷款公司发展偏差及对策研究》，《湖南科技大学学报》（社会科学版）2013 年第 6 期。

[83] 孙良顺、周孟亮：《小额信贷机构使命偏移研究述评》，《西北农林科技大学学报》（社会科学版）2014 年第 3 期。

[84] 孙同全、潘忠：《社会企业道路——中国公益性小额信贷组织转制问题初探》，社会科学文献出版社，2013。

[85] 单筱竹：《江苏省农村小额贷款公司运行绩效与多元化经营》，南京农业大学博士学位论文，2012。

[86] 唐峻：《论我国农村金融监管制度的改革与完善》，《上海金融》2010 年第 6 期。

[87] 文春晖、孙良顺：《新型农村金融机构监管创新："目标导向"模式》，《西北农林科技大学学报》（社会科学版）2013 年第 3 期。

[88] 汪三贵、李莹星：《印尼小额信贷的商业运作》，《银行家》2006 年第 3 期。

[89] 王琛：《新型农村金融组织发展中的政府行为研究》，湖南农业大学博士学位论文，2015。

[90] 王定祥：《农村金融市场成长论》，科学出版社，2011。

[91] 王曙光：《普惠金融：中国农村金融重建中的制度创新与法律框架》，北京大学出版社，2013。

[92] 王曙光：《农村金融市场开放和民间信用阳光化：央行和银监会模式比较》，《中共中央党校学报》2007 年第 2 期。

[93] 王修华、邱兆祥：《农村金融排斥：现实困境与破解对策》，《中央财经大学学报》2010 年第 10 期。

[94] 王怀勇、曹琳：《论新型农村金融组织市场退出的法律监管》，《西南政法大学学报》2012 年第 3 期。

[95] 王曙光、邓一婷：《民间金融内生成长机制与政府规制研究》，《农业经济问题》2009 年第 3 期。

[96] 王玮、何广文：《社区规范与农村资金互助社运行机制研究》，《农业

经济问题》2008 年第 9 期。

[97] 王玉海：《诺斯"适应性效率"理论述评——兼评"诺斯第二悖论"》，《政治经济学评论》2005 年第 1 期。

[98] 温涛：《农村金融可持续发展的服务创新与动态竞争战略研究》，北京师范大学出版社，2014。

[99] 吴国华：《进一步完善中国农村金融普惠金融体系》，《经济社会体制比较》2013 年第 7 期。

[100] 吴楠：《湖南农村小型金融组织发展研究》，中共湖南省委党校硕士学位论文，2011。

[101] 吴少新等：《中国村镇银行可持续发展研究》，复旦大学出版社，2013。

[102] 吴晓灵：《发展小额信贷促进普惠金融》，《中国流通经济》2013 年第 5 期。

[103] 吴志新：《我国村镇银行发展研究——以山东省为例》，山东大学博士学位论文，2013。

[104] 吴晓灵、唐欣语：《对未来国际金融改革的建议》，《国际金融研究》2009 年第 5 期。

[105] 吴占权：《新型农村金融机构的贷款定价问题探讨》，《农村经济》2009 年第 10 期。

[106] 沈明高、徐忠、沈艳：《中国农村金融研究》，北京大学出版社，2014。

[107] 史建平：《新时期农村金融改革的若干问题思考》，《农村金融研究》2007 年第 2 期。

[108] 孙天琦：《转轨经济中的政府行为研究——以商洛小额信贷扶贫模式变迁为例的分析》，《当代经济科学》2001 年第 5 期。

[109] 〔美〕熊彼特：《经济发展理论——对利润、资本、信贷、利息和经济周期的探究》，郭武军、吕阳译，中国社会科学出版社，2009。

[110] 向林峰、文春晖：《路径依赖还是适应性选择：我国农村金融制度演进》，《江西社会科学》2013 年第 3 期。

[111] 向林峰、文春晖：《适应性农村金融组织体系评价指标构建》，《天府新论》2012 年第 5 期。

[112 谢平、徐忠：《中国农村金融论坛书系：新世纪以来农村金融改革研究》，中国金融出版社，2013。

[113] 谢升峰、路万忠:《积极发展新型农村微型金融》,《宏观经济管理》2010 年第 1 期。

[114] 徐沈:《中国新型农村金融组织发展研究》,中共中央党校博士学位论文,2012。

[115] 〔美〕雅荣、本杰明、皮普雷克:《农村金融问题、设计和最佳做法》,世界银行:中国农村金融研究会,2002。

[116] 闫广宁、丁劲光:《小额信贷:创新农村普惠金融制度——对宁夏盐池县妇女发展协会小额信贷服务中心营运情况的调查》,《中国金融》2007 年第 9 期。

[117] 晏海运:《中国普惠金融发展研究》,中共中央党校硕士学位论文,2013。

[118] 杨咸月、何光辉:《小额金融机构可持续发展的国际新趋势》,《国际金融研究》2007 年第 12 期。

[119] 杨小玲:《中国农村金融改革的制度变迁》,中国金融出版社,2011。

[120] 杨小丽、董晓林:《农村小额贷款公司的贷款结构与经营绩效——以江苏省为例》,《农业技术经济》2012 年第 5 期。

[121] 姚明龙:《民营资本的金融突围:浙商投资村镇银行与小额贷款公司研究》,浙江大学出版社,2011。

[122] 姚耀军:《农村金融理论的演变及其在我国的实践》,《金融教学与研究》2005 年第 5 期。

[123] 〔美〕约翰·格利、爱德华·肖:《金融理论中的货币》,贝广多译,上海三联书店,1994。

[124] 〔英〕约翰·希克斯:《经济史理论》,厉以平译,商务印书馆,1987。

[125] 杨连波:《关于建立支农信贷风险转移机制的思考》,《农村经济》2008 年第 1 期。

[126] 岳意定、刘蕾:《村镇银行发展现状、困境及改善建议》,《金融经济》2009 年第 20 期。

[127] 曾雄旺、周孟亮:《微型金融发展与我国农村金融排斥破解》,《湖南社会科学》2013 年第 5 期。

[128] 张兵、周月书:《江苏农村金融发展报告 2013》,科学出版社,2014。

[129] 张兵、周月书:《江苏农村金融发展报告 2014》,科学出版社,2015。

[130] 张承惠、郑醒尘:《2014 中国农村金融发展报告》,中国发展出版

社，2014。

[131] 张海峰：《商业银行在普惠金融体系中的角色和作用》，《农村金融研究》2010 年第 5 期。

[132] 张曼：《中国农村金融机构的变迁逻辑——基于现代金融中介理论的思考》，《兰州大学学报》（社会科学版）2009 年第 3 期。

[133] 张杰：《农户、国家与中国农贷制度：一个长期的视角》，《金融研究》2005 年第 2 期。

[134] 张杰：《中国国有金融体制变迁分析》，经济科学出版社，1998。

[135] 张杰：《中国金融成长的经济分析》，山西经济出版社，1999。

[136] 张杰：《中国农村金融制度：结构、变迁与政策》，中国人民大学出版社，2003。

[137] 张伟：《微型金融理论研究》，中国金融出版社，2011。

[138] 张杰：《解读中国农贷制度》，《金融研究》2004 年第 2 期。

[139] 张杰：《中国的货币化进程、金融控制及改革困境》，《经济研究》1997 年第 8 期。

[140] 张正平：《我国微型金融机构可持续发展问题研究》，经济科学出版社，2013。

[141] 赵天荣：《农村小型金融组织的信用制度：演化与构建》，《重庆师范大学学报》2013 年第 3 期。

[142] 赵岩青、何广文：《农户联保贷款有效性问题研究》，《金融研究》2007 年第 7 期。

[143] 中国金融发展基金会、中国人民银行金融研究所编《中国小额信贷案例选编》，中国市场出版社，2009。

[144] 中国农业银行、中国金融四十人论坛编《中国农村金融前沿论丛 2014》，中国经济出版社，2014。

[145] 中国农业银行三农政策与规划部课题组：《大型商业银行与新型农村金融机构合作模式研究》，《农村金融研究》2010 年第 3 期。

[146] 中国人民银行农村金融服务研究小组：《中国农村金融服务报告 (2012)》，中国金融出版社，2013。

[147] 中国人民银行小额信贷专题组：《2008～2009 年小额信贷通讯合集》，经济科学出版社，2009。

[148] 中国人民银行小额信贷专题组：《2009～2010 年小额信贷通讯合

集》，经济科学出版社，2010

[149] 中国人民银行小额信贷专题组：《2010～2011 年小额信贷通讯合集》，经济科学出版社，2011。

[150] 中国社会科学院贫困问题研究中心课题组：《扶贫经济合作社——小额信贷扶贫模式在中国的实践》，社会科学文献出版社，2010。

[151] 周立：《中国农村金融：市场体系与实践调查》，中国农业科学技术出版社，2010。

[152] 周孟亮、李明贤：《普惠金融与"中国梦"：思想联结与发展框架》，《财经科学》2015 年第 6 期。

[153] 周孟亮：《新型农村金融组织发展模式：适应性成长——基于现实剖析与理论溯源的创新》，《金融经济学研究》2015 年第 2 期。

[154] 周孟亮：《发展让人人成为受益者的普惠金融》，《中国社会科学报》，2014 年 12 月 16 日。

[155] 周孟亮、王琛：《普惠金融与新型农村金融组织的目标重构》，《农村经济》2014 年第 10 期。

[156] 周孟亮、李明贤：《增量式农村金融组织"成长"研究：政府与市场协调视角》，《社会科学》2014 年第 7 期。

[157] 周孟亮、李俊：《"适应性"农村金融改革与民间资本突围》，《郑州大学学报》（哲学社会科学版）2014 年第 1 期。

[158] 周孟亮：《NGO 小额信贷资金困境与覆盖面广度的考察与诠释》，《求是学刊》2013 年第 12 期。

[159] 周孟亮、李姣：《国际小额信贷社会绩效：动态及启示》，《农村金融研究》2013 年第 1 期。

[160] 周孟亮、李明贤、孙良顺：《"资金"与"机制"：中国小额信贷发展的关键》，《经济学家》2012 年第 11 期。

[161] 周孟亮、李明贤、孙良顺：《基于普惠金融视角的小额贷款公司发展研究》，《西北农林科技大学学报》（社会科学版）2012 年第 4 期。

[162] 周孟亮、李明贤：《我国小额贷款公司财税政策改革研究》，《中南财经政法大学学报》2012 年第 4 期。

[163] 周孟亮、李明贤：《中国农村金融"双线"改革思路：比较与协调》，《经济社会体制比较》2011 年第 4 期。

[164] 周孟亮、李明贤:《普惠金融视野下大型商业银行介入小额信贷的模式与机制》,《改革》2011 年第 4 期。

[165] 周孟亮、李明贤:《小额信贷商业化、目标偏移与交易成本控制研究》,《经济学动态》2010 年第 12 期。

[166] 周孟亮、文春晖:《我国农村金融市场机制培育:模式及对策研究》,《农业经济问题》2010 年第 4 期。

[167] 周孟亮、李明贤:《我国小额信贷扶贫与财务可持续性:作用机制及其协调发展研究》,《上海经济研究》2009 年第 9 期。

[168] 周孟亮、文春晖:《我国新型农村金融机构联动监管模式设计——一个博弈视角下的分析框架》,《湖南科技大学学报》(社会科学版) 2012 年第 3 期。

[169] Adams Dale W. , "Filling the Deposit Gap in Microfinance," *Paper for the Best Practices in Savings Mobilization Conference* 11 , 2002.

[170] Allen F. , Santomero, Anthony M. , "The Theory of Financial Intermediation," *Journal of Banking and Finance* 21 , 1998.

[171] Armendariz B. , J. Morduch, *The Economics of Microfinance*, Cambridge: MIT Press, 2005.

[172] Armendariz A. , Hudon M. , Szafarz A. , "Subsidy Uncertainty and Microfinance Mission Drift," *CEB Working Papers* 11 , 2011.

[173] Ashfaq Ahmad Khan, "Paradigm Shiftin the Microfinance Sector and Its Implications for Theory Development, Empirical Evidence from Pakistan and Australasian," *Accounting Business and Finance Journal* 2 (4) , 2008.

[174] Asif Dowla, Dipal Barua, *The Poor Always Pay Back* (Beijing: China Citic Press, 2007).

[175] B. Armendariz, "On Mission Drift in Microfinance Institutions," CEB-Working Papers 5 , 2009.

[176] Bencivenga, Valerie R. , Bruce D. Smith. , "Financial Intermediation and Endogenous Growth," *Review of Economic Studies* (58) , 1991.

[177] Bennett, "The Necessity and the Dangers of Combining Social and Financial Intermediation to Reach the Poor" (paper presented at a conference on Financial Services and the Poor at the Brookings Institution, Washington, D. C. , 1994).

[178] Berger A. N. , Udell G. F. , "Small Business Credit Availability and Relationship Lending: The Importance of Bank Organizational Structure," *Economic Journal*, 2002.

[179] Besley T. , Coate S. , Group Lending, "Repayment Incentives and Social Collateral," *Journal of Development Economics* (46) , 1995.

[180] Bodie Z. , Merton R. C, "Pension Benefit Guarantees in the United States: A Functional Analysis," in R. Schmitt, ed. , *the Future of Pensions in the United States* (Philadelphia, PA: University of Pennsylvania Press, 1993).

[181] Boot Arnoud W. A. , Anjan V. Thakor, "Financial System Archtecture," *The Review of Financial Studies* (10) , 1997.

[182] Campion, A. , White, V. , *Institutional Metamorphosis: Transformation of Microfinance NGOs into Regulated Financial Institutions* (Washington, D. C. : MFN Occasional Paper, 1999).

[183] Caudill S. , D. Gropper, V. Hartarska, "Which Microfinance Institutions are Becoming More Cost – Effective with Time?" *Journal of Money, Credit and Banking* 41 (4) , 2009.

[184] Cérise, "Social Performance Indicators Initiative, Phase II (SPI2): Audit of the Social Performance of Microfinance Institutions, The Definition of a Tool," Cérise Working Paper, 2005.

[185] CGAP, "Building Inclusive Financial Systems," Donor Guidelines on Good Pratice in Microfinance, 2004.

[186] CGAP, "Commercialization and Mission Drift: the Transformation of Microfinance," CGAP Occasional Paper, January 2001.

[187] Christen R. , "Commercialization and Mission Drift: the Transformation of Microfinance in Latin America," Occasional Paper 5, 2001.

[188] Claudio Gonzalez – Vega, Mark Schreiner, Richard L. Meyer, Jorge Rodriguez, Sergio Navajas, BANCOSOL, "The Challenge of Growth for Microfinance Organizations," Economics and Sociology Occasional Paper, 2332.

[189] Conning J. , "Outreach, Sustainability and Leverage in Monitored and Peer – Monitored Lending," *Journal of Development Economics* 60, 1999.

[190] CGAP, "External Audits of Microfinance Institutions: A Handbook," *CGAP Technical Tool Series* 3, December 1998.

[191] Consultative Group to Assist the Poor, "Access for All: Building Inclusive Financial Systems," Brigit Helms, 2006.

[192] Copestake J. , "Mainstreaming Microfinance: Social Performance Management or Mssion Drift?" *World Development* 35 (10), 2007.

[193] Cuevas C. , "Credit Unions in Latin America: Recent Performance and Emerging Challenges," Sustainable Banking for the Poor, 1999.

[194] Cull R. , Demirguc – Kunt A, "Financial Performance and Outreach: a Global Analysis of Leading Microbanks," Policy Research Working Paper Series 3827, The Worla Bank, 2006.

[195] Dunn E. , "It Pays to Know the Customer: Addressing the Information Needs of Client – Centered MFIs," *Journal of international Development* 14, 2002.

[196] Dutta Jayasri, Sandeep Kapur, "Liquidity Preference and Financial Intermediation," *Review of Economics Studies* 65, 1998.

[197] Elizabeth Littlefield, Jonathan Morduch, Syed Hashemi, "Is Microfinance an effective strategy to reach the Millennnium Development Goals?" Focus Notes 24, 2003.

[198] Fry M. J. , "Money and Capital or Financial Deepening in Economic Development?" *Journalof Money, Credit and Banking* 10 (4), 1978.

[199] Gaamaa Hishigsuren, "Scaling Up and Mission Drift: Can Microfinance Institutions Maintain a Poverty Alleviation Mission While Scaling Up?" Doctor of Philosophy Dissertation of Southern New Hampshire University, August 2004.

[200] Galbis V. , "Financial and Economic Growth in Less – Developed Counties: A Theoretical Approach," *Journal of Development Sudies* 13 (2), 1977.

[201] Getaneh Gobezie, "Sustainable Rural Finance: Prospects, Challenges and Implications," *International NGO Journal* 4 (2), 2009.

[202] Ghatak M. , "Group Lending, Local Information and Peer Selection," *Journal of Development Economics* 60, 1999.

[203] Ghosh Van Tassel, "A Model of Microfinance and Mission Drift," Department of Economics, Atlantic University, December 2008.

[204] Goldsmith, Raymond W., *Financial Structure and Development* (Connecticut: Yale University Press, 1969).

[205] Goodhart, *Financial Regulation: Why, How and Where Now* (London and New York: Routedge, 1998).

[206] Greenwood Jeremy, Bruce D. Smith, "Financial Market in Development and the Development of Financial Market," *Journal of Economic Dynamics and Control* 21, 1997.

[207] Gulli, Hege, *Microfinance, Questioning the Conventional Wisdom* (New York: Internaional American Development Bank, 1998).

[208] Gutiérrez – Nieto B, Serrano – Cinca C, "Microfinance Institution and Efficiency" *Omega International Journal of Management Science* 35, 2005.

[209] Gutiérrez – Nieto B, Serrano – Cinca C "Social Efficiencyin Microfinance Institution" *Journal of the Operational Research Society*, November, 2007.

[210] Hans Dieter Seibel, "What Matters in Rural and Microfinance," University of Cologne Development Research Center Working Paper, 2004.

[211] Holden Paul, Prokopenko Vassili, "Financial Development and Poverty Alleviation: Issues and Policy Implications for Developing and Transition Countries," IMF Working Paper, 2001.

[212] Hulme D., P. Mosley, *Finance Against Poverty*, (London: Routledge, 1996).

[213] IFAD, "Assessing and Managing Social Performance in Microfinance," IFAD Working Paper, 2006.

[214] Imp – Act, "Reviewing the Social Performance of Microfinance Institutions," Imp – Act Practice Note 8, 2005.

[215] Imp – Act, "Cost – Effective Social Performance Management, Meeting the Social and Financial Goals of Microfinance," Imp – Act Practice Note 1, 2004.

[216] Ingrid Matthaus – Maier, J. D. von Pischke, *Microfinance Investment*

Funds: Leveraging Private Capital for Economic Growth and Poverty Reduction (New York: Springer Berlin Heidelberg, 2007).

[217] Isern J. , Porteous D. , "Commercial Bank and Microfinance: Evolving Models of Success," CGAP Focus Note 28, June 2005.

[218] Jensen E. "The Farm Credit System as a Government – Sponsored Enterprise," *Review of Agricultural Economics* 22, 2000.

[219] Jonathan Morduch, "The Microfinance Promise," *Journal of Economic Literature*, December 1999.

[220] Jonathan Morduch, "The Role of Subsidies in Microfinance: Evidence from the Grameen Bank," *Journal of Development Economics* 60, 1999.

[221] Joseph E. Stiglitz, Andrew Weiss, "Credit Rationing in Markets with Imperfect Information," *The American Economic Review* 71 (3), 1981.

[222] Joseph Stiglitz, "Redefining the Role of the State: What should it do? How Should it Do it? And How should these decisions be made?" World Bank Working Paper, 1998.

[223] Kapur B. K. , "Alternative Stabilization Policies for Less – Dvevloped Economics," *Journal of Political Economy* 84, 1976.

[224] LaPorta R. , Lopez – de – Silanes, F. Shleifer, A. Vishny, R. W. , "Lawand Finance," *Journal of Political Economy* 106, 1998.

[225] Leland H. E. , Pyle D. H. , "Information Asymmetries, Financail Structure and Financial Intermediation," *Journal of Finance* 32, 1997.

[226] Levine Ross, "Law, Financial, and Economic Growth," *Journal of Financial Intermediation*, 1999.

[227] Luzzi, Weber, "Measuring the Performance of Microfinance Institution," *Microfinance and Public Policy*, 2006.

[228] Mahbub Hossain, "Credit for Allwviation of Rural Poverty: the Grameen Bank in Bangladesh," International Food Policy Research Report 65, 1988.

[229] Maria Sagrario Floro, Debraj Ray, "Vertical Links between Formal and Informal Financial Institutions," *Review of Development of Economics* 1 (1), 1997.

[230] Mario B. Lamberte, Robert C. Vogel, Roger Thomas Moyes, Nimal

A. Fernando, "Philippines Library of Congress Cataloging – in – Publication Data Available," *Beyond Microfinance*, 2006.

[231] Masciandaro, "Divide at Impera: Financial Supervision Unification and the Central Bank Fragmentation Effect European," *Journal of Political Economy* 5, 2007.

[232] Mathieson, Donald J, "Financial Reform and Stabilization Policy in Developing Economy," *Journal of development Economics*, 1980.

[233] Mckinnon R. , *Money and Capital in Economic Development* (Washington, D. C, US: Brookings Institution, 1973).

[234] Mersland Roy, Strom R. Oystein, "Microfinance Mission Drift?" *World Development* 38 (1), 2009.

[235] Mor N. , Ananth B. , "Inclusive Financial Systems, Some Design Principles and a Case Study," *Economic and Political Weekly* 42 (13), 2007.

[236] Navajas S. , Schreiner M. , "Microcredit and the Poorest of the Poor: Theory and Evidence from Bolivia," *World Development* 28 (2), 2000.

[237] Nourse T. H. , "The Missing Parts of Microfinance: Services for Consumption and Insurance," *SAIS Review* 21, 2001.

[238] Nawaz A. , "Efficiency and Productivity of Microfinance: Incorporating the Role of Subsidies," CEB Working Papers 10, 2010.

[239] O'Bannon D. P. , Preston L. E, "The Corporate Social – Financial Performance Relationship: A Typology and Analysis," *Business and Society* 36 (4), 1997.

[240] Olivares – Polanco F. , "Commercializing Microfinance and Deepening Outreach? Empirical Evidence from Latin Amercia," *Journal of Microfinance* 7 (2), 2005.

[241] Paxon J. , "Depth of Outreach and Its Relationship to the Sustainability of Microfinance Institutions," *Savings and Development* 26 (1), 2002.

[242] Rachel Kielb, "Commercial Banks Moving into Microfinance: Which Market Entry Model Works Best?" Simon Fraser University Working Paper, 2008.

[243] Renneboog L. , Horst J. , Zhang C. , "Socially Responsible Investments: Institutional Aspects, Performance and Investor Behavior," *Jour-

nal of Banking and Finance 32, 2008.

[244] Schreft S. l., Smith B. D., 1998: "The Effects of Open Market Operations in a Model of Intermediation and Growth," *Review of Economic Studies* 65 (3), 1998.

[245] Schreiner, Mark, "How to Measure the Subsidy Received By a Development Finance Institution," *The Ohio State University Manuscript*, 1997.

[246] Schreiner, Mark, "Aspects of outreach: A Framework for the Discussion of the Social Benefits of Microfinance," *Journal of International Development* 14, 2002.

[247] Shahidur R Khandker, Rashidur R Faruqee, "The Impact of Farm Credit In PakiIstan," The World Bank Working Paper 2653, 1999.

[248] Sharma, M., G.. Buchenrieder, "Impact of Microfinance on Food Security and Poverty Alleviation," *A Review and Synthesis of Empirical Evidence*, 2002.

[249] Shaw Edward, *Financial Deepening in Economics Development* (New York: Oxford University Press, 1973).

[250] Simeon Djankov, Edward L Glaeser, Rafael La Porta, Florencio López - de - Silanes, Andrei Shleifer, "The New Comparative Economics," CEPR Discussion Paper 3882, May 2003.

[251] Suman Ghosh, Eric Van Tassel, "A Model of Microfinance and Mission Drift," *Department of Economics* 12, 2008.

[252] Taylor D., "A Regulatory Structure for the New Century," *Center for the Study of Financial Innovation* 12, 1995.

[253] Yaron J., "Successful Rural Finance Institutions," World Bank Discussion Paper 150, 1992.

[254] Zeller Manfred, Lapenu Cécile, Greeley Martin, "Measuring Social Performance of Micro - Finance Institutions: A Proposal. Social Performance Indicators Initiative (SPI)," Final Report Submitted to Argidius Foundation and Consultative Group to Assist the Poor (CGAP) 10, 2003.

[255] Zeller M., R. Meyer, *The Triangle of Microfinance: Financial Sustainability, Outreach and Impact* (Baltimore: Johns Hopkins University Press, 2002).

后 记

本书是我主持的国家社会科学基金项目"农村小型金融组织'适应性'成长模式研究"（12CJY063）的最终研究成果。此项目于 2012 年 5 月获得立项资助，2016 年 3 月通过国家社科规划办结题并被鉴定为"良好"，前后历时三年半。本书的出版也是我这些年在农村金融领域开展科学研究的阶段性总结，此刻，回想起过去在科学研究过程中的点点滴滴和我这几年的成长经历，感触良多。

在本书即将出版之际，我首先要感谢在农村金融学术道路上的导师李明贤教授。在攻读博士学位期间，我主要是在博士生导师的指导下从事货币政策与宏观调控研究。2006 年 7 月，我从暨南大学博士毕业来到湖南农业大学经济学院工作。我也曾想过继续在这个领域开展研究，但明显感觉力不从心。当我对自己未来研究方向没有太多的头绪而陷入迷茫之际，是李明贤教授将我引入了农村金融研究领域，从 2008 年开始，我开始专心于农村金融研究，这应该说有效结合了我的硕士研究生专业"农业经济管理"和博士研究生专业"金融学"的实际情况，我后来的成长经历证明了这种选择是非常正确的。现在想来，如果没有当初李明贤教授的引路，我肯定还在为我的研究方向选择而彷徨。2009 年李明贤教授主持申报的国家社科基金项目"我国普惠制农村金融体系建设研究"（09BJY099）获得立项资助，我有幸作为主要课题研究成员参与课题研究，这给了我很好的学习机会。在导师的指导下，我们合作的农村金融研究成果在《经济学动态》、《经济社会体制比较》、《农业经济问题》、《改革》、《经济学家》和《上海经济研究》等刊物上陆续发表。通过参与课题研究，我逐渐爱上了农村金融这个研究领域。在导师主持的这个国家社科基金项目完成以后，她又鼓励我单独申报国家社科基金项目，并在申报书写作过程和事后的课题研究过程中给了我很多精心指导，我们经常一起外出开展各种社会调查和参加国内外学术交流会议，这让我在农村金融研究领域成长更快、更顺利。再次对李明贤教授表示深深的感谢，导师是国内农村金融领域的著名专家，她科学严谨的治学态度和学者的人格魅力让我深受感染，也是我未来学术道路的指明灯。

感谢湖南农业大学副校长曾福生教授，曾教授身居领导岗位，事务繁忙，却一直非常关心我的成长，对我的课题研究也给出了很多中肯的建议，再次表示深深的感谢。感谢经济学院院长匡远配教授，他为我的课题研究直至本书最后顺利出版提供了很多的帮助。感谢经济学院的文春晖副教授、蔡洋萍副教授、罗荷花博士，我们经常在一起开展学术研究讨论，他们在课题研究方面给了我很大的帮助。感谢我指导的近两年毕业的硕士研究生孙良顺、李姣、李俊、彭雅婷、王琛、万东升，他们都作为课题组成员参与了课题相关资料的搜集、调查研究和数据处理，本书的一些内容也是与他们合作完成的。把课题研究与研究生人才培养相结合，作为导师我受益匪浅，学生也进步很快，看到他们获得了国家奖学金，以及湖南省优秀毕业生和湖南省优秀硕士学位论文等荣誉和成绩，毕业后或者考取博士，或者成为单位的骨干，我感到非常高兴。

在这几年的研究过程中，我多次参加"中国农村金融发展论坛""中国小额信贷联盟年会""中国小微金融机构联席会"等学术会议，得到了国内外同行专家、学者的指导。另外，通过与农村金融实践部门专业人士进行交流，我收获良多。为避免挂一漏万，在此不一一列举他们的名字，对他们的不吝赐教表示深深的感谢。

本书的部分研究成果已经发表在《社会科学》、《经济学家》、《财经科学》、《金融经济学研究》、《中南财经政法大学学报》、《农村金融研究》和《中国社会科学报》等期刊和报纸上。部分文章被《中国社会科学文摘》、《高等学校文科学术文摘》、人大复印报刊资料全文转载。在此，对这些期刊报纸及其编辑、匿名审稿人的付出和帮助表示衷心感谢。

谨以此书献给我亲爱的妻子李海艳女士和女儿周怡萱小朋友。

周孟亮
2016 年 12 月 10 日于浏阳河畔

图书在版编目（CIP）数据

农村小型金融组织"适应性"成长模式研究:基于
普惠金融视角 / 周孟亮著. -- 北京:社会科学文献出
版社, 2016.12
　　ISBN 978 - 7 - 5201 - 0180 - 6

　　Ⅰ.①农…　Ⅱ.①周…　Ⅲ.①农村金融 - 金融组织 -
研究 - 中国　Ⅳ.①F832.35

　　中国版本图书馆 CIP 数据核字(2017)第 000899 号

农村小型金融组织"适应性"成长模式研究
　　——基于普惠金融视角

著　　者／周孟亮

出 版 人／谢寿光
项目统筹／高　雁
责任编辑／王楠楠　　王春梅

出　　版／社会科学文献出版社·经济与管理出版分社　(010)59367226
　　　　　　地址：北京市北三环中路甲 29 号院华龙大厦　邮编：100029
　　　　　　网址：www.ssap.com.cn
发　　行／市场营销中心 (010) 59367081　　59367018
印　　装／三河市尚艺印装有限公司

规　　格／开　本：787mm × 1092mm　1/16
　　　　　　印　张：18.75　字　数：314 千字
版　　次／2016 年 12 月第 1 版　2016 年 12 月第 1 次印刷
书　　号／ISBN 978 - 7 - 5201 - 0180 - 6
定　　价／79.00 元

本书如有印装质量问题，请与读者服务中心（010 - 59367028）联系